CONTÁGIO

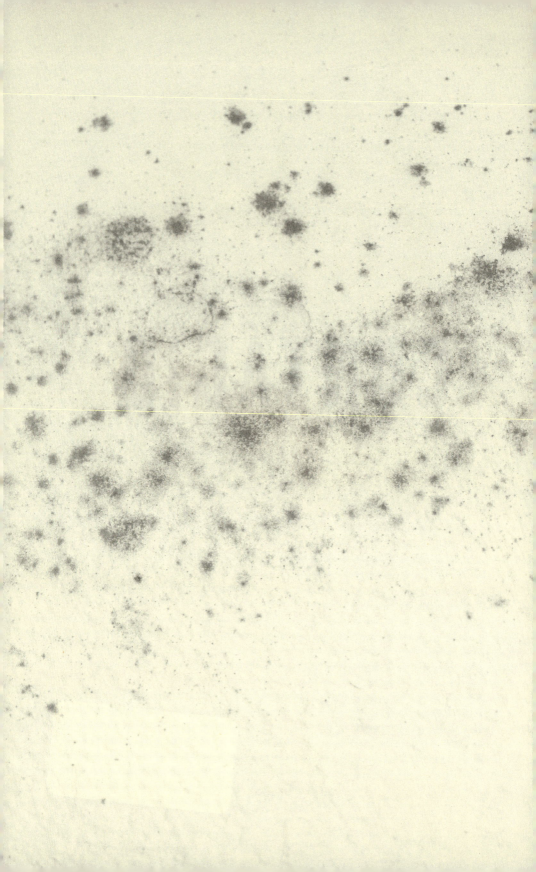

DAVID KOEPP

CONTÁGIO

Tradução
André Gordirro

Rio de Janeiro, 2019

Copyright © 2019 by David Koepp. All rights reserved.
Título original: Cold Storage

Todos os direitos desta publicação são reservados à Casa dos Livros Editora LTDA.
Nenhuma parte desta obra pode ser apropriada e estocada em sistema de banco de dados
ou processo similar, em qualquer forma ou ameio, seja eletrônico, de fotocópia, gravação etc.,
sem a permissão do detentor do copyright.

Diretora editorial: *Raquel Cozer*

Gerente editorial: *Alice Mello*

Editor: *Ulisses Teixeira*

Preparação: *Marcela Isensee*

Preparação de original: *André Sequeira*

Revisão: *Thaís Lima*

Capa: *Renata de Oliveira*

Adaptação de capa: *Osmane Garcia Filho*

Diagramação: *Abreu's System*

CIP-Brasil. Catalogação na Publicação
Sindicato Nacional dos Editores de Livros, RJ

K82c

Koepp, David
Contágio / David Koepp; tradução Isabella Pacheco. – 1. ed.
– Rio de Janeiro: Harper Collins, 2019.
304 p. ; 23 cm.

Tradução de: Cold storage
ISBN 978-85-9508-461-2

1. Ficção americana. I. Pacheco, Isabella. II. Título.

19-58180

CDD: 813
CDU: 82-3(73)

Os pontos de vista desta obra são de responsabilidade de seu autor, não refletindo necessariamente a posição
da HarperCollins Brasil, da HarperCollins Publishers ou de sua equipe editorial.

HarperCollins Brasil é uma marca licenciada à Casa dos Livros Editora LTDA.
Todos os direitos reservados à Casa dos Livros Editora LTDA.
Rua da Quitanda, 86, sala 218 — Centro
Rio de Janeiro, RJ — CEP 20091-005
Tel.: (21) 3175-1030
www.harpercollins.com.br

PARA MELISSA,
que disse "sim, com certeza!"

PRÓLOGO

O maior organismo vivo do mundo é o *Armillaria solidipes*, um fungo mais conhecido como cogumelo-do-mel. Tem cerca de 8 mil anos e abrange dez quilômetros quadrados das montanhas Blue, no Oregon. Por mais de oito milênios, ele se espalhou por uma malha de linhas subterrâneas, gerando corpos frutíferos acima da terra que parecem cogumelos. O cogumelo-do-mel é benigno, a menos que você seja uma árvore herbácea, um arbusto ou uma planta. Nesse caso, o cogumelo-do-mel é genocida. Ele mata pela aquisição gradual do sistema radicular e sobe pela planta, cortando, com o passar do tempo, todo o acesso à água e aos nutrientes.

O *Armillaria solidipes* se espalha pelo terreno a uma velocidade de trinta a noventa centímetros por ano, e pode levar de trinta a cinquenta anos para matar uma árvore de tamanho médio. Se pudesse se mover mais rápido, noventa por cento de todo o crescimento botânico na Terra morreria, a atmosfera se transformaria em gás venenoso, e as vidas humana e animal acabariam. Mas o cogumelo-do-mel é um fungo lento.

Outros fungos são mais rápidos.

Bem mais rápidos.

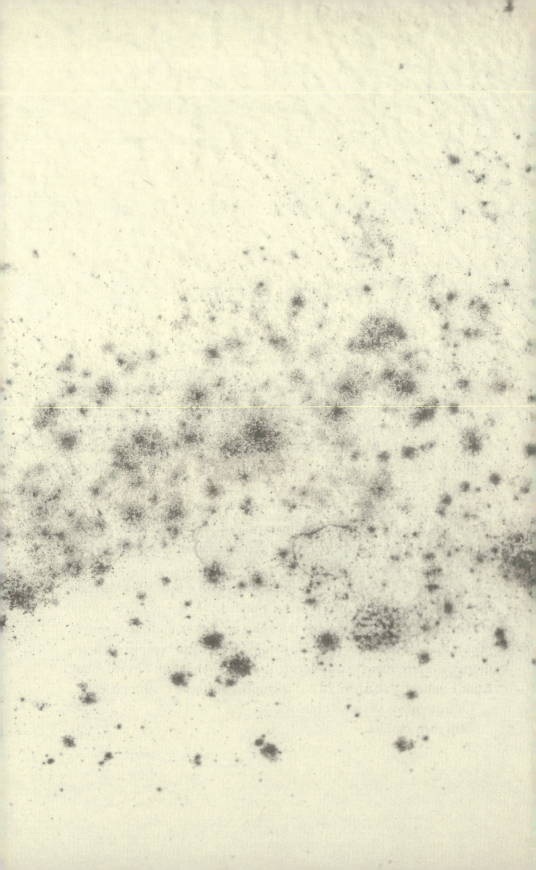

DEZEMBRO DE 1987

UM

Depois de queimarem as roupas, terem raspado a cabeça e se esfregado até sangrar, Roberto Diaz e Trini Romano foram autorizados a voltar ao país. Mesmo assim, eles não se sentiam totalmente limpos, apenas que haviam feito tudo o que podiam, e o resto estava nas mãos do destino.

Roberto Diaz e Trini Romano estavam em um carro oficial, descendo a I-73 a poucos quilômetros da instalação de armazenamento nas minas de Atchison. Eles vinham logo atrás do caminhão, tão perto que nenhum automóvel civil poderia se posicionar entre os dois veículos. Trini estava no banco do carona do sedã, os pés no painel, postura que sempre enfurecia Roberto, que estava ao volante.

— Assim você deixa pegadas — disse ele para Trini, pela centésima vez.

— É poeira — respondeu Trini, também pela centésima vez. — Eu limpo na mesma hora, olha só.

Ela fez uma tentativa meia-boca de limpar as pegadas do painel.

— É, mas você não faz isso, Trini. Você não limpa, só meio que lambuza a sujeira com a mão, e depois eu limpo quando devolvemos o carro. Ou eu esqueço e deixo sujo, e alguém tem que fazer isso depois. Não gosto de dar trabalho para outras pessoas.

Trini encarou Roberto com pálpebras pesadas, com olhos que não acreditavam em metade do que viam. O que eles podiam enxergar eram o motivo pelo qual ela era tenente-coronel aos 40 anos, mas sua incapacidade de não *comentar* sobre o que via era o motivo pelo qual Trini não iria mais longe. Ela não tinha filtro nem interesse em adquirir um.

Trini encarou Roberto por um momento pensativo, deu uma longa tragada no cigarro Newport entre os dedos e soprou uma nuvem de fumaça pelo lado da boca.

— Eu aceito, Roberto.

Ele olhou para ela.

— Há?

— Suas desculpas. Pelo que aconteceu lá atrás. É por isso que você está reclamando. Está carrancudo comigo porque não sabe como se desculpar. Então vou poupar você do trabalho. Eu aceito suas desculpas.

Trini estava certa, porque Trini estava sempre certa. Roberto não disse nada por um longo momento, apenas ficou olhando para a estrada à frente.

Finalmente, quando conseguiu, ele murmurou:

— Obrigado.

Trini deu de ombros.

— Viu só? Não foi tão ruim.

— Eu me comportei mal.

— Quase. Não parece muita coisa agora.

Eles conversaram incessantemente sobre o que tinha acontecido nos quatro dias desde que tudo começou, mas estavam cansados de tocar no assunto, após terem revivido e reexaminado cada momento por todos os ângulos concebíveis. Exceto por aquele momento. Aquele momento não tinha sido discutido, mas agora os dois estavam falando sobre ele, e Roberto não queria deixar assim.

— Eu não quis dizer que me comportei mal com ela. Quis dizer sobre a maneira como falei com você.

— Eu sei. — Trini colocou a mão no ombro de Roberto. — Relaxe.

Ele concordou com a cabeça e olhou para a frente. Relaxar não era fácil para Roberto Diaz. Estava com 30 e poucos anos, mas suas realizações pessoais e profissionais tinham corrido à frente da idade cronológica, porque Roberto nunca relaxava, ele Realizava Coisas. Roberto riscava os itens da lista. Primeiro da turma na Academia da Força Aérea? Positivo. Major na Força Aérea americana aos 30 anos? Positivo. Excelente condicionamento físico e mental sem falhas ou deficiências óbvias? Positivo. Esposa perfeita? Positivo. Filho pequeno perfeito? Positivo. Nada disso poderia ser realizado por meio de paciência ou passividade.

Para onde estou indo? Para onde estou indo? Para estou indo?, perguntava-se Roberto. O futuro era tudo sobre o que ele pensava, tudo o que planejava, tudo pelo qual ficava obcecado. A vida de Roberto andou rapidamente, permaneceu dentro do cronograma, e ele fazia tudo com seriedade.

Bem. Quase tudo.

Ambos apenas olharam para o caminhão à frente por um tempo. Através da aba da lona que cobria o portão traseiro, os dois conseguiam ver o topo do caixote de metal que eles trouxeram de avião por meio planeta. O caminhão passou por um buraco, o caixote deslizou trinta centímetros para trás, e ambos prenderam a respiração involuntariamente. Mas ele permaneceu na traseira do veículo. Apenas mais alguns quilômetros até as cavernas e aquilo acabaria. O caixote seria guardado com segurança a cem metros de profundidade até o fim dos tempos.

As cavernas de Atchison eram uma mina de calcário em 1886, uma enorme pedreira que foi explorada cinquenta metros abaixo do costão do rio Missouri. Eles começaram a produzir enrocamento miúdo para as ferrovias próximas e cavaram até onde Deus e a física permitiram, local em que os pilares de rocha não minerada que sustentavam o lugar atingiram o limite da garantia de segurança que qualquer engenheiro com bom senso estivesse disposto a assinar. Durante a Segunda Guerra Mundial, as cavernas vazias, hoje, oitenta acres de espaço subterrâneo de clima controlado naturalmente, foram usadas para abrigar produtos perecíveis pela War Food Administration, a agência responsável pela produção de alimentos durante o conflito e, com o tempo, a empresa de mineração vendeu todo o espaço ao governo por 20 mil dólares. Após alguns milhões gastos em reformas, as cavernas se tornaram uma instalação do governo altamente protegida, usada para desastres, armazenando ferramentas mecânicas impecáveis em estado de prontidão, prontas para serem enviadas a qualquer lugar, a qualquer momento, mas, por favor, Deus, permita que haja uma guerra nuclear primeiro para que todo esse dinheiro gasto tenha valido a pena.

Ele valeria hoje.

O telefonema tinha sido esquisito desde o primeiro toque. Tecnicamente, Trini e Roberto estavam com a Agência Nuclear de Defesa, a DNA. Mais tarde, o órgão se tornaria parte do DTRA, mas essa confusão em particular feita pelo governo não ocorreria até a reorganização oficial do Departamento de Defesa em 1997. Dez anos antes, eles ainda eram da DNA, e a missão era simples e clara: impedir o mundo de conseguir o que os Estados Unidos têm. Se o agente sentir o cheiro de um programa nuclear, encontre-o e destrua-o. Se receber uma pista sobre alguma arma biológica aterrorizante, faça com que ela desapareça para sempre. Despesas não serão poupadas, perguntas não serão feitas. Dava-se a preferência a equipes de dois agentes, para manter as coisas contidas, mas sempre havia reforços caso necessário. Trini e Roberto raramente precisavam. Eles estiveram em dezesseis áreas perigosas diferentes em sete anos e tinham cem por cento de eliminações perfeitas no currículo. As eliminações não eram literais; era jargão da agência para um programa de armas que fora neutralizado. Mas houve vítimas ao longo do caminho. Perguntas não foram feitas.

Contudo, nenhuma missão era parecida com essa.

O TRANSPORTE DA FORÇA AÉREA JÁ ESTAVA SE AQUECENDO NA base quando os dois subiram correndo a escada e entraram a bordo. Havia apenas outra passageira, e Trini se sentou diretamente em frente a ela. Roberto escolheu o outro lado do corredor, em um banco virado para trás, também de frente para a jovem de olhos alertas em trajes de safári bem gastos.

Trini estendeu a mão para ela, e a jovem pegou.

— Tenente-coronel Trini Romano.

— Dra. Hero Martins.

Trini apenas olhou para ela, balançando a cabeça e colocando uma pastilha de Nicorette na boca, avaliando Hero, sem medo de manter contato visual em silêncio enquanto fazia essa avaliação. Era perturbador.

Roberto apenas deu uma meia continência para Hero; ele nunca gostou de todo aquele jogo de você-não-me-engana.

— Major Roberto Diaz.

— Prazer em conhecê-lo, major — disse Hero.

— Que tipo de doutora você é? — perguntou Roberto.

— Microbióloga. Universidade de Chicago. Eu me especializei em vigilância epidemiológica.

Trini ainda a analisava.

— Esse é o seu nome verdadeiro? Hero?

A cientista conteve o suspiro. Era uma pergunta a que ela estava acostumada após 34 anos.

— Sim, é o meu nome verdadeiro.

— Hero como herói, tipo o Superman, ou Hero como na mitologia grega? — perguntou Roberto.

Ela voltou o olhar para ele. Essa era uma pergunta que ela não tinha ouvido tanto assim.

— Como na mitologia grega. Minha mãe era professora de história da antiguidade. O senhor conhece a lenda?

Roberto olhou para cima, apertando o glóbulo esquerdo e fitando o espaço logo acima e à direita da cabeça, do jeito que fazia quando tentava retirar um fato obscuro das regiões inferiores do cérebro. Ele encontrou a informação e a arrastou para fora do pântano.

— Ela morava em uma torre perto de um rio?

Hero concordou com a cabeça.

— O Helesponto.

— Alguém estava apaixonado por ela.

— Leandro. Toda noite ele nadava no rio até a torre e fazia amor com ela. Hero acendia uma lamparina para que ele pudesse ver o caminho até a margem.

— Mas ele se afogou mesmo assim, certo?

Trini se virou e olhou para Roberto; seu desgosto era evidente. Roberto era bonito a ponto de ser irritante. Filho de pai mexicano e de mãe loura da Califórnia, ele irradiava boa saúde e tinha uma cabeleira que duraria para sempre. Roberto também tinha uma esposa inteligente e engraçada chamada Annie, que Trini achava tolerável, o que já era muita coisa. No entanto, ele estava dentro desse avião havia trinta segundos e claramente tentava conquistar essa mulher. Trini nunca considerou que seu parceiro fosse um babaca antes e esperava que ele não se revelasse um agora. Ela o observou, mascando o Nicorette como se estivesse com raiva da pastilha.

Mas Hero estava interessada. Ela continuou falando com Roberto, ignorando Trini.

— Afrodite ficou com inveja do amor deles. Uma noite, a deusa apagou a luz de Hero, e Leandro se perdeu. Quando ela viu que ele tinha se afogado, Hero se jogou da torre para a morte.

Roberto fez silêncio e pensou sobre aquilo.

— Qual é exatamente a moral da história? Tentar encontrar alguém do seu lado do rio?

Hero sorriu e deu de ombros.

— Não deixe os deuses putos, acho.

Trini, cansada da conversa dos dois, olhou para os pilotos e girou um dedo no ar. Os motores imediatamente guincharam, e o avião começou a se mover pela pista com um solavanco. Mudança de assunto.

Hero estudou em volta, preocupada.

— Espere, estamos indo? Onde está a equipe de vocês?

— A senhora está olhando para ela — disse Trini.

— A senhora… quer dizer, tem certeza? Isso não é uma coisa que possamos resolver por conta própria.

Roberto transmitiu a confiança de Trini, mas sem a rispidez.

— Por que não nos diz o que é — falou ele para Hero — e nós informaremos se achamos que podemos lidar com isso.

— Eles não disseram nada? — perguntou ela.

— Falaram que estávamos indo para a Austrália — disse Trini — e que a senhora saberia do resto.

Hero se virou e olhou pela janela, observando o avião sair da terra. Não havia como voltar atrás agora. Ela balançou a cabeça.

— Eu nunca vou entender o exército.

— Nem eu — falou Roberto. — Somos da Força Aérea. Apoiados pela Agência Nuclear de Defesa.

— O problema não é nuclear.

Trini franziu a testa.

— Eles enviaram a senhora, então suponho que suspeitem de uma arma biológica.

— Não.

— Então, o que é?

Hero pensou por um instante.

— Boa pergunta. — A cientista abriu o arquivo na mesa diante dela e começou a falar.

Seis horas depois, ela parou.

O QUE ROBERTO SABIA SOBRE A AUSTRÁLIA OCIDENTAL CABIA EM um livro muito pequeno. Cabia em um folheto, na verdade: uma página e com letras grandes. Hero disse que eles estavam indo para uma cidadezinha remota chamada Kiwirrkurra, no meio do deserto Gibson, a cerca de 1.200 quilômetros a leste de Port Hedland. Ela foi estabelecida uma década atrás como uma reserva pintupi, parte das tentativas do governo australiano de permitir e encorajar os grupos aborígines a voltarem para suas terras ancestrais tradicionais. Eles foram maltratados e expulsos desses mesmos territórios durante décadas, mais recentemente nos anos 1960, como resultado dos testes de mísseis Blue Streak. Não dá para viver em uma terra que o governo quer explodir. Não é saudável.

Mas, em meados da década de 1970, os testes acabaram, a empatia política estava em alta e, assim, o último dos pintupis foi transportado de volta para Kiwirrkurra, que não ficava sequer no meio do nada, e sim a algumas centenas de quilômetros nas proximidades do limite do nada. Lá eles viveram, todos os 26 pintupis, tão pacatos e felizes quanto os seres humanos podem estar em um deserto sufocante, sem energia elétrica, sem linhas telefônicas ou qualquer conexão com a sociedade moderna. Eles, de fato, gostavam mesmo de estar isolados, e os anciãos, em especial, estavam satisfeitos com o retorno às terras ancestrais.

E então o céu caiu.

Não todo, explicou Hero. Só um pedaço.

— O que foi? — perguntou Roberto.

Ele tinha mantido contato visual com Hero durante toda a breve história, até agora, e não pense por um segundo que Trini não percebeu.

Na verdade, ela estava olhando feio para Roberto, como se desejasse detê-lo com a força da mente.

— O Skylab.

Agora Trini virou a cabeça e olhou para Hero.

— Isso foi em 1979?

— Sim.

— Eu pensei que o Skylab tivesse caído no oceano Índico.

Hero concordou com a cabeça.

— A maior parte dele, sim. Os poucos pedaços que caíram em terra firme atingiram as proximidades de uma cidade chamada Esperance, também na Austrália Ocidental.

— Perto de Kiwirrkurra? — indagou Roberto.

— Nada é próximo de Kiwirrkurra. Esperance fica mais ou menos a 2 mil quilômetros de distância e tem 10 mil habitantes. Em comparação, é uma metrópole.

— O que aconteceu com os pedaços que caíram em Esperance?

Hero consultou o próximo trecho das suas anotações. Os pedaços que caíram nesta região foram, de maneira bastante empreendedora, recolhidos pelos moradores e colocados no museu da cidade — antes um salão de dança, mas logo convertido no Museu Municipal de Esperance & Observatório Skylab. A entrada custava quatro dólares e, com ela, era possível ver o maior tanque de oxigênio do orbitador, o congelador da estação espacial para alimentos e outros itens, algumas esferas de nitrogênio usadas pelos propulsores de controle de atitude, e um pedaço da escotilha pela qual os astronautas teriam se espremido durante suas visitas. Uma série de outros detritos irreconhecíveis também foram exibidos, incluindo um pedaço de chapa de metal que, de forma bastante suspeita, tinha a palavra SKYLAB escrita em tinta vermelha berrante intacta no meio.

— Durante anos, a NASA presumiu que isso seria o máximo que seria encontrado, uma vez que o resto do Skylab ou pegou fogo na reentrada ou está no fundo do oceano Índico — falou Hero. — Depois de cinco ou seis anos, eles imaginaram que qualquer outra coisa em terra firme teria aparecido àquela altura ou estaria em algum lugar inabitável.

— Como Kiwirrkurra — sugeriu Roberto.

Ela concordou com a cabeça e virou a página.

— Há três dias, recebi um telefonema do Departamento de Pesquisa em Biociências Espaciais da NASA. Eles receberam uma mensagem, retransmitida por cerca de seis agências governamentais diferentes, dizendo que alguém estava ligando da Austrália Ocidental porque "alguma coisa tinha saído do tanque".

— Que tanque?

— O tanque de oxigênio sobressalente. O que caiu em Kiwirrkurra.

Trini chegou para a frente no assento.

— Quem ligou da Austrália Ocidental?

Hero consultou suas anotações.

— Ele se identificou como Enos Namatjira. O homem disse que morava em Kiwirrkurra e que o tio dele havia encontrado o tanque na terra, há cinco ou seis anos. O tio ouvira falar sobre a espaçonave que caiu, então colocou o tanque na frente da casa dele e o manteve lá como uma lembrança. Mas agora havia algo errado com o tanque, e o tio estava ficando doente. Rápido.

Roberto franziu a testa, tentando juntar as peças.

— Como esse cara sabia para que número ligar?

— Ele não sabia. Começou pela Casa Branca.

— E foi repassado para a NASA? — Trini estava incrédula. Esse tipo de eficiência era algo inédito.

— Foram necessários dezessete telefonemas, e ele teve que dirigir cinquenta quilômetros para chegar ao telefone em todas as vezes, mas, sim, conseguiu falar com a NASA.

— Ele estava determinado — disse Roberto.

— Sim, porque àquela altura, havia gente morrendo. Eles o colocaram em contato comigo há mais ou menos um dia e meio. Eu às vezes trabalho para a NASA, inspecionando os veículos de reentrada para ter certeza de que estão livres de quaisquer bioformas invasoras, o que sempre acontece.

— Mas a senhora acha que desta vez algo voltou? — perguntou Trini.

— Não exatamente. É aqui que a situação fica interessante.

Roberto se inclinou para a frente.

— Eu acho que já está muito interessante.

Hero sorriu para ele. Trini tentou não revirar os olhos.

A cientista continuou:

— O tanque estava selado, e duvido muitíssimo que pudesse trazer algo de volta do espaço que já não tivesse sido enviado com ele. Examinei todos os arquivos do Skylab e, no último reabastecimento, parece que esse tanque de oxigênio não havia sido enviado para circulação de O_2, apenas para ser ligado a um dos braços externos da cápsula. Havia um organismo fúngico dentro do tanque, uma espécie de primo do *Ophiocordyceps unilateralis*. É um pequeno fungo parasita bacana, que pode se adaptar de uma espécie a outra. Conhecido por sobreviver a condições extremas, um pouco como os esporos de *Clostridium difficile*. Sabem quais são?

Eles olharam para ela sem entender. Conhecer o *Clostridium difficile* não era um requisito na profissão dos dois.

— Bem, os esporos são perniciosos. Eles podem sobreviver em qualquer lugar: dentro de um vulcão, no fundo do mar, no espaço sideral.

Eles apenas olharam para Hero, acreditando na palavra dela. A doutora continuou:

— Bem, a amostra no tanque fazia parte de um projeto de pesquisa. O fungo possuía algumas propriedades peculiares de crescimento e eles queriam ver como era afetado pelas condições no espaço. Lembrem-se de que eram os anos 1970, as estações espaciais orbitais seriam a próxima grande novidade, então eles precisavam desenvolver medicamentos antifúngicos eficazes para as milhares de pessoas que viveriam lá em cima. Mas nunca tiveram a chance.

— Porque o Skylab caiu.

— Exato. Então, depois de cinco ou seis anos parado em frente à casa do tio de Enos Namatjira, o objeto começou a enferrujar. O tio queria enfeitá-lo um pouco, torná-lo reluzente e novo outra vez; talvez as pessoas pagassem para ir vê-lo. Ele tentou remover a ferrugem, mas ela era resistente. De acordo com Enos, o tio usou vários produtos de limpeza diferentes, até que encontrou uma antiga solução folclórica: cortou uma batata ao meio, derramou detergente sobre ela e esfregou a batata na superfície do tanque.

— Isso funcionou?

— Sim. A ferrugem saiu fácil, e o tanque ficou brilhando. Alguns dias depois, o tio ficou doente. Ele começou a se comportar de maneira instável, sem fazer muito sentido. Chegou a subir no telhado da casa e se recusou a descer. Depois, seu corpo começou a inchar incontrolavelmente.

— O que diabos aconteceu? — perguntou Trini.

— Daqui em diante, tudo que eu digo é hipótese.

Ela fez uma pausa. Os dois esperaram. A dra. Martins podia estar ciente disso ou não, mas ela sabia como contar uma história. Eles estavam atônitos.

— Creio que a combinação química usada pelo tio penetrou através de microfissuras no exterior do tanque e caiu lá dentro, onde o fungo *Cordyceps* dormente foi reidratado.

— Com o lance da batata? — indagou Roberto. Aquilo não parecia muito hidratante.

Ela concordou com a cabeça.

— A batata média é composta por 78 por cento de água. Mas o fungo não foi apenas reidratado; ele recebeu pectina, celulose, proteína e gordura. E um bom lugar para crescer. A temperatura média no deserto da Austrália Ocidental nesta época do ano vai muito além dos 38ºC. Dentro do tanque, provavelmente, está perto dos 55ºC. Mortal para nós, mas perfeito para um fungo.

Trini quis ser objetiva.

— Então, a senhora está dizendo que a coisa voltou à vida?

— Não exatamente. Mais uma vez, estou especulando, mas acho que é possível que o polissacarídeo da batata combinado com o palmitato de sódio do detergente tenha produzido um ambiente pró-crescimento. Normalmente, ambas são moléculas grandes, chatas e inertes, mas se a pessoa misturá-las, é capaz de produzir uma diversão boa e imprevisível. Não culpem o tio; quero dizer, o cara estava *tentando* produzir uma reação química.

Ela estava se aquecendo agora — os olhos brilhavam com todo aquele exercício intelectual —, e Roberto não pôde evitar: não conseguia tirar os olhos de Hero.

— E ele conseguiu?

— Com certeza, caralho!

Meu Deus, ela falava palavrão também. Roberto sorriu.

— Mas acho que nem o polissacarídeo nem o palmitato de sódio foram o agente de mudança fundamental.

Ela se inclinou para a frente, como se estivesse contando o clímax de uma piada que todos iriam adorar.

— Foi a ferrugem. $Fe_2O_3.nH_2O$.

Trini cuspiu o chiclete em um lenço e colocou um novo na boca.

— A senhora acha, doutora Martins, que em algum lugar dentro de você espreita a capacidade de resumir?

Hero se voltou para Trini. Aquela postura "somente os fatos" de novo.

— Claro. Nós mandamos um organismo extremófilo e hiperagressivo que é resistente a temperaturas altíssimas e o vácuo espacial, mas é sensível ao frio. O ambiente deixou o organismo em um estado dormente, mas ele se manteve hiper-receptivo. Então, ele deve ter dado carona a alguém. Talvez tenha sido a radiação solar. Talvez um esporo tenha penetrado nas microfissuras do tanque na reentrada. De qualquer maneira, quando o fungo retornou para a Terra, ele acordou e se encontrou em um ambiente quente, seguro, rico em proteína e que permitia o crescimento. E *alguma coisa* causou uma mudança nessa estrutura genética bastante complexa.

— No quê? — perguntou Roberto.

Ela olhou de um para o outro da mesma forma que uma professora olha para um par de alunos meio burros que se recusam a perceber o óbvio. Ela resolveu explicar direitinho para eles.

— Acho que criamos uma nova espécie.

Houve silêncio por um segundo. Como aquela teoria era de Hero, ela tinha o direito de batismo.

— *Cordyceps novus*.

Trini olhou para ela.

— O que você disse ao sr. Namatjira?

— Que eu precisava verificar algumas coisas e que ele deveria retornar a ligação em seis horas. Ele nunca mais me ligou.

— O que você fez, então?

— Liguei para o Departamento de Defesa.

— E o que eles fizeram? — indagou Roberto.

Ela fez um gesto.

— Mandou vocês.

DOIS

As seis horas seguintes do voo passaram em relativo silêncio. Enquanto sobrevoavam a costa ocidental da África e a noite caía, Trini fez o que sempre fazia a caminho de uma missão, que era dormir sempre que possível. Ela também nunca passou por um banheiro disponível sem usá-lo. Eram as pequenas coisas que importavam. Limite suas necessidades. Hero se cansou de olhar para os coturnos de Trini no assento ao lado dela, então, quando o avião estava quase todo às escuras, a doutora se levantou, passou por cima dela e cruzou o corredor até o lado de Roberto.

— Você se incomoda? — sussurrou, apontando para o assento vazio ao lado dele.

Roberto não se incomodava. Nem um pouco. Ele mexeu as pernas a fim de dar espaço para Hero passar se espremendo, e ela se acomodou o mais confortável que conseguiu no assento ao lado de dele. A pretensa razão para a mudança era que esse novo assento lhe daria um lugar para colocar as próprias pernas para cima, mas Hero poderia ter feito isso no outro assento, pensou. Talvez a verdadeira razão tivesse algo a ver com o contato visual levemente furtivo que os dois estavam fazendo desde que ela terminara o informe, mas era melhor para Roberto, psicologicamente falando, se ele pensasse que aquilo estava acontecendo pelos motivos óbvios, embora soubesse muito bem que não.

As coisas que a pessoa diz para si mesma.

A verdade absoluta era que Roberto era muito pouco inocente nessa situação. Ele sentiu uma atração imediata pela dra. Hero Martins, e, embora essa fosse a última coisa no mundo que faria Roberto tomar providências, precisava saber que o velho charme ainda estava disponível quando fosse necessário. Annie e ele estavam casados havia apenas três anos, e foi um começo difícil. O trabalho foi intenso para os dois no primeiro ano, ela engravidara muito antes do que eles pretendiam, e a gravidez foi complicada, o que a obrigou a ficar de cama nos últimos quatro ou cinco meses. Isso era difícil o suficiente para qualquer um, mas Annie tinha sido uma máquina de movimento perpétuo; ela era jornalista e acostumada a viagens. O confinamento em casa pareceu uma punição. Então o bebê chegou e era, como se sabe, um bebê.

E lá se foram os anos fáceis. Onde estavam os anos só-a-gente? Onde estava a época feliz do casamento, quando desfrutamos a juventude, a beleza, a liberdade e um ao outro? Onde, já que estamos falando nisso, estava o sexo, pelo amor de Deus? Roberto odiava ser esse clichê em particular, o sujeito casado que lamenta a vida sexual pós-bebê, mas *ainda assim*. Ele era um ser humano do sexo masculino no auge da vida. Era difícil, neste momento, para Roberto imaginar a si mesmo e a Annie chegando à aposentadoria juntos. Não nesse ritmo.

Mas ele a amava. E não queria traí-la.

Assim sendo, Roberto flertava. Ele nunca tinha sido muito bom quando flertar era importante, mas algo sobre não querer levar o flerte adiante tornava aquilo mais fácil. Roberto se surpreendeu com a facilidade com que conseguia conversar com mulheres atraentes àquela altura da vida e como elas reagiam de maneira positiva a ele. Um homem estável e inatingível, com um emprego aos 30 e poucos anos, era muito diferente de um soldado de 24 anos excitado e que ficava nervoso quando falava.

O tipo de Roberto encaixava-se com as predileções e preferências de Hero. Desde o fim do longo e tortuoso relacionamento pós-faculdade com Max, um doutorando imaturo com mais ou menos a mesma idade que ela, Hero tinha uma queda em relação a homens casados. Não uma queda *por* homens casados — isso sugeriria um certo desejo amoral, fazer uma coisa porque era errado. Não, Hero tinha uma queda *em relação* a homens casados, ou seja, uma regra ou diretriz pessoal, baseada em todas as vantagens óbvias, que ela havia esquematizado em um caderno certo dia, durante uma aula monótona sobre microusinagem a laser. As vantagens eram, por ordem de importância:

1. Os homens casados tendiam ao comportamento adulto, abraçaram as mudanças da vida, mostrando uma disposição de se unir e algum conceito de existência compartilhada, que, por definição, envolvia compromisso e pensamento voltados para o outro.

2. Os homens casados, em geral, eram melhores de cama, não apenas pelo volume de experiência, mas pela vivência com a *mesma* mulher, o que tornava inevitável uma noção de como dar prazer assim como de receber, a menos que eles fossem completos narcisistas, o que era improvável, dada a razão 1.

3. Os homens casados eram educados e agradecidos e não deixavam muita bagunça no chão, tendo sido domesticados durante, pelo menos, alguns anos por uma mulher adulta que não fosse a mãe deles.

4. Os homens casados tinham que ir a algum lugar, normalmente dentro de um prazo razoável após o sexo, o que liberava as noites dela para o trabalho.

5. Os homens casados eram, por definição, incapazes de buscar um relacionamento exclusivo, o que a deixava livre para fazer o que quisesse, na improvável possibilidade de algo melhor aparecer.

Hero sabia também que havia muitas, muitas razões que não estavam a favor dos homens casados, que não atestavam ao bom caráter do amante casado, que ela resumiu em um único item na página do seu diário:

1. Eles são infiéis.

E ela também era, e sabia disso. Hero não enganava os homens casados; ela nunca teve vários amantes — uma complicação romântica de cada vez era mais do que suficiente na sua vida. E Hero não estava enganando as pobres esposas, por sua estimativa, porque não as conhecia e nunca lhes prometera nada. A única pessoa que ela estava enganando era a si mesma, saindo com vários homens que, pela própria natureza do relacionamento deles, não sabiam amar.

Ainda assim, lá estava ela, e lá estava Roberto, e lá estavam eles, possivelmente, a caminho da ruína (muita racionalização, será?), e com certeza não haveria mal algum em ter uma conversinha agradável, positiva e otimista com um belo soldado de 30 e poucos anos que tinha uma queda por ela. O fato de ele usar uma aliança foi uma total coincidência.

Enquanto Trini dormia, Roberto e Hero esticaram as pernas nos assentos diante dos dois, se reclinaram o máximo que puderam, e sussurraram um para o outro. Eles não estavam cansados — a vibração no ar entre os dois era muito revigorante —, então conversaram sobre a vida dele, com exceção da esposa e do filho, e conversaram sobre a vida dela, com exceção do histórico romântico de Hero com Caras Como Ele. Conversaram sobre os respectivos trabalhos, os perigos que Roberto enfrentou e os lugares exóticos e assustadores em que Hero esteve em busca de novos microorganismos. E enquanto conversavam, eles deslizaram mais e mais nos assentos, e as cabeças se inclinaram cada vez mais próximas, e, quando a cabine esfriou um pouco em algum lugar sobre o Quênia, Roberto se levantou, encontrou um par de cobertores de lã ásperos no armário ali perto, e os dois se aconchegaram embaixo deles.

Então ela coçou o nariz.

Quando a doutora baixou o braço de novo, a mão ficou no assento entre os dois, com o dedo mindinho roçando a parte externa da coxa direita de Roberto. Ele sentiu, e Hero deixou a mão lá. Mais vinte minutos se passaram, outros vinte de conversa fácil e ofegante, nada disso com sequer um sussurro de indecência, e a próxima jogada foi de Roberto, que a executou mudando de posição no assento, em teoria, para esticar as pernas dormentes. Ele as colocou de volta no assento à frente, sendo que uma ficou totalmente pressionada contra a dela, e Hero devolveu a pressão quase que de imediato. Nenhum dos dois falou sobre aquilo; nenhum deles reconheceu o gesto de qualquer forma. Se a pessoa ouvisse a conversa deles, poderia presumir que Roberto e Hero eram dois colegas de áreas um pouco diferentes que haviam se encontrado em um congresso profissional e estavam tendo a conversa mais inocente, sincera e entediante do mundo.

Mas ela não tirou a mão, e nenhum dos dois aliviou a pressão nas pernas. Eles sabiam. Eles simplesmente não estavam dizendo.

Depois de um tempo, Hero se espreguiçou e se levantou.

— Banheiro.

Roberto apontou para os fundos. Ela deu um sorriso de agradecimento, saiu se espremendo da fileira de assentos e foi em direção à traseira do avião.

Ele observou Hero se afastar. Por dentro, Roberto estava em pânico havia horas. Ele não conseguia acreditar no que estava acontecendo. Nenhum dos seus flertes inocentes tinha chegado tão longe, e foi como cair em um buraco escorregadio de lama do qual ele não conseguir sair. Cada movimento que Roberto fazia só o puxava mais para o fundo e quando ele não se mexia era pior, pois a gravidade assumia o controle e o puxava para baixo.

Ele gostou disso. Roberto estava furioso, não conseguia o que queria ou merecia em casa, e por que *não* essa mulher, essa criatura linda e brilhante que pedia tão pouco dele e o considerava tão fascinante e estava clara e genuinamente interessada nele? Por que não, além do fato de que era uma coisa completamente errada? Ou talvez nem estivesse acontecendo. Talvez a pressão da mão e da perna dela tivessem motivos explicáveis e inocentes por trás — talvez Hero nem *tivesse notado*, pelo amor de Deus — e ele estava deixando o impulso sexual hiperativo se sobrepor ao lado racional, como de costume.

Ou talvez aquilo estivesse acontecendo, e talvez ele quisesse que acontecesse. Talvez ele se levantasse, andasse até a traseira do avião, falasse com Hero mais um pouco ali, e, se os olhos dela permanecessem nos dele por mais alguns segundos do que deveriam, ele a beijaria. Talvez fosse exatamente isso que ele faria. Talvez fosse isso que ele faria *agora mesmo* ao se levantar.

Roberto juntou todo o rancor que conseguiu encontrar, toda a indignação justificada que adquiriu ao longo de três anos frustrantes de casamento, e se levantou.

Foi quando ele sentiu a mão de alguém sobre seu braço.

Roberto se virou. Trini estava acordada, olhando para ele, os dedos da mão direita pegando firme no antebraço esquerdo de Roberto.

Ele olhou para Trini, enquanto o rosto se transformava em uma máscara falsa de total inocência. A parceira apenas o estudou, e o olhar penetrante era brilhante mesmo na luz fraca da cabine.

— Sente-se, Roberto.

A boca dele se abriu, mas nada saiu. Ele não era um mentiroso muito bom, pior ainda em mentiras improvisada, e, em vez de gaguejar algo estúpido, apenas fechou a boca e encolheu os ombros em um gesto de *eu não sei do que você está falando*.

— Sente-se.

Ele obedeceu. Trini se inclinou e pôs a mão na nuca de Roberto.

— Você não é assim, moleque.

Roberto sentiu um rubor quente nas bochechas — raiva, vergonha e desejo frustrado enviando qualquer sangue sobrando para o rosto dele com urgência.

— Não se meta nisso.

— Exatamente o meu conselho. — Trini continuou o encarando.

Roberto desviou o olhar. Ele se sentiu humilhado e queria fazê-la sentir a mesma coisa. Roberto se virou para Trini.

— Com ciúmes?

Ele queria atacar e atacou; queria magoar e conseguiu. O rosto de Trini adquiriu um ar de tristeza, muito ligeiramente, mais em decepção do que em orgulho ferido.

Trini teve um primeiro e único casamento dez anos antes, e o fato de ela ter se casado para início de conversa era notável por si só. O casamento desmoronou não por causa das viagens e do sigilo exigidos na profissão dela, mas por causa da sua aversão inata por outros seres humanos. As pessoas não eram um problema; Trini só não gostava de olhar para elas ou ouvi-las. Ela estava sozinha havia uma década e gostava disso.

Na mente de Trini, ela sempre pensou na atração ocasional que sentia por Roberto como uma resposta puramente química à beleza exagerada dele. Trini gostava dele, ok, estimava trabalhar com Roberto, admirava muito o profissionalismo dele e o fato de que não sentia nenhuma vontade de ficar de conversa fiada, mas ela nunca teve interesse romântico algum. Roberto era seu colega de trabalho. Seu colega de trabalho incrivelmente bonito. Às vezes, até pessoas que não gostam de doces admiram um pedaço de bolo de chocolate. É para isso que ele foi feito: o pedaço de bolo de chocolate *deve* ser atraente. Roberto também. Em geral, era. Nada demais. Trini ficava na dela.

Em 1983, Trini sofreu um acidente de jipe e quebrou dois ossos da região lombar, um ferimento doloroso que resultou em um vício subsequente em analgésicos que o médico da base lhe prescreveu em quantidades vexatórias. Era na hora de dormir que Trini gostava mais deles; ela tomava um analgésico uma hora antes de se deitar e depois apagava em um sono opiáceo, sentindo como se nada doesse — e não apenas isso, era mais, era como se nada doeria naquele momento ou nunca mais. E onde mais na vida a pessoa podia obter essa garantia?

O vício se infiltrou e cresceu. Ele durou quase seis meses, sem ser notado por ninguém, exceto por Roberto. Ele confrontou a amiga sobre a questão e depois dedicou uma enorme quantidade de tempo, energia e apoio emocional para ajudá-la a se livrar do vício. Ela insistiu em fazer isso sem qualquer outra ajuda externa, e Roberto concordou em tentar. No começo, durante uma das piores noites agitadas, suadas e sem dormir de Trini, ela começou a entrar em pânico, e Roberto subiu na cama com ela e a abraçou, apenas tentando fazê-la superar a crise. Em determinado momento, Trini olhou para Roberto, disse que estava apaixonada por ele e sempre esteve, e fez um gesto para beijá-lo. Roberto se desviou, disse para a amiga calar a boca e ir dormir, e Trini obedeceu.

Eles dormiram daquele jeito a noite toda e nada aconteceu. Roberto nunca contou a Annie sobre aquilo, e, na verdade, os dois nunca mais falaram sobre o assunto.

Até agora, quando Roberto quis machucá-la.

E magoou.

Do outro lado do avião, a porta do banheiro abriu com um clique suave. Hero saiu e voltou para o lugar dela.

Trini virou-se de lado e relaxou o corpo para voltar a dormir.

Roberto foi até a janela, encostou um travesseiro nela, puxou o cobertor até o queixo e fingiu estar apagado como uma lâmpada quando Hero voltou.

Desta forma, os três voaram para a Austrália carregando muito mais bagagem do que tinham levado ao partir.

TRÊS

As vestimentas de proteção biológica eram desconfortáveis para cacete, e a pior parte, na opinião de Trini, era que não havia onde colocar uma arma. Ela acenou com a Sig Sauer P320 no ar perto do quadril, mexendo os lábios inaudivelmente atrás do vidro do visor.

Hero apenas olhou para Trini, ainda intrigada com esses soldados e a inexperiência deles com o tipo de evento que os dois foram enviados para investigar. A cientista tocou nos botões na lateral do capacete, e a voz dela estalou no fone de ouvido de Trini.

— Use o rádio, por favor.

Trini se atrapalhou com a lateral da cabeça até encontrar o botão certo e apertá-lo.

— Essa desgraça não tem bolso?

Do lado de fora da Kiwirrkurra, eles haviam vestido trajes de proteção nível A, que eram vestimentas de proteção química totalmente encapsuladas com aparelhos de respiração autônomos. Eles também usavam botas com ponta de aço, caneleiras do lado de fora do traje e luvas resistentes a produtos químicos. E não, não havia bolsos, o que meio que seria contraproducente para todo aquele aparato, fornecendo um esconderijo para Deus sabe o que pegar uma carona para casa com a pessoa.

Hero decidiu que um simples "não" seria suficiente para responder à pergunta mal-humorada de Trini. Ela havia matado três cigarros um atrás do outro depois da aterrissagem — usou a pastilha Nicorette *e* o novo adesivo de nicotina durante todo o voo — e estava mais tensa do que um cabo de aço. Melhor manter distância, decidiu Hero.

Roberto se virou e olhou para trás, para a vasta extensão de deserto que acabavam de atravessar. O jipe tinha levantado uma enorme massa de poeira e os ventos predominantes estavam soprando na cara deles, o que significava que algumas centenas de quilômetros de sedimentos estavam suspensos no ar e giravam em direção a eles.

— É melhor começarmos enquanto ainda podemos enxergar — disse Roberto.

Os três se viraram e começaram a caminhada até a cidade. Eles estacionaram a oitocentos metros de distância e o avanço era lento dentro das vestimentas, mas era possível ver as estruturas que pontilhavam o horizonte daquele ponto. Kiwirrkurra era uma coleção de casas de um andar, uma dúzia no máximo, sem pintura, uma colcha de retalhos de cores proveniente da madeira descartada e da sucata de painel de madeira aglomerada que foram entregues aos moradores pela comissão de reassentamento. No que se refere a comunidades planejadas, aquilo não mostrava muito planejamento — apenas uma rua principal, estruturas em cada lado dela e algumas construções secundárias que haviam sido feitas depois, possivelmente por retardatários que preferiram um pouco de espaço entre si e os vizinhos.

A primeira coisa estranha que os três viram, a cerca de cinquenta metros da cidade, foi uma mala. Ela estava no meio da estrada, cheia, fechada e esperando, como se aguardasse uma carona para o aeroporto. Não havia ninguém e mais nada ao redor da mala.

Eles se entreolharam e depois foram até lá. Ficaram em volta do objeto, olhando para ele como se esperassem que fosse revelar sua história e suas intenções. Mas não revelou nada.

Trini seguiu em frente, segurando a arma diante de si.

Eles chegaram à primeira casa e, ao darem a volta pela fachada, viram que ela tinha apenas três paredes, não quatro, construídas dessa forma de propósito para permitir o máximo de circulação de ar no ambiente intensamente árido. Os três pararam e olharam a parte de dentro, do jeito que uma pessoa olharia para uma casa de bonecas. Havia espaços que exibiam o interior: uma cozinha, um quarto, um banheiro (aquele cômodo tinha uma porta) e outro pequeno quarto no outro extremo da estrutura. Na cozinha, havia comida na mesa, cheia de moscas voando. Mas não pessoas.

Roberto olhou em volta.

— Cadê todo mundo?

Essa era a pergunta.

Trini recuou para a rua, virando-se em semicírculos cautelosos, vasculhando o local.

— Os carros ainda estão aqui.

Os dois seguiram o olhar dela. Havia carros, um por entrada de garagem, um jipe, uma moto, uma picape ou um sedã velho. Para onde quer que tenham ido, os moradores não foram dirigindo.

Eles continuaram, passando pelo que poderia ter sido um parquinho infantil, mais ou menos no centro da cidade. Um balanço de metal enferrujado rangeu nas correntes, soprando ao vento que agora varria areia do deserto e poeira para a cidade. Roberto se virou e franziu os olhos para as nuvens que se aproximavam. A areia batia contra o vidro do visor e era difícil não piscar, embora, é claro, ele não precisasse.

Mais trinta metros e eles chegaram ao outro lado da cidade. A porta da frente da maior casa estava entreaberta, e Trini terminou de abri-la usando o cano da Sig Sauer. Roberto gesticulou para Hero esperar no alpendre, e ele e Trini entraram, um após o outro, em uma manobra treinada.

A doutora esperou diante da casa, observando os movimentos de Roberto e Trini através da porta aberta e da janela suja. Eles vasculharam o lugar, cômodo por cômodo, Trini sempre na frente, com a arma na mão. Roberto era o mais minucioso e talvez o mais cauteloso dos dois, andando com cuidado e calma, e nunca virado para a mesma direção por muito tempo. Hero admirou a graciosidade e a facilidade com que ele se movia, mesmo na vestimenta desajeitada. Mas ela também sabia que não havia nada a temer ali. Tudo sobre Kiwirrkurra até agora sugeria uma cidade abandonada — ela tinha certeza do resultado antes de Trini sair alguns minutos depois e dizer isso.

— Cartorze casas, doze veículos, zero moradores.

Roberto colocou as mãos nos quadris e relaxou um pouco a guarda.

— Que porra é aquela?

Foi quando Hero viu o que eles procuravam. Lá, no outro extremo da cidade, em frente a uma das casas modestas mais conservadas, havia um tanque de metal prateado, o acabamento metálico recentemente polido até irradiar um brilho reluzente.

— Eu não acho que aquilo seja daqui.

Os três caminharam em direção ao tanque, cautelosos. O vento girava mais forte e a poeira no ar ondulava ao redor das casas, subindo em colunas diante deles antes de descer ao chão na forma de redemoinhos e seguir em frente. Estava ficando difícil de enxergar.

— Parem.

Hero ergueu a mão quando eles ainda estavam a três metros do tanque. Ela vasculhou o solo em volta do trio da melhor maneira possível nas ondas de areia e depois continuou andando, examinando o chão com cuidado antes de dar cada passo.

— Pisem onde eu pisei.

Eles obedeceram e seguiram Hero em fila única, tomando o cuidado de colocar os pés sobre as pegadas dela conforme avançavam.

Hero chegou ao tanque e se agachou. Ela viu a cobertura fúngica na mesma hora, mas apenas por causa do olhar treinado. Um observador amador não teria percebido nada além de uma mancha esverdeada na superfície arredondada do tanque, um pouco parecida com cobre oxidado. De qualquer forma, o tanque não estava em condições impecáveis; ele tinha feito uma reentrada descontrolada na atmosfera da Terra, afinal de contas, e isso deixa qualquer coisa um pouco amassada. Mas, para Hero, a mancha esverdeada irreconhecível se destacava como um sinal de trânsito.

Trini olhou em volta dos três, ainda com a arma de prontidão, só por precaução. Ela deu alguns passos em direção à casa, observando onde pisava. Trini parou e estudou a construção, que não era muito diferente das outras. Mas havia algo que ela notou — o carro. Um velho Dodge Dart estava estacionado em um ângulo estranho em relação à casa, com o capô quase enfiado em um pilar do alpendre, que tinha um teto ondulado, baixo e inclinado, e, do ponto onde o veículo estava estacionado, não era um grande pulo do capô para o telhado. Trini olhou para cima, pensando.

De volta ao tanque prateado, Hero se abaixou e colocou o estojo de amostras diante de si. Ela o abriu, tirou uma lente de aumento de vinte vezes e apertou para ativar as luzes de LED ao redor da borda do vidro bisotado. Através da lente, Hero deu uma olhada mais de perto no fungo. Ele estava vivo, de fato, e florido, visivelmente fervilhando mesmo sob aquela ampliação. Ela se inclinou o mais perto que teve coragem, à procura de uma fragmentação ativa. Havia movimento ali, e Hero desejou que tivesse uma lente de aumento mais poderosa, mas vinte vezes era o máximo que o conjunto de campanha continha, o que significava que ela precisava se aproximar mais ainda.

Hero olhou para trás, para Roberto.

— Passe a mão pelo laço no traje, entre as minhas omoplatas.

Roberto olhou para baixo. Havia uma aba vertical estreita feita de tecido e costurada na parte de trás da vestimenta, uma espécie de alça, com espaço suficiente apenas para passar os dedos. Ele fez o que a doutora pediu.

— Agora segure firme — disse ela. — Eu vou me jogar para longe de você, mas não me solte. Se eu começar a cair, me dê um puxão forte para trás. Não tenha vergonha. Não me deixe tocar o tanque.

— Pode deixar.

Ele segurou para valer. Hero firmou os pés pertinho do tanque, a cerca de trinta centímetros de distância, e se inclinou para a frente, colocando a lupa e o visor tão perto da superfície do meio do tanque quanto possível. Roberto não esperava que ela tivesse tanta confiança nele quanto aparentemente tinha, e balançou um pouco ao deixar o peso de

Hero cair adiante. Mas ele era forte e se recuperou logo, ajeitou os pés e segurou firme a cientista.

O visor do capacete dela se aproximou a menos de sete centímetros da superfície do tanque, e ela ligou a ampliação máxima da lente, aumentou o foco e acionou os LEDs para a configuração mais brilhante.

Hero deu um suspiro de susto. Através da lente, mesmo com essa ampliação mínima, era possível ver corpos frutíferos brotando do micélio, estipes com um chapéu no topo, muito inchados com esporos prontos para serem espalhados. O crescimento do micélio foi tão rápido que era visível.

— Meu *Deus*.

Roberto não conseguia enxergar em volta da vestimenta volumosa dela, e a curiosidade estava matando-o.

— O que foi?

Hero não podia afastar os olhos.

— Eu não sei, mas é enorme e *rápido*. E heterotrófico; ele tem que extrair carbono e energia de tudo que toca; de outra forma não tem como... — Ela parou, olhando para algo com atenção.

— Não tem como o quê?

Hero não respondeu. Ela estava fascinada por um dos corpos frutíferos. O chapéu estava inchado sob a lente, subindo e se distanciando da superfície do tanque.

— Esta é a taxa de produção de esporos mais agressiva que já vi...

Com um estalo agudo, todo o corpo de frutificação explodiu, e a lente da lupa foi salpicada por pedaços microscópicos de gosma. Hero gritou e cambaleou para trás, para longe do tanque. Ela ficou mais surpresa do que assustada, mas perdeu o equilíbrio por um momento e jogou o pé direito para o lado a fim de se equilibrar. A bota esmagou algo macio antes de encontrar o chão sólido ao lado do tanque, mas foi tarde demais; ela estava além do ponto de equilíbrio e caindo com tudo, bem naquilo que tinha acabado de pisar. Hero viu quando o chão veio na sua direção em câmera lenta.

E então ela estava se movendo para cima. Com um puxão forte e controlado no laço na parte de trás da vestimenta dela, Roberto a colocou de pé ao lado dele.

Hero olhou para Roberto, agradecida.

Ele sorriu.

— Cuidado.

Uma voz chamou perto dali.

— Ei!

Os dois se viraram. Trini estava parada no telhado da casa, a cerca de três metros acima deles.

— Eu encontrei o tio.

Não foi uma subida muito grande, mesmo dentro dos trajes. Primeiro sobre o capô do carro, em seguida um grande passo para o telhado do alpendre, depois uma espécie de salto com um rolamento sobre o ombro, e eles estavam lá. Roberto foi o último, de maneira que pudesse dar um empurrão em Hero para cima do telhado caso necessário. Ele estava tão preocupado em ter certeza de que ela não cairia que não notou a sola da bota da cientista, mesmo quando o calçado passou a trinta centímetros da cara dele. De qualquer maneira, Roberto teria que ter um olhar bem aguçado para ter visto aquilo, porque não havia muito da substância, mas ela estava lá.

Perto do calcanhar, entre a quarta e a quinta saliência corrugada de borracha sólida da bota direita, havia uma mancha verde de fungo em que Hero pisou quando perdeu o equilíbrio no tanque.

Ela subiu com dificuldade pelo resto da beirada do telhado, Roberto se ergueu para se juntar a ela, e os dois andaram os poucos passos até onde Trini estava olhando para baixo, vendo alguma coisa. O vento e a poeira aumentaram substancialmente, portanto a visão dela estava obscurecida, mas Trini sabia reconhecer um cadáver humano. Este estava em péssimas condições. O tio não poderia estar morto há tanto tempo assim, mas os danos ao cadáver foram extensos, e não aconteceram após a morte. A carne não tinha sido destroçada pelo lado de fora, por carniceiros ou pelo clima.

— Ele explodiu — disse Hero.

E como. O que costumava ser o tio era agora uma casca que tinha sido virada do avesso, tudo que era interno se tornou externo. A caixa torácica estava aberta de forma perfeita e violenta no esterno, como um paletó no chão sem ninguém dentro. Os braços e as pernas estavam descarnados, os ossos marcados com o que mais pareciam pequenas explosões internas, e as placas do crânio foram separadas ao longo das oito costuras, como se a cola que o mantinha coeso tivesse falhado de repente, de uma vez só.

Roberto, que já vira muitas coisas feias, nunca encontrara nada assim. Ele se virou e, ao fazer isso, o vento diminuiu, a poeira clareou por um momento e, de repente, o militar teve uma visão desimpedida do caminho por onde os três tinham vindo. Todas as casas da cidade tinham mais ou menos a mesma altura e, dali de cima da casa do tio, ele podia ver os outros telhados.

— Meu Deus.

As duas se viraram e perceberam o que ele viu.

Os telhados estavam cobertos de cadáveres, cada um deles dilacerado da mesma maneira que o corpo do tio.

Roberto não precisou contar para saber que seriam 26.

No momento em que estavam no telhado desvendando o que havia acontecido com os moradores do vilarejo amaldiçoado, o fungo trabalhava entre as saliências corrugadas de borracha da bota direita da dra. Hero Martins. *Cordyceps novus* tinha chegado a uma barreira, a sola de borracha sólida entre a bota e o pé, e se havia uma coisa que ele odiava era uma barreira. Mas todo bom vilão tem um capanga.

No seu estado mutante, o fungo abrigava um endossimbionte, um organismo que vivia dentro do seu corpo em uma relação mutualista. O que o fungo não podia fazer, o endossimbionte podia — neste caso, catalisar a síntese de substâncias químicas aleatórias em uma nova estrutura especial a fim de romper barreiras. Era como ter o próprio laboratório de química de brinquedo.

O endossimbionte, que vivia na superfície do fungo sob a forma de uma leve pátina, era exposto à atmosfera toda vez que Hero dava um passo. Ele absorveu o máximo de oxigênio possível, combinou-o com o carbono extraído das partículas de poeira e sujeira que haviam aderido à gosma e formou uma rede compacta de ligações duplas de carbono-oxigênio. Esses grupos carbonila, agora cetonas ativas, avançaram para cima em direção à sola, até que pararam ali pela massa sólida e inflexível.

Por isso, fizeram uma nova hibridação. A nova cetona provou os elementos disponíveis retirados da borracha, da sujeira e da poeira e passou rapidamente por vários de esqueletos de carbono. Ela se transformou em oxaloacetato, o que é ótimo se a pessoa quiser metabolizar açúcar, mas que não serve para passar pela sola de uma bota. Sem se deixar intimidar, ela se transformou de novo em ciclohexanona, o que teria sido bom para fazer náilons, e depois em tetraciclina, excelente se a pessoa está lutando contra pneumonia. E então, por fim e mais prejudicial, recompôs-se como ácido fluorantimônico H_2FSbF_6.

O poderoso corrosivo industrial começou a atravessar o solado da bota de Hero.

O processo de mutação até agora tinha levado apenas noventa segundos.

Hero, obviamente, não sabia o que estava acontecendo. Conforme os três desciam do telhado e corriam de volta para o tanque, ela estava distraída, tentando explicar o que eles tinham acabado de ver. O fungo, especulou a cientista, estava imitando o padrão reprodutivo do *Ophiocordyceps unilateralis*, um gênero que consistia de cerca de 140 espécies diferentes, cada uma das quais se reproduzia através da colonização de um inseto diferente.

— Como ele faz isso? — Trini estava com a arma na mão de novo e girava a cabeça de um lado para o outro enquanto eles desciam para o teto do carro.

Hero explicou:

— Digamos que a espécie alvo do fungo seja uma formiga. A formiga caminha pelo chão da floresta e passa por cima de um pequeno esporo do fungo. O esporo adere à formiga, penetra pela casca externa e se aninha dentro dela. Ele se move pelo corpo o mais rápido possível, avançando até o cérebro, onde os nutrientes abundantes fazem com que o esporo entre em uma fase de crescimento exponencial, ajudando-o a se reproduzir até dez vezes mais rápido do que em qualquer outra parte do corpo. O esporo se espalha por todo o cérebro até controlar movimentos, reflexos, impulsos e até onde uma formiga consegue pensar. Embora o inseto ainda esteja tecnicamente vivo, ele foi sequestrado pelo invasor para atender às necessidades dele. — Hero saltou para o chão. — E a única coisa que um fungo quer é produzir mais fungos.

Roberto olhou em volta e compreendeu melhor a cidade agora. Ou as pessoas. Cruzes, os habitantes, *todos eles*.

Hero andou rápido até o tanque, ajoelhou-se ao lado dele e abriu o estojo de amostras de novo.

— A formiga para de agir por si mesma. Tudo o que sabe é que tem que se mover. *Para cima*. Ele escala o talo de grama mais próximo, prende as mandíbulas com a maior força que consegue e espera.

— Pelo quê? — perguntou Trini.

— Até o fungo encher demais a cavidade do corpo e explodir.

Roberto olhou para os telhados das casas e estremeceu.

— É por isso que eles subiram. Para espalhar o fungo o máximo possível.

Hero concordou com a cabeça.

— Aqui é um deserto sem árvores. O telhado era o ponto mais alto que puderam encontrar. A pessoa trabalha com o que tem.

As mãos enluvadas remexeram com cuidado entre ferramentas afiadas de metal do estojo. Ela pegou um escapelo com um anel no cabo, ajeitou no indicador direito e abriu um tubo de amostra com a mão esquerda. Devagar, Hero raspou o máximo possível do fungo para dentro do tubo.

— É um crescimento parasitário extremamente ativo — falou ela —, mas isso é tudo o que sabemos até que eu possa isolar as proteínas com cromatografia líquida e fazer o sequenciamento do DNA.

Roberto observou enquanto Hero fechava o tubo com um gesto experiente.

— Você vai levar o fungo *de volta*?

Ela olhou para ele, sem entender.

— O que mais eu deveria fazer?

— Deixar aí. Temos que queimar este lugar.

— Vá em frente — disse Hero. — Mas precisamos levar uma amostra conosco.

Trini olhou para Roberto.

— Ela tem razão. Você sabe disso. Qual é o seu problema?

Roberto não se assustava com frequência, mas, de repente, pensou no filho e na possibilidade de nunca mais vê-lo. Ele tinha ouvido falar que ter um filho poderia fazer isso com a pessoa, torná-la hesitante, ciente de que servia a algum propósito maior do que ela mesma. *Que se dane o resto do mundo, eu crio minhas próprias pessoas agora, e tenho que protegê--las.* Nada mais importava.

E então havia Annie. *Eu tenho uma esposa, uma mulher que amo, a quem cheguei pertinho de trair, e gostaria muito de voltar e começar a compensá-la por isso, pelo resto das nossas vidas.* Esse era o problema dele, é o que Roberto estava pensando, mas não falou nada disso.

Em vez disso, falou:

— Pelo amor de Deus, Trini, o fungo tem uma taxa de mortalidade de um para um. Todo mundo que entrou em contato com ele está morto, *cada pessoa*. A taxa de ataque secundário é de cem por cento, o tempo de geração é imediato, e a taxa de incubação é... não sabemos, mas com toda certeza é menos de 24 horas. Você quer levar *isso* de volta para a civilização? Nós nunca vimos uma arma biológica que sequer chegasse perto desse tipo de letalidade.

— É por isso mesmo que o fungo tem que ser armazenado e estudado. Qual é, cara, você sabe disso. Esse lugar não vai permanecer em segredo, e se não o levarmos de volta, alguém vai vir pegá-lo. Talvez alguém que trabalhe para o outro lado.

Era um debate válido, e, enquanto eles continuavam com a discussão, o corrosivo dentro do calcanhar da bota de Hero continuou a agir com determinação. O ácido fluorantimônico provou ser a melhor coisa para penetrar na borracha sólida, mas ele não estava apenas abrindo um buraco, mas também alterando a composição química da própria bota enquanto avançava. Pequenas mutações ocorreram quase em um clima de experimentação, à medida que a força das ligações químicas da bota variava. A substância se adaptava de maneira engenhosa, passou pela maior parte do grupo do benzeno até encontrar o composto exato que estava procurando. Finalmente, chegou ao outro lado da sola e avançou até a superfície da bota interna, logo abaixo do arco do pé direito de Hero. O *benzeno-X* — a substância havia se hibridizado tantas vezes que desafiava a classificação de acordo com os compostos químicos conhecidos — abriu uma porta para o fungo, que era muito maior em tamanho molecular, para passar para o interior do traje de Hero.

E foi lá que o *Cordyceps novus* encontrou o nirvana. A bota, como o restante da vestimenta de proteção, era folgada, projetada para estimular a circulação de ar a fim de evitar que o usuário superaquecesse. O aparelho de respiração continha um pequeno ventilador para circulação de oxigênio, o que significava que um novo suprimento de O_2 se movia sem parar através do interior do traje. Filamentos do fungo muito agradecido se transformaram em tentáculos diáfanos e foram transportados pelo ar, subiram por uma coluna ascendente de CO_2 quente, até pousarem suavemente sobre a pele desprotegida da perna direita de Hero.

Ainda alheia à invasão inimiga acontecendo dentro da sua vestimenta, Hero rosqueou a tampa do tubo de amostra e quebrou um lacre lateral. O tubo sibilou ao ser congelado na mesma hora por um pequeno grânulo de nitrogênio até que pudesse ser reaberto em um laboratório e armazenado permanentemente em nitrogênio líquido. Ela recolocou o tubo de volta no nicho acolchoado, fechou o estojo e ficou de pé.

— Pronto.

O debate sobre o que fazer em seguida foi resolvido como sempre acontecia, o que significava que Trini levara a melhor. Ela ouviu os argumentos de Roberto, deixou que passassem um pouco além do ponto que julgava necessário, dada a diferença de patentes entre os dois, depois encarou o amigo, baixou a voz um ou dois tons e disse apenas uma palavra.

— Major.

A conversa acabou. Trini era a oficial responsável e o conselho dado pela cientista escoltada estava do lado dela. Nunca houve dúvida sobre o resultado da discussão, mas Roberto sentiu uma vontade humanitária de fazer objeções mesmo assim. O que aconteceria se, só desta vez, eles fizessem o que era óbvio e certo, *mesmo que* fosse diretamente contra o procedimento? O que aconteceria?

Porém, eles nunca descobriram, e, no fim das contas, Roberto concordou com uma garantia secundária: eles levariam uma amostra, uma *única* amostra, lacrada no tubo de risco biológico, e não deixariam a Austrália Ocidental até que os dois respectivos governos concordassem em jogar uma carga excessiva de bombas incendiárias à base de óleo no local. Qualquer coisa seria suficiente, mesmo as antigas M69 ou M47 carregadas com fósforo branco dariam conta. Não havia mais nada para salvar ali, de qualquer forma.

Os três saíram da cidade e voltaram em direção ao jipe.

QUATRO

Dentro do traje, o *Cordyceps novus* encontrou o que procurava: um pequeno arranhão na superfície da panturrilha de Hero. Mesmo um poro bem grande teria sido suficiente para o fungo entrar na corrente sanguínea dela, mas o arranhão aberto, que atravessava duas camadas da pele, estava escancarado e oferecia muitas possibilidades.

Hero nem sabia que tinha uma ferida aberta. Aquele tinha sido um arranhão distraído; ela havia reagido a uma coceira produzida por uma mudança de produto de limpeza — o hotel que lavou a calça jeans dela na semana passada usou um branqueador óptico barato com uma concentração maior de alvejante do que ela estava acostumada. Portanto, as calças provocaram uma coceira. E ela se arranhou ao coçar. E o fungo entrou na corrente sanguínea.

— Que cheiro é esse? — perguntou Hero, quando eles estavam a cinquenta metros do jipe.

Roberto olhou para ela.

— Que cheiro?

Hero fungou de novo.

— De torrada queimada.

Trini deu de ombros.

— Não consigo sentir cheiro nenhum. — Ela olhou para trás, feliz por ter saído da cidade. — Esse lugar inteiro vai cheirar a torrada queimada até o final do dia.

Mas Roberto estava confuso, ainda olhando para Hero.

— No seu traje?

Hero ergueu um braço e olhou, como se quisesse se lembrar de que estava vestindo um traje de proteção biológica lacrado.

— Isso não faz sentido, não é?

Na verdade, fazia todo o sentido. O *Cordyceps novus* estava esquentando e tinha superaquecido os amidos e as proteínas dentro da epiderme de Hero. Como derivado da reação, eles liberaram acrilamida, o que produziu o cheiro de torrada queimada. O fungo também estava gerando calor, e o aumento súbito de temperatura na pele de Hero com certeza a incomodaria em breve. Mas o fungo estava atento a essa possibilidade e se movia rapidamente através da corrente sanguínea, correndo para chegar até o cérebro dela, onde interceptaria as mensagens dos receptores de dor. Isso em si não era um grande truque — um carrapato faz a mesma coisa, liberando um anestésico superficial assim que penetra na pele da vítima para que possa sugar sangue sem ser percebido pelo maior tempo possível. O fungo, no entanto, tinha um longo caminho a percorrer e muitos receptores para bloquear. Os batimentos cardíacos de Hero se aceleraram, o que fez o sangue circular mais rápido, inadvertidamente, ajudando o seu aspirante a assassino.

Ela parou de andar.

— Não pode haver cheiro no meu traje, ele está selado e pressurizado. Não há nada aqui dentro além de oxigênio e CO_2 limpo. Por que tem um cheiro no meu traje?

Ela estava começando a entrar em pânico. Trini tentou acalmá-la.

— Olha, há muitas piadas que eu poderia fazer aqui...

— Não tem graça, porra — falou Hero.

— Não tem, Trini, cale a boca. Algo penetrou no traje dela.

— Isso não é possível — disse a cientista, tanto para se convencer quanto para convencer os outros.

— Apenas continue andando — aconselhou Trini. — Vamos tirar as roupas no jipe. Não podemos fazer isso aqui de qualquer maneira, elas precisam ser queimadas. Vamos verificar se a sua vestimenta foi violada. — Ela olhou para Hero, com a expressão séria. — Você está sentindo alguma coisa?

Hero pensou.

— Não.

Roberto insistiu.

— Pare um minuto. Concentre-se em cada parte do seu corpo. Alguma coisa diferente?

A respiração de Hero se estabilizou. Ela levou a pergunta em consideração enquanto passava pela própria anatomia, indo das solas até o topo da cabeça.

— Não. Nada diferente.

Dentro do corpo de Hero, eram outros quinhentos. O fungo havia penetrado no cérebro dela e estava se reproduzindo em uma velocidade assustadora, procurando e bloqueando seus nociceptores da mesma forma que um exército invasor desliga a internet e as estações de televisão. Havia um alerta vermelho estridente no cérebro de Hero, bandeiras eram acenadas, alarmes soavam, mas as extremidades dos axônios dos neurônios sensoriais haviam sido dominadas e impedidas de responder a estímulos prejudiciais. Eles não podiam mais enviar mensagens de possíveis ameaças para o tálamo e para as áreas subcorticais. Os neurônios sensoriais gritavam no vazio.

Hero Martins estava morrendo, mas a mensagem neural que ela recebeu do cérebro foi que estava tudo bem, ótimo, na verdade, não precisa se preocupar.

— Eu estou bem.

— Tem certeza? — perguntou Roberto.

Ela concordou com a cabeça.

— Vamos sair daqui.

Os três recomeçaram a andar, agora a quarenta metros do jipe. O cérebro de Hero analisou as possíveis razões pelas quais um cheiro estranho teria surgido dentro do traje. Nada crível veio à mente. Ela decidiu que não destruiria aquele traje; iria armazená-lo e devolvê-lo, queria ter a oportunidade de desmanchá-lo e examinar cada centímetro no caso de haver um rasgo ou uma substância estranha dentro, e, dessa forma, alguém no almoxarifado receberia uma bronca sobre procedimentos.

O jipe estava a trinta metros de distância. Hero sentiu uma tontura e percebeu que não tinha comido desde nove ou dez horas atrás. Por outro lado, ter visto o cadáver mutilado do tio não teria estimulado o apetite de ninguém, então não havia razão para pensar que a tontura fosse anormal. Ela fez o inventário físico mais uma vez, mas, além da frequência cardíaca elevada e a respiração um pouco acelerada, não havia nada diferente nela que pudesse detectar. Ela franziu os olhos para ver o sol e, ao fazer isso, um pensamento flutuou na mente.

só que não tem serviço de telefonia aqui

Bem, não, não tinha. Qual era a importância daquilo? Hero olhou para o estojo na mão, pensando no que tinha dentro do tubo. As pessoas ficariam malucas por causa daquilo. Ela se perguntou se o Centro de Controle de Doenças sequer aceitaria isso.

então não há postes telefônicos

Hero balançou a cabeça para clarear a mente e retomou a linha de pensamento. Havia apenas um punhado de laboratórios no hemisfério Ocidental preparados para armazenar patógenos de biossegurança nível 4, e Atlanta e Galveston classificariam a amostra, indevidamente, como extraterrestre, por causa da viagem que ela fez fora da atmosfera da Terra, e a rejeitariam de imediato.

talvez uma torre de energia elétrica

O Exército dos Estados Unidos lutaria pela amostra, sem dúvida, mas o forte Detrick havia sofrido uma invasão há dezoito meses e ninguém estava ansioso para...

eles tinham que ter eletricidade, certo, eles não têm eletricidade?

Hero estalou a cabeça para o lado, *vamos, concentre-se*. Eles estavam a dez metros do jipe. A imagem que ela teve do veículo se estremeceu e dividiu-se em dezesseis caixas retangulares idênticas, dezesseis imagens do jipe, meticulosamente separadas e reproduzidas. Hero sentiu a pele ficar gelada porque não era algo que a pessoa pudesse ignorar com facilidade ou culpar a fome ou a exaustão, mas *por outro lado*, pensou ela, *eu costumava desmaiar quando era criança, em reuniões na escola às vezes, e a sensação não era essa?*, será que não havia um formigamento no couro cabeludo e aí a visão ficaria esquisita e ela enxergaria em dobro antes de desmaiar, com a certeza de que era um baixo teor de açúcar no sangue ou...

uma torre de rádio, a cinquenta quilômetros atrás, eu vi, não foi, não era uma torre de rádio?

A imagem atravessou a sua mente, nítida e clara: eles haviam passado por uma torre de rádio no meio do deserto, ao lado da estrada, com mais ou menos cem metros de altura e uma pequena caixa de força preta na base.

— Era exatamente o que aquilo era.

Hero falou em voz alta, e Roberto e Trini se viraram e olharam para ela.

— O quê? — perguntou Roberto.

Hero olhou para ele.

— Hã?

— Era exatamente o que aquilo era?

Hero não tinha ideia do que ele estava falando. Seria possível que Roberto tivesse sido infectado pelo fungo de alguma forma, que fosse o traje *dele* que tivesse apresentado defeito, e que ele estivesse começando a enlouquecer? A doutora com certeza esperava que não, Roberto era um cara legal, mesmo sendo um tremendo paquerador, ela realmente tinha que dispensar os homens casados, nunca mais, jurou, ali mesmo, de agora em diante, ou ela encontrava alguém apropriado ou se contentaria com...

não pode ser tão difícil de escalar.

Ah, merda. Ela tinha que pensar bem nisso.

Escalar. A torre de rádio. Ela tinha suportes laterais separados por mais ou menos um metro e meio, mas provavelmente há uma escada de manutenção dentro da estrutura, de que outra maneira eles consertariam qualquer coisa que quebrasse perto do topo daquele troço? Eu poderia subir pela escada.

Pela última vez, o peso e a pressão dos neurônios saudáveis e funcionais no cérebro de Hero superaram os que foram consumidos, destruídos ou desativados pelo *Cordyceps novus*. O córtex pré-frontal, que lidava com raciocínio e capacidades sofisticadas de pensamento interpessoal, reafirmou-se em uma explosão de clareza e controle, e lhe informou que, com base:

A. nos processos de pensamento desordenados;
B. no cheiro de torrada queimada dentro do traje que indicava um agente contaminador estranho;

c. nas expressões de Trini e Roberto, que pensavam que havia algo de errado com ela;

d. na fixação repentina e irracional sobre a viabilidade de escalar *a porra de uma torre de rádio*, pelo amor de Deus, ela provavelmente havia sido infectada pelo fungo e estava a poucos momentos de ficar sob o controle de um organismo que se replicava rápido e constituía uma ameaça à raça humana capaz de exterminá-la.

Ainda andando, Hero deu uma olhadela para a direita e viu que Trini segurava a arma de qualquer maneira ao lado do corpo enquanto ela e Roberto não paravam de se entreolhar, tentando comunicar sem palavras a preocupação em vez de usar o sistema de rádio, que Hero seria capaz de ouvir.

Pegue o jipe e vá até a torre.

Hero andou mais rápido, a caminho do jipe. Os dois a deixaram seguir em frente, contentes por ficar para trás e manter o olho nela.

Suba a torre.

Quando Hero se aproximou do jipe, ela viu as chaves reluzindo à luz do sol na ignição. Ela se sentiu atraída pelo molho.

Suba a torre.

Os lobos frontais de Hero travavam uma luta perdida pelo controle. Eles constituíam um terço do volume total do cérebro dela, mas agora estavam tomados por uma colônia florida e saudável de *Cordyceps novus*. A bandeira de independência intelectual caiu. Ainda assim, o pensamento consciente não desistiu; ele saiu correndo, passou voando pelo ermo do lobo temporal já conquistado e se voltou em desespero para a última parte do aparato mental que ainda estava livre — o lobo parietal de Hero. Lá, o fluxo de pensamento era da própria Hero, ainda que de maneira precária e severamente limitado.

Apenas matemática agora, matemática e análise, onde X = regeneração do tecido cerebral saudável, a probabilidade é zero-X, experimente taxa de recuperação, taxa de recuperação em caso de inadimplência

Ela agora estava puxando pela memória uma aula de economia da época em que foi caloura na faculdade, mas aquele era o único conhecimento útil que circulava sem restrições na sua cabeça, a única via de raciocínio deixada aberta para ela, e teria que servir. Então, vamos tentar um cálculo, que tal? A equação a ser formada precisaria responder a apenas uma pergunta: será que ela poderia sobreviver àquilo?

Probabilidade de recuperação versus perda dada a inadimplência (RP < ou > LGD) dependente do tipo de instrumento (onde IT = fungo mutante hiperefetivo), questões corporativas (onde IC = grande inadimplência de mais de cinquenta por cento do tecido cerebral saudável) e condições macroeconômicas prevalecentes (onde PMCs = toda pessoa que já encontrou esse negócio está morta), então RP = IT / CI x PMC = não tem chance nenhuma de sobrevivência, caralho.

A resposta foi não. Hero não conseguiria se recuperar. Ela ia morrer. A única questão era quantas pessoas Hero ia levar com ela quando isso acontecesse.

SUBA A TORRE, disse o cérebro para ela.

E com o restinho de livre-arbítrio que a dra. Hero Martins ainda tinha sobrando, ela respondeu.

— NÃO.

Hero se virou rapidamente. Trini não teve tempo de reagir, em parte porque estava muito atordoada pela visão do rosto inchado e intumescido de Hero, que estava dilatado e descolorido, a pele tão esticada que chegava a rachar. Hero foi para cima dela antes que Trini soubesse o que estava acontecendo. A cientista arrancou a arma da mão de Trini...

— *Ela está armada!* — gritou Trini, mas Roberto já tinha visto.

Ele berrou para Hero parar, mas ela já estava se afastando, recuando e virando a arma para si mesma. Hero usou a mão esquerda para rasgar a aba de velcro da vestimenta que protegia a porta de acesso de O_2 fechada com zíper, abriu com força, enfiou a arma dentro do traje, fechou a aba de velcro ao redor do cano, pressionou o cano da arma contra o peito...

— *Não!* — gritou Roberto, sabendo que era tarde demais, mesmo ao berrar.

Hero puxou o gatilho.

A bala rompeu a pele e varou o esterno, abrindo um buraco no peito do tamanho de uma moeda de 25 centavos. Como um balão estourado por um alfinete, o resto de Hero explodiu de uma só vez com a liberação repentina de pressão. Tudo o que Trini e Roberto viram foi a cabeça dela, que há um instante era uma cabeça humana desfigurada, embora reconhecível, e, no momento seguinte, era uma mancha de gosma verde que cobria completamente o interior do visor.

Hero caiu morta.

Mas manteve a vestimenta intacta.

MENOS DE 72 HORAS DEPOIS, TRINI E ROBERTO ESTAVAM NO CARro, a pouco mais de cinco quilômetros das minas de Atchison, os olhos colados na caixa na traseira do caminhão à frente deles. O estojo de campanha de Hero havia sido empacotado, sem ter sido aberto, em um engradado selado maior, cheio de gelo seco.

Até agora as coisas tinham corrido bem. Gordon Gray, o chefe da DTRA, aceitara completamente a palavra de Trini e Roberto, porque eles eram os melhores, e ordenou que as instruções explícitas dos dois fossem seguidas ao pé da letra. Quando Gray dava uma ordem, as pessoas *obedeciam* e, como todos os moradores da cidade estavam mortos e o próprio terreno não tinha valor algum, não havia ninguém nem motivo para se opor. O bombardeio de Kiwirrkurra foi acordado sem discussão pelos respectivos governos. O local queimou e, com ele, cada molécula de *Cordyceps novus*, exceto a amostra no biotubo de Hero.

A questão sobre o que fazer com o tubo era mais difícil de responder. Como a cientista havia especulado, o CDC não queria se responsabilizar por armazenar algo que tivesse nascido, ou, pelo menos, sido parcialmente produzido, no espaço sideral. Embora o Departamento de Defesa estivesse disposto a isso, a única instalação adequada era o forte Detrick, que estava fora de cogitação. A invasão que ocorreu lá dezoito meses antes desencadeou uma revisão de cima a baixo que naquele momento estava entrando na segunda etapa, e a ideia de reduzir uma análise de segurança para armazenar um organismo desconhecido de letalidade sem precedentes não foi recebida com entusiasmo.

Atchison foi ideia de Trini. Ela trabalhou com a Administração Nacional de Segurança Nuclear, no início dos anos 1980, devido ao desmantelamento de armas e disposição de prontidão, uma vez que a ideia de desarmamento nuclear se tornou politicamente palatável sob a iniciativa do Tratado de Forças Nucleares de Alcance Intermediário do governo Reagan. O subnível 4 do complexo de minas de Atchison foi concebido e escavado como uma alternativa à fábrica Pantex e ao Complexo de Segurança Nacional Y-12, centros de descarte que já estavam com a capacidade lotada e lidavam com dispositivos antiquados de fissão do final dos anos 1940 e início dos 1950. Mas, à medida que as negociações do tratado se arrastavam, ficou claro que a estratégia de Reagan era realmente desarmar a *outra* superpotência, e o subnível mais baixo de Atchison ficou vazio e seguro, sem nunca ser usado.

O local era ideal para as necessidades deles. Como as minas estavam situadas sobre uma nascente subterrânea de água fria com uma vazão média de segunda magnitude, que empurrava água quase congelada do leito a 2.800 litros por segundo, o nível subterrâneo mais baixo em Atchison nunca subia acima de 3ºC. Mesmo no caso improvável de uma queda de energia prolongada, era certo que a temperatura em que o fungo seria guardado permaneceria estável, sendo mantido em um ambiente perpétuo de baixo ou nenhum crescimento, *mesmo que* de alguma forma o organismo se libertasse do tubo de armazenamento. Era um plano perfeito. Assim sendo, o *Cordyceps novus* recebeu um lar, selado dentro de um biotubo a cem metros de profundidade em um subporão que oficialmente não existia.

Com o passar do tempo, cada vez menos pessoas no DTRA passaram a compartilhar a visão alarmista de Trini e Roberto sobre as capacidades destrutivas do *Cordyceps novus*. E como poderiam? Elas não tinham visto o fungo em ação. Não havia registros fotográficos. A cidade longínqua tinha sido incinerada, e a única amostra remanescente do fungo estava trancada, longe de todos. As pessoas esqueceram e seguiram em frente.

Em 2003, dezesseis anos depois, o DTRA decidiu que o complexo da mina era uma relíquia da Guerra Fria que poderia ser dispensada. O local foi esvaziado, limpo, recebeu uma camada de tinta e foi vendido para a Smart Warehousing para uso privado. O gigante do *self-storage* levantou umas paredes de *drywall*, comprou 650 portas de garagem basculantes da Hörmann e abriu o complexo ao público. Quinze mil caixas contendo porcarias inúteis receberam assim um lar subterrâneo limpo, seco e permanente. Aquela bateria de 30 anos que a pessoa nunca tocou poderia sobreviver agora a uma guerra nuclear.

O plano de armazenamento para o *Cordyceps novus* era perfeito.

Quer dizer, até Gordon Gray se aposentar antecipadamente.

E o seu sucessor decidir que o subnível 4 ficaria melhor selado e esquecido.

E a temperatura do planeta subir.

Mas qual era a probabilidade de cada uma dessas coisas acontecer?

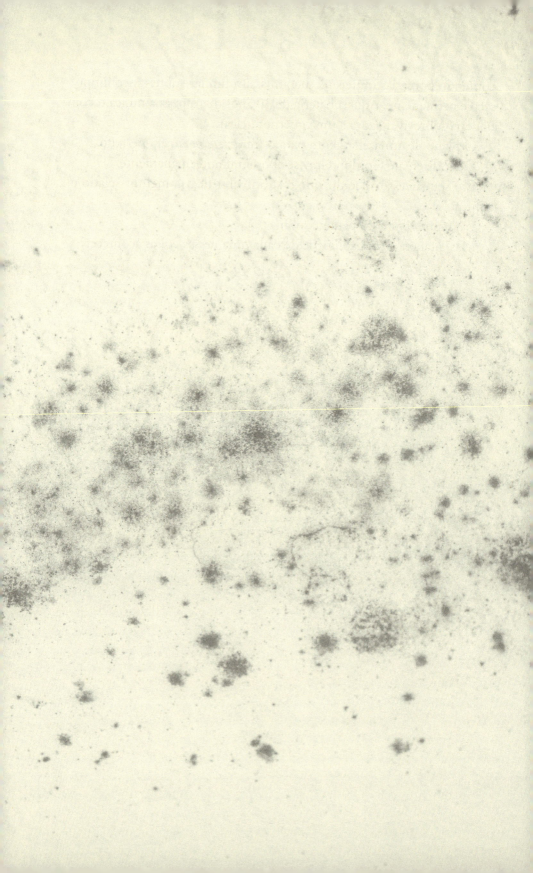

MARÇO DE 2019

CINCO

— Meritíssimo, eu entendi. Quero dizer, o senhor está olhando para um homem que *entende*.

Teacake não havia preparado nada, mas as palavras vinham quer ele quisesse ou não, então, mesmo sabendo que não era a melhor pessoa para falar em defesa própria na audiência de leitura da sentença, Teacake achou que ele era o mais qualificado para improvisar.

— Ok, então, na última vez que nos encontramos, aqui na sala do tribunal de Vossa Excelência, há alguns anos, o senhor fez uma ótima sugestão. "Ei", disse o senhor, "e se, em vez de eu mandá-lo para Ellsworth, o senhor se alistasse nas forças armadas?" Foi uma ideia boa, obrigado por isso, e eu aceitei totalmente a sugestão de Vossa Excelência. Foram dois anos na marinha como submarinista, e deixe-me lhe contar que o teste de pressão não é mole, não. Foi uma grande experiência para mim, no entanto. Baixa honrosa.

O juiz olhou para o relatório da sentença diante dele.

— Aqui diz "baixa normal, condições honrosas".

— É, isso mesmo. Exatamente. Então, a mesma coisa.

O defensor público designado para Teacake lhe deu um olhar que disse *você não está ajudando*.

Mas Teacake insistiu.

— A questão é que eu entendi naquela época e entendo agora. Fui vítima de estar no lugar errado na hora errada, quero dizer, sei que isso não vai convencer o senhor, mas existem circunstâncias atenuantes aqui. Eu sou convencido a fazer determinadas coisas, esse é o meu problema, mas a minha opinião pessoal é que nunca deveria cumprir pena por isso. Não por ficar sentado dentro de carro. Quero dizer, não é maneira de tratar um veterano, para início de conversa. Mas o senhor, provavelmente, deu uma olhada em mim e foi tipo "você de novo", e entendo isso.

— O senhor já terminou?

— Sim, vou encerrar. Resumindo, se o senhor tiver um amigo que se chame Hazy Davy e ele lhe pedir para permanecer dentro do carro enquanto ele corre para fazer uma coisinha rápida, e o senhor já souber que o seu nome anda meio sujo em Pottawatomie County, Kansas, é melhor se lembrar de que tinha um compromisso anterior. É só o que eu digo.

Ele começou a se sentar e depois se levantou de novo.

— Desculpe, mais uma coisa. Eu também peguei a doença moderna conhecida como privilégio branco, pelo que lamento muito. Embora a culpa não seja minha, devo dizer, não posso fazer nada por ser branco. De qualquer forma, há, obrigado.

Teacake se sentou e não ousou olhar para o advogado. Ele sabia captar o clima do ambiente. O juiz colocou os óculos, pegou o relatório da sentença e disse cinco palavras:

— Obrigado, sr. Meacham. Dezenove meses.

No momento em que saiu da prisão, o currículo de Teacake pós-ensino médio tinha exatamente duas coisas: uma ficha militar medíocre e sua passagem pela penitenciária Ellsworth. Assim sendo, o emprego na Atchison Storage foi a melhor coisa que poderia ter acontecido com ele, mesmo ganhando 8,35 dólares por hora. A empresa não gostava de ter muitos funcionários para ficar correndo atrás e tomando conta, então todos faziam turnos de doze horas, de seis às seis, quatro dias por semana. Como Teacake era o novo empregado, ficou com as noites de quinta a domingo. A verdade é que ele não gostava muito dos poucos amigos que ainda tinha por ali e não estava querendo fazer nenhum novo, a menos que um desses amigos fosse Ela, então não foi problema pegar o turno da noite. Essa pode ter sido a razão pela qual ele conseguiu o emprego. Essa e o fato de que Teacake tinha todos os dentes, o que significava que era razoavelmente asseado. Ali, um sorriso cheio de dentes era a única carta de recomendação que a pessoa precisava para se sentar em uma recepção e cuidar de 650 unidades de armazenamento subterrâneo trancadas no meio da noite. Não era, como dizem, um bicho de sete cabeças.

Teacake sempre tentava chegar ao trabalho cedo às quintas-feiras porque sabia que Griffin gostava de adiantar a farra do fim de semana e dava no pé alguns minutos antes de o turno dele acabar. Griffin sabia que poderia cair fora mais cedo porque podia contar com o fato de Teacake precisar desse emprego e que nada daria errado. Como era de se esperar, enquanto Teacake contornava a longa curva na base dos penhascos, ele viu a careca suada de Griffin brilhando ao sol poente no momento em que o sujeito atarracado abria um latão de cerveja Pabst Blue Ribbon. Ele guardava dois ou três latões nos alforjes da sua Harley Fat Boy para...

— bem, as cervejas sempre estavam nos alforjes.

Griffin bebeu a Pabst Blue Ribbon, jogou no chão o latão vazio, meteu o pé para ligar a moto e mostrou o dedo médio para Teacake ao sair dali levantando brita.

O problema de Griffin, e todo mundo concordaria com isso, era que ele era um babaca. Teacake mostrou o próprio dedo médio de volta para Griffin, um gesto mais ou menos amigável àquela altura, e aquilo era o que passava por contato humano durante o seu dia. Quando o Honda Civic de Teacake ultrapassou a moto, ele soltou um suspiro de alívio por ter se desencontrado do chefe, por não precisar ter aquela mesma conversa maldita com Griffin de novo.

Mas Teacake não deu essa sorte. Ele viu pelo retrovisor que Griffin estava dando a volta, passando a Fat Boy pelo capô do Civic. Ele parou ao lado da porta do motorista, o motor em ponto morto, enquanto Teacake saía.

— E então? — perguntou Griffin.

Bem, *seria* aquela conversa.

— Já falei que não posso ajudar.

— Sabia que você era idiota não achava que você fosse tão idiota — falou Griffin, em rompantes de *staccato*, algumas palavras saindo tão rapidamente que colidiam, outras com pausas estranhas entre elas, como se a pontuação ainda não tivesse sido inventada.

— Eu não sou idiota — disse Teacake. — Tipo assim, de maneira alguma, ok? Eu adoraria ajudar se pudesse, mas o lance está foda em relação à minha, você sabe, situação pessoal, e eu simplesmente não vou fazer isso.

— Ok, então vai pensar a respeito.

— Não! Eu nem queria saber disso.

A verdade era que Teacake sabia apenas uma parte, a parte sobre os 24 televisores de tela plana de 55 polegadas da Samsung que Griffin estava vendendo um por um, mas Teacake imaginou que onde havia fumaça de bens de consumo roubados, havia fogo de bens de consumo roubados, e essa era a última coisa de que ele precisava na vida.

Griffin não ia desistir.

— Eu estou pedindo para você abrir o portão para alguns amigos meus de vez em quando e usar sua chave mestra qual é o problema caralho?

— Eles não têm contas conosco. Não posso deixar ninguém que não tenha uma conta entrar.

— Quem vai saber?

— Eu já ouvi essas palavras antes — falou Teacake. — Faça isso você.

— Não dá. — Griffin deu de ombros.

— Por que não?

— Ninguém vai vir durante o dia porra e eu não trabalho à noite. — Caso encerrado. — Apenas faça isso, assim a gente não tem nenhum problema.

— Por que vamos ter um problema? — perguntou Teacake.

— Porque você sabe de coisas e não está no esquema e se você não está no esquema e sabe das coisas então tem um problema. Você sabe disso.

Não havia como se livrar dele e Griffin nunca deixaria o assunto de lado, então Teacake fez o que vinha fazendo nas últimas seis semanas, que era atrasar o jogo e esperar que a situação passasse. Será que era uma estratégia que demonstrava o menor sinal de estar dando certo? Não, mas isso não era motivo para desistir.

— Sim, bem, você sabe, eu não sei dessa coisa ou dessas coisas — disse Teacake — ou sei lá mais o quê. Quero dizer, apenas tanto faz, beleza? Ok?

Não havia maneira imaginável de uma pessoa ser mais vaga do que isso, não sem um diploma de direito e décadas de experiência testemunhando perante o Congresso. Teacake esperava que aquele argumento servisse. Ele deu as costas e caminhou em direção ao prédio.

Griffin acelerou a moto e puxou os óculos de proteção para baixo. Ele gritou alguma coisa para Teacake ao engatar a marcha, apenas três palavras, mas eis o momento em que a índole básica de Griffin como um babaca se apresentou mais uma vez: ele havia retirado o silenciador do escapamento da moto para tornar o ronco muito mais alto e irritante para o restante do mundo, então não havia nenhuma chance de suas palavras serem compreendidas com o barulho. Para Teacake, pareceu que Griffin gritou "tem álcool fritando", mas na verdade o que o seu chefe havia berrado era "tem algo bipando".

Teacake descobriria isso por si mesmo em breve.

O FATO DE GRIFFIN TER SIDO COLOCADO COMO ENCARREGADO DE alguma coisa era uma piada, porque ele não apenas era burro, racista e violento como também era um alcoólatra desenfreado. Ainda assim, há alcoólatras e alcoólatras funcionais, e Griffin conseguia permanecer na última categoria ao estabelecer um regime rigoroso de bebida e segui-lo com a disciplina de um atleta olímpico. Ele se mantinha sóbrio por três dias e meio da semana, de segunda a quarta-feira, quando trabalhava nos três primeiros dos seus quatro turnos de doze horas, e só começava a beber pouco antes das seis da tarde na quinta-feira. Essa, no entanto, era uma bebedeira que Griffin cultivaria e manteria com uma dedicação meticulosa, começando naquele exato momento e continuando durante o longo fim de semana até que ele desmaiasse na noite de domingo. A ressaca de segunda-feira era a única parte difícil, mas Griffin a sentia havia tanto tempo que parecia integrada a uma manhã normal de segunda.

Torrada, café, sangue saindo pelos globos oculares — devia ser o início de uma nova semana de trabalho.

Griffin nasceu em Council Bluffs e passou seis anos trabalhando em um McDonald's em Salina, onde chegou ao posto de gerente de turno. Era um trabalho pequeno e elegante, não apenas por causa das colegiais bonitas que ele tinha o poder de contratar e demitir e com quem ficava no estacionamento fumando maconha após o trabalho. Griffin não era atraente — essa era apenas uma realidade objetiva. Ele era atarracado como um hidrante, e o corpo inteiro, com a notável exceção da cabeça, estava coberto por tufos irregulares de pelos multicoloridos que faziam as costas parecerem o chão de uma barbearia no final de um longo dia. Mas o poder de conceder a alguém o seu primeiro emprego remunerado e de fornecer um baseado ocasional fez com que Griffin se desse bem na vida, pelo menos com garotas de 16 anos de idade, e isso quando ele ainda estava com pouco mais de 20 anos. Em pouco tempo, essas garotas de 16 anos ficariam espertas, os últimos fios de cabelo dele cairiam, e a "compleição robusta" daria lugar ao que só podia ser chamado de "pança gorda", mas, durante aqueles poucos anos, naquele único lugar, Griffin foi um rei, abocanhando 24.400 dólares por ano, a caminho de uma vaga garantida no Hamburger U, o programa de treinamento de alta administração do McDonald's. E comendo menores de idade gostosas, semana sim, semana não.

Então aqueles pequenos filhos da puta, aqueles merdinhas metidos a espertos que nem *precisavam* do trabalho, que acabaram de conseguir o emprego porque os pais queriam que eles aprendessem o Valor do Trabalho, aqueles *babaquinhas* que moravam em condomínios — os dois arruinaram tudo. Eles estavam trabalhando no *drive-thru* durante um horário de pico quando a coisa aconteceu. Por que Griffin colocou os dois ali juntos até hoje não sabe; devia estar sofrendo de uma ressaca terrível para ter deixado os dois palhaços trabalharem a menos de quinze metros um do outro, mas eles começaram a fazer gracinhas no interco-municador. Anotaram pedidos em espanhol inventado, fingiram que o alto-falante estava falhando, declararam que era "Dia da Loteria" e deram lanches de graça — toda aquela babaquice que é engraçada para cacete porque os empregos das pessoas de verdade não significam nada, não quando você está indo para a Universidade Estadual do Kansas no fim do ano com todas as despesas pagas pela mamãe e pelo papai, e a única razão pela qual esse emprego vai aparecer no seu currículo é mostrar que você foi um homem do povo, muito trabalhador, durante o ensino médio. Lá estão eles, os honorários pelo trabalho na cadeia de fast-food, totalmente pagos, assim como a viagem de serviço comunitário de 10 mil dólares à Guatemala, onde você atrasou a construção de uma escola ao ficar tirando mil *selfies* para postar no Instagram.

Naquele dia em especial, havia um observador do McDonald's da gerência regional no estacionamento, um sujeito no *drive-thru* fazendo milhares de anotações sobre as travessuras sem graça que estavam acontecendo ali. O cretino boa-pinta — o bajulador, não o ruivo, que só ia na onda da babaquice, mas sim o filho da puta bonitão, aquele que estava comendo a garota da cabine que calçava *docksides*, que o próprio Griffin sequer conseguia fazer que olhasse para ele —, *aquele* moleque sabia que o cara estava lá fora. E manteve aquela informação em segredo por meia hora, até que finalmente passou pelo escritório dando um risinho e disse: "Ah, ei, tem um agente secreto do McDonald's estacionado do lado da lixeira."

Griffin foi rebaixado para a chapa no dia seguinte e se demitiu antes de acabar na fritadeira. Conseguiu o emprego na Atchison Storage três semanas depois, e quando o gerente atual se mudou para Leawood a fim de se casar, Griffin herdou a vaga de catorze dólares por hora — o que, se ele nunca tirasse uma semana de folga, significava 34 mil dólares por ano e três dias livres por semana para encher a cara. Griffin também calculou que poderia tirar outros 10 mil em dinheiro vivo para guardar os televisores Samsung e outros itens de natureza inconveniente que aparecessem precisando de um lar temporário de vez em quando. O gerente anterior havia informado Griffin sobre essa atividade paralela, que ele encarou como um privilégio normal da comunidade de gerentes de *self-storage*. Guarde essas mercadorias, deixe as pessoas pegarem, receba uma parte do preço pelo qual forem vendidas. Risco zero. Em suma, era um esquema satisfatório, mas não tão bom quanto o que poderia ter sido. Ele poderia ter tido uma carreira em administração, administração *de verdade*. Passar o dia inteiro sentado a uma mesa para ajudar um desfile de gente esquisita e caipira a ter acesso às suas porcarias inúteis era muito diferente de ser responsável por um desfile constante de vagabundas adolescentes à procura de um emprego. Mas a pessoa aceita o que consegue encontrar. Atchison, Kansas, não era um bufê de oportunidades de carreira.

Apesar de tudo o que aconteceu, o único arrependimento de Griffin na vida até agora era que ele nunca conseguia que alguém concordasse em chamá-lo de Griff. Ou G-Dog. Ou pela porra do primeiro nome. Tudo que o sujeito queria era um apelido, mas ele era apenas Griffin.

TEACAKE ESTAVA DIGITANDO ATRÁS DO BALCÃO DA RECEPÇÃO. ELE ouviu o bipe, mas não ouviu o bipe. Qualquer que seja a parte do cérebro que registre um volume extremamente baixo e de tom agudo que surge uma vez a cada noventa segundos estava mantendo a informação para si mesma durante a primeira meia hora em que ele estava à mesa. O bipe fraco vinha, era registrado em algum lugar no fundo da mente, mas depois seria sobrepujado por outros assuntos mais urgentes.

Primeiro, ele tinha que verificar uma dúzia de monitores para ter certeza de que o lugar estava limpo e vazio e tão deserto e deprimente como sempre. Pronto. Em seguida, um rápido olhar para a entrada leste para ver se Ela já havia chegado ao trabalho (sim) e pensar por um segundo se havia alguma razão plausível para orquestrar um encontro com Ela (não). Tinha também o fedor. Griffin nunca foi muito chegado à arrumação, e a lata de lixo estava lotada de embalagens do Subway, incluindo um sanduíche velho de trinta centímetros de atum no pão de trigo, e a área da recepção fedia a almoço velho. Alguém teria que fazer algo a respeito — doze horas com fedor de atum seria um turno longo para cacete. E, finalmente, havia uma cliente, a sra. Rooney, vindo pelas portas de vidro da frente, toda irritada e petulante, chegando de repente.

— Ei, sra. Rooney, e aí, tudo beleza?

— Eu preciso entrar no SS-211.

Teacake não era dissuadido assim tão fácil.

— Está um calor lá fora, não é? Calor tipo a África. É estranho para março, mas acho que temos que parar de dizer isso, hein?

— Eu preciso entrar lá imediatamente.

Na unidade SS-211, Mary Rooney guardava 27 caixas cheias de boletins escolares dos filhos e netos, cartões de aniversário, do Dia das Mães, do Dia dos Pais, de Natal e todas as mensagens aleatórias contidas neles, expressando amor esmagador e/ou raiva ofuscante, dependendo do quão perto da adolescência os autores estavam no momento em que foram escritos. Ela também possuía 42 canecas de cerâmica e porta-lápis feitos na Pottery 4 Fun entre 1995 e 2008, quando a artrite piorou e ela não conseguiu mais frequentar as aulas. Isso tudo além de sete bolsas de náilon cheias de jornais sobre grandes eventos da história mundial, como a cobertura da cerimônia de abertura dos Jogos Olímpicos de 1984, em Los Angeles, e um estojo de vinil de *Baywatch — SOS Malibu*, contendo 6.500 dólares em dinheiro vivo que ela estava guardando para o dia em que os bancos quebrassem para valer. Havia também quatro caixas de mudança lacradas (com conteúdo esquecido há muito tempo), tantas roupas velhas que era melhor medi-las por peso (150 quilos), e uma cafeteira de metal elétrica de 1979 que ficava no topo da montanha de outras porcarias como uma coroa.

Naquele momento, como a sra. Rooney tinha duas caixas de sapato debaixo do braço e aquela expressão no rosto, Teacake apertou o botão para abrir o portão que levava às unidades de armazenamento sem tentar mais gentilezas. Que fique registrado, entretanto, que o calor daquele dia foi certamente digno de comentário: fez 30ºC no centro da cidade em dado momento. Mas tanto faz, Mary Rooney precisava entrar imediatamente na unidade dela, e era melhor não ficar entre as coisas dela e ela.

Teacake observou a cliente através dos monitores, primeiro ao atravessar o portão, depois o corredor oeste superior, com o permanente grisalho flutuando pela passagem interminável ladeada por portas de garagem de cor creme, até o fim, onde ela apertou o botão do elevador e esperou, olhando para trás duas vezes — *claro, como se alguém fosse seguir você e roubar as suas caixas de sapatos cheias de meias velhas, Mary* —, e ele continuou observando enquanto a sra. Rooney entrava no elevador, descia dois níveis até o subporão, saía, caminhava até a metade do corredor subterrâneo naquele passo estranho dela, arrastando os pés e andando de lado como um coiote, e abria a porta da unidade

SS-211. Ela entrou, acendeu a luz e fechou a porta. A sra. Rooney ficaria lá por horas.

Quando a pessoa se vê encarando, com olhos vidrados, um conjunto de monitores, observando uma senhora caminhar lenta e cautelosamente por uma instalação de armazenamento subterrâneo toda branca a fim de chegar à pilha pessoal de tranqueiras completamente desinteressantes —, quando a pessoa faz isso sem nenhuma esperança de que essa senhora faça qualquer coisa remotamente interessante, *esse* é o momento em que ela saberá que chegou ao fundo do poço em termos de entretenimento. Teacake estava lá.

E então tudo mudou.

Os olhos de Teacake haviam se voltado para a tela superior direita, no canto do conjunto de monitores, o que cobria a outra mesa de guarda, no lado leste das instalações.

Naomi estava em movimento.

O complexo de cavernas era enorme e atravessava o coração dos penhascos; assim sendo, para evitar que os caminhões vindo de Kansas City tivessem que percorrer toda a rodovia 83 até a rodovia 18 e a rodovia E, o Corpo de Engenheiros do Exército abriu duas entradas, cada uma nos lados leste e oeste do bloco gigantesco de rocha. Como resultado, a Atchison tinha duas áreas de recepção e duas pessoas trabalhando no local a qualquer momento, embora elas tivessem seções diferentes para monitorar, de modo que esbarrar com o colega de trabalho quase nunca acontecia.

A menos que a pessoa provocasse isso, o que Teacake vinha tentando fazer há duas semanas, desde o dia em que Naomi começou a trabalhar lá. O horário dela era irregular — ele nunca conseguia identificar quando ela estaria ou não na área —, então, apenas tentava ficar de olho nos monitores para orquestrar um encontro. Isso não tinha acontecido ainda. Houve algumas vezes em que ela estava patrulhando e ele quase arriscou, mas, quando Naomi estava em movimento, Teacake nunca sabia onde ela estava indo, assim ele não tinha criado uma situação que lhe desse o grau certo de naturalidade. O lugar era tão grande que a única maneira de fazer o plano funcionar seria verificar a localização de Naomi e depois sair correndo em alta velocidade para chegar perto dela na chance remota de a colega ainda estar pela área. Seria mais uma caçada do que um encontro. Deve parecer assustador surgir do nada sem fôlego e suado para um esbarrão natural com uma mulher.

Agora, no entanto, a oportunidade batia na porta de Teacake com os dois punhos, porque Naomi estava andando pelo longo corredor principal leste com uma lata de lixo cheia debaixo do braço, e isso só podia significar um destino: a doca de carga e descarga, onde ficavam as caçambas de lixo.

Teacake pegou a lixeira cheia ao lado da recepção — *obrigado, Griffin, seu porco, pode apostar que vou limpar o seu almoço nojento* — e disparou para a doca de carga e descarga.

SEIS

Três coisas que Naomi Williams sabia sobre a mãe — que ela era inteligente, atlética e tinha um gosto horrível para homens. Pior ainda, Naomi sabia que ela mesma era exatamente igual em todos os três aspectos. A diferença era que tinha visto os erros da mãe, testemunhara o desenrolar deles, um após o outro, como acidentes de carro previsíveis em câmera lenta. Ela estava ciente de onde cada virada de volante e pisada no freio fizeram com que o ímpeto desgovernado da vida da mãe entrasse em um abismo profundo. Naomi sabia, por meio de cuidadosa observação, como conduzir uma vida a fim de provocar um acidente e não estava disposta a fazer as mesmas manobras desesperadas. Ela mantinha notas altas, tinha boas atividades extracurriculares e sabia o que queria. Naomi planejara e ensaiara a rota de fuga pós-ensino médio tantas vezes que poderia fazê-la dormindo.

Mas então, no dia seguinte à formatura, ela engravidou, e toda essa merda de rota de fuga foi por água abaixo. Porque Naomi precisou ter o bebê. Não porque a família dela fosse composta por malucos religiosos; Naomi, a mãe e quem quer que fosse o seu padrasto atual iam à igreja no Natal e em funerais, como a maioria das pessoas. Mas a família de Mike — cruz-credo, sem trocadilhos, os Snyders levantaram a bandeira de Deus com fervor. Isso era normal; havia muitos religiosos naquela parte do país, desde a grande onda de evangelismo que se espalhou pelo Sul e Centro-Oeste no final dos anos 1970. Mas eles eram cristãos-novos orgulhosos, não o velho tipo confiável de católico assombrado e depressivo, mas o tipo alegre de católico. Eles amavam todo mundo. Quero dizer, eles amavam mesmo as pessoas.

Os Snyders tinham cinco filhos e, embora cada um deles tivesse começado a vida bem normal e gostasse de beber uma cerveja ocasionalmente ou dar um tapa em um baseado, no momento em que faziam 14 ou 15 anos, eram envolvidos pelos pais na trama espiritual da família. Não era como se fosse um golpe ou algo assim — eles eram sinceros. Naomi achou legal no começo; era muito amor e atenção, muito mais do que recebia em casa, e quando Tara Snyder e ela se tornaram melhores amigas na oitava série, Naomi começou a dormir na casa deles duas ou três noites por semana. A própria mãe, distraída por causa do terceiro casamento decadente, parecia grata pela filha ter um lugar para ir.

Conforme o amor de Deus se espalhava pela família Snyder nos dois anos seguintes, Naomi e Tara conseguiram se desviar dele. Todo mundo tinha um papel para representar dentro da família, e a menina estava contente em ser a filha rebelde. As duas bebiam e farreavam demais e saíam com os caras errados. Mas tudo estava funcionando. Era bem verdade que tudo funcionou melhor para Naomi do que para Tara. A maioria das notas de Naomi era dez sem muito esforço, ela ainda conseguia marcar pontos no jogo de basquete mesmo tendo passado a noite acordada bebendo, e já havia entrado na Universidade do Tennessee, em Knoxville, com um tremendo plano de empréstimo estudantil. Sim, ela terminaria os estudos com 60 mil dólares em dívidas, mas a universidade tinha um ótimo curso de veterinária, e ela estaria formada e licenciada, e pagaria essa quantia em cinco anos e meio. Se alguém tinha o direito de festejar e transar um pouco por aí, era Naomi Williams. O lance de amar a Deus era algo que ela estava disposta a fingir ou até mesmo dizer com um pouco de sinceridade às vezes em troca do carinho da família Snyder, que era afetuoso e inegável, mesmo nas formas mais sentimentaloides e sufocantes.

Deus não foi o problema.

Mike Snyder foi o problema.

Ele era dois anos mais velho que Naomi e começou a dar em cima dela quando a garota tinha cerca de 15 anos. Mike era uma espécie de figura mítica na cidade. Tinha uma reputação tão completamente imerecida que desafiava o bom senso, mas quase não há limite para o que uma pessoa pode alcançar cedo na vida quando se tem o apoio total e inabalável de uma família grande e que não faz críticas. É mais tarde que tudo dá as costas para você. Porém, na juventude dele e na visão da família Snyder, Mike era um artista, um dançarino interpretativo e um músico brilhante. Ele era um filho de Deus talentoso que devia receber espaço, respeito, liberdade e dinheiro. E também boquetes, na opinião de Mike. Naomi resistiu por um tempo, mas ele era tão íntegro, tão atormentado e suplicante, e claramente problemático além da capacidade de a própria família enxergar, que Naomi tinha pena. Ela sabia que não era certo, não era como as coisas deveriam ser e, em retrospecto, Naomi não conseguia acreditar que algum dia tivesse sido tão passiva. Por que ela sentiu aquela estranha obrigação com Mike quando não sentiu nem por si mesma?

Mas Naomi sentiu. Os dois passariam por períodos em que as coisas esquentavam e esfriavam; houve momentos em que ela pensou que amava Mike, ocasiões em que tinha certeza de que o odiava, mas, na maioria das vezes, sentia-se um pouco mal por ele. O moleque sabia que era um impostor, mesmo que não pudesse sair dizendo isso, e ela queria fazer ele se acalmar e deixá-la em paz.

Mike nunca quis ter relações sexuais, mesmo quando Naomi queria, provavelmente porque foi atormentado pelos remanescentes do catolicismo rígido praticado pela família. Mike era o filho mais velho, o único que tinha feito escola primária católica, e as garras da culpa estavam cravadas bem fundo nele. Não houve nenhum contato sexual com Mike que não tenha sido totalmente tomado pelo sentimento de vergonha que ele sentia. Naomi, cujos sentimentos em relação ao amor físico eram um bilhão de vezes menos complicados, não insistiu na questão. A última coisa de que ela precisava era de uma penetração curta e insatisfatória no chão do porão da família Snyder, seguida por uma imagem de Mike queimada a fogo nos olhos dela: Mike, nu, soluçando no canto do cômodo meio iluminado e revestido de tapete espesso; Mike, encolhido bem ao lado da máquina de fliperama da Família Addams, se balançando nos quadris e pedindo desculpas a Deus.

Mas foi exatamente isso que Naomi conseguiu na noite da formatura.

Mike estava desesperado para encontrar algum marco cultural ou cronológico pelo qual pudesse transportar a ideia de comer Naomi para o reino do Espiritualmente Aceitável, e aproveitou a formatura de ensino médio dela com o fervor de um zelote cheio de tesão. Ele planejou a sedução por meses. Quando o momento enfim chegou, Naomi estava meio bêbada, ele estava meio ereto, e o resultado foi a maior trapalhada do mundo, mas pelo menos foi rápido e estava feito. Naomi olhou para ele, ali no canto, apenas uma criança triste e atormentada, na verdade. Ela ainda sentia pena de Mike, mas acima de tudo sentiu alívio de que aquilo nunca mais voltaria a acontecer.

Então, é claro, ela engravidou.

Naquele momento Naomi cometeu três grandes erros, um atrás do outro, que alteraram a trajetória da vida dela. Primeiro: contou para Mike. O Gênio Artístico Amado Sem Críticas que agora tinha 20 anos, ainda morava na casa dos pais, e não tinha emprego, planos para a educação ou talento artístico. Uma mensagem que o mundo estava prestes a tatuar em sua testa, do jeito destituído de amor e consideração que tem com caras como ele. Mas para quem mais Naomi contaria?

Estrategicamente, foi difícil enxergar aquela manobra como o gigantesco erro tático que acabou sendo. Porque Mike ficou muito feliz. Mike amava Naomi. Mike queria se casar com ela. E Mike contou para os pais na mesma hora. Isso desestabilizou Naomi; ela quase nunca calculava mal quando se tratava de adivinhar o comportamento humano, mas errou por um quilômetro. Ela presumiu que o Mike-soluçando-nu--depois--de-sexo-ruim seria tomado pelo remorso e faria qualquer coisa para esconder esse segredo imundo, mas ela não considerou o impacto total da adoração que ele tinha recebido durante toda a vida curta que teve. Isso, junto com uma exposição precoce aterrorizante ao êxtase do ciclo católico de culpa e confissão em ritmo de lava e seca, fez de Mike uma pessoa descontrolada. Na visão dele, Mike recebeu uma dádiva rara, a chance de fazer a coisa certa e, por Deus, era o que ele faria. Os pais de Mike ficaram igualmente felizes — eles tinham um casal de pecadores para perdoar, e era hora de arregaçar as mangas e começar a fazer isso. O fato de que Naomi era uma das poucas centenas de afro-americanas em Atchison só tornou a situação melhor. Tornou *os pais* de Mike melhores.

Além disso, a família inteira teria um bebê para criar. Todo mundo saiu ganhando.

Os erros dois e três de Naomi vieram logo depois daquele primeiro e foram coisas que ela deixou de fazer em vez de coisas que fez. Naomi deixou de dirigir ao Coventry Health Care em Overland Park para fazer um aborto e deixou de contar para Tara Snyder, que a teria levado de carro ao Coventry Health Care em Overland Park para fazer um aborto. Em vez disso, ela permitiu que mamãe e papai Snyder a colocassem sentada e pintassem a imagem de um amor familiar tão alegre, que envolvia tantas gerações, em torno da presença dessa nova vidinha, que a conduziu pelo primeiro trimestre e a maior parte do segundo em silêncio conspiratório. Foi somente quando o seu corpo bem-condicionado de 18 anos de idade finalmente começou a mostrar a gravidez no quinto mês que Naomi soube, com absoluta certeza e para valer, que tinha cometido um grande erro. Mas então já era tarde demais para fazer algo a respeito.

Sarah fez 4 anos outro dia, e Naomi seria a primeira a dizer que agradeceu a Deus por ter tido a filha, no fim das contas. Era impossível olhar para aquele rostinho e pensar o contrário, mas isso não significava que a vida dela era melhor porque as coisas acabaram assim. Era apenas diferente. Mike foi se juntar ao Corpo da Paz uma semana depois do nascimento do bebê, e isso, na verdade, foi um alívio; ele se transformou em um verdadeiro pé no saco assim que compreendeu que Naomi não ia se casar com ele ou jamais transaria com ele de novo. Mike teria sido um péssimo pai de qualquer forma.

Os Snyder honraram a oferta de ajudar a criar a criança, mas Naomi jura por Deus que eles eram imbecis completos. Ela acabou morando com a irmã em um apartamento de dois quartos meio decente em um novo empreendimento chamado Vale dos Pinheiros, que não tinha um único pinheiro que fosse ou um vale dentro do terreno. Mas o apartamento era limpo e as coisas iam bem. Naomi havia se acostumado a mudanças radicais em casa por causa da mãe, então o que a deixava mais à vontade era algo seguro, temporário e com um futuro incerto. Todos esses requisitos estavam preenchidos. Ela começou em um emprego e a ter aulas em uma faculdade comunitária no momento em que Sarah teve idade suficiente para ficar na creche, e se fizesse tudo certo, poderia terminar a faculdade de veterinária em mais seis anos e meio.

A parte mais dolorosa de tudo isso era aquela que Naomi nunca contou para alguém. Ela não gostava da filha. Sim, ela adorava Sarah. Sim, sentia um amor profundo por Sarah. Mas nos momentos em que era honesta consigo mesma, ela admitia, silenciosamente, que não *gostava* da filha. Sarah conseguia ser a criança mais amorosa que alguém já conheceu na vida, e também a mais odiosa, irritante e cansativa. Durante dois anos depois que o pai de Naomi morreu de um ataque cardíaco súbito aos 53 anos, Sarah, que acabara de entender o conceito de morte, puxava o assunto delicado diante da mãe jovem e angustiada com a consistência dolorosa de um abscesso dentário. Se alguém mencionasse a figura paterna, a menina dizia: "Mas você nunca mais vai poder falar com o seu papai, não é, mamãe?"

Se o assunto de pais em geral aparecia, Sarah olhava para Naomi e dizia: "Você só tem um dos pais agora, e o outro nunca mais vai voltar, não é, mamãe?"

Se as pessoas simplesmente mencionassem que ligaram para alguém, a menina dizia: "Seu pai nunca vai ligar para você de novo, vai?"

Todo mundo fazia uma careta de dor, ria e dizia: "Ela está tentando compreender a morte, coitadinha!", mas Naomi reconhecia um espírito vingativo ao ouvir aquelas coisas. A própria filha não gostava dela, e Naomi achava que tudo bem, porque o contrário era verdadeiro. Sim, sim, ela amava Sarah, mas... Naomi não sabia. Talvez algum dia. Neste exato momento, a mãe só queria ficar na dela, pegar os turnos da noite na empresa de armazenamento sempre que possível e poupar mais um dinheirinho. Faculdade de veterinária. Esse era o objetivo. Ambos os olhos nele em todos os momentos.

NAOMI DESOVOU O LIXO NA GRANDE CAÇAMBA NO CANTO MAIS distante da doca de carga e descarga e estava se virando a fim de voltar para dentro, quando quase esbarrou em Teacake, que tinha acabado de irromper pela porta de segurança vindo do outro lado do complexo, fingindo um comportamento casual.

— Ah, ei — disse ele. — Você trabalha aqui?

Naomi olhou para a própria camisa do uniforme e depois para ele.

— Todo mundo não usa esse uniforme aqui?

Ele riu.

— Eu sou Teacake.

— Teacake?

— Apelido.

— É claro — falou ela. — Você deve ter amado o livro.

— Que livro?

— *Seus olhos viam Deus.*

— Nunca ouvi falar.

— Bem, alguém deu esse apelido para você baseado em um personagem famoso do livro.

— Não, não é isso — disse Teacake.

— Então como conseguiu o apelido?

— Longa história, bastante irritante.

Não era como se Naomi não tivesse tempo, então ela apenas olhou para ele, esperando. Os olhos castanhos dela, meu Deus, Teacake nunca soube, não dava para dizer pelo vídeo, aqueles olhos castanhos, eles não desviaram o olhar, e Naomi alguma vez piscou? Os olhos dela lhe disseram para continuar, e foi o que Teacake fez.

— Eu tinha uns 16 anos, por aí mais ou menos, alguns dos meus amigos e eu estávamos dando uma volta. Sentimos uma larica, então entramos no Kickapoo na 83. Fomos pegar uns Twinkies. Fui o último a entrar, no entanto, e eles já tinham pegado todos os produtos bons da Hostess e tudo o mais, só sobraram as Sno Balls, e coco me faz engasgar, sabe?

— Se você diz.

— Estou dizendo — falou ele. — Sério. Tipo, fecha a minha garganta, saca? Que sobremesa é essa? Tem, tipo, chocolate em pó, eu comi uma assim em um restaurante italiano em Wichita, e se a pessoa respira errado, ela suga todo o pó, e ele fecha a garganta e a pessoa engasga e não consegue respirar, saca?

— Eu não posso dizer que já tive essa experiência.

— Bem, é estranho. O coco é assim para mim, só que mais grosso. Espere, onde eu estava? Eu me perco às vezes. Tipo, verbalmente.

— Todos os produtos da Hostess tinham acabado.

— Isso! Então, a única coisa que sobrou era algo chamado Teacake da Tia Sarah. Eu comprei, comi, é muito bom, então, sei lá, é crime? Eu disse que queria voltar e pegar outro, e a minha galera achou que isso era uma parada histérica de tão engraçada. "Ele quer um *teacake*, ele quer um *teacake*, ei, Teacake, onde está o seu *teacake*?" Sabe como é, tipo, uma gracinha maluca como essa que todo mundo começa a falar.

— Havia algum daqueles cigarros de maconha que eu ouvi falar envolvidos nessa situação?

— Não sei do que você está falando. De qualquer forma, foi isso, virei Teacake, e não escuto o meu nome desde então.

— Seus pais te chamam de Teacake?

— Meu pai acha hilariante.

— Sua mãe?

Ele deu de ombros.

— Uma história ainda mais longa.

Ela estendeu a mão.

— Meu nome é Naomi.

Teacake pegou a mão dela, tentando não olhar para o jeito como a sua linda pele marrom se dobrava suavemente sobre os nós dos dedos, não era da maneira nojenta como a pele dos nós dos dedos costumava ser, com aqueles semicírculos rachados e estranhos que parecem o nó malvado da árvore naquele desenho animado ou sei lá o quê, mas era assim que a mente de Teacake funcionava, ela agarrava alguma coisa e saía correndo, e agora ele estava segurando a mão de Naomi por tempo demais, pensando nos *nós dos dedos*, pelo amor de Deus.

Ela recuperou a mão com um leve puxão.

Teacake tentou prolongar o momento de qualquer maneira possível.

— Eu sei que você não está aqui há muito tempo, então se tiver alguma coisa, sabe, sei lá, tipo, que você não sabe, ou seja lá o quê, só me dê um toque, ok?

— Não consigo pensar em nada, mas obrigada. Acho que preciso ir.

— É, eu também, ocupado para caramba. Este lugar, cara. Sempre tem alguma coisa, só que nunca é nada.

Naomi sorriu para ele. Era difícil não achar Teacake um pouco charmoso. Ela notou a tatuagem malfeita de cobra dando a volta no bíceps direito dele, mas deixou passar sem comentário. A tatuagem de Teacake era problema dele, e Naomi já tinha visto o suficiente para saber de onde aquele tipo de tatuagem provavelmente tinha vindo.

Teacake percebeu que ela notou e viu a pequena mudança no modo como Naomi olhava para ele. Os ombros dela se abaixaram um milímetro, a cabeça inclinou-se minimamente para longe dele. Era sempre a mesma coisa. Se as mulheres fossem inteligentes o bastante para conhecê-lo, elas seriam inteligentes o bastante para não conhecê-lo melhor.

Merda. Por que se deu ao trabalho?

— Vejo você por aí. — Naomi se dirigiu para a porta da doca.

Ele começou a segui-la, mas ela olhou para Teacake e para a lixeira que ele estava segurando.

— Você não queria jogar isso fora?

— Ah, claro. É. Dá. Claro.

Naomi se virou de volta para a porta e, tendo sido flagrado, Teacake não teve escolha senão tomar a direção da lixeira. Ele já estava quase lá quando ela disse:

— Ah, talvez tenha uma coisa.

Teacake se virou de volta.

— Lá no seu lado...

— O quê?

— Você está ouvindo um bipe?

Ele olhou para Naomi por um longo momento, e a voz na parte de trás do cérebro de Teacake, que vinha tentando conseguir a atenção dele, finalmente foi ouvida. *Viu?*, disse a voz. *Eu te* avisei *que tinha um bipe!*

Teacake olhou para Naomi, e os olhos dele brilharam com a compreensão.

— Do seu lado também?

SETE

Teacake e Naomi ficaram completamente imóveis no meio do andar do lado dele do complexo por uns bons 45 segundos antes que Teacake não aguentasse mais e tivesse que dizer alguma coisa. Ele geralmente achava difícil não preencher silêncios, mas estar perto dela piorou a situação.

— Eu juro que estava lá antes, talvez se a gente...

Naomi levantou a mão e interrompeu Teacake. Ela tinha paciência. Mais cinco segundos se passaram em silêncio, depois dez, depois mais cinco, e eis então que o som surgiu, bem no limite dos níveis de audição humana, talvez 0,5 decibel, se tanto, mas os números não importavam, o que importava era que ele estava lá com certeza absoluta.

Bipe.

Sorrisos radiantes surgiram no rosto deles, eram crianças que acabaram de encontrar as cestas com ovos de Páscoa.

— A-há! — gritou Naomi.

— Eu *sabia*! — disse ele, e ambos dispararam em direções opostas, ele em direção à parede norte e ela para a sul.

— O que você está fazendo? — perguntou Naomi, quando eles passaram pelo outro no meio do andar.

— Foi ali.

Ela balançou a cabeça.

— *Definitivamente* foi lá. — Naomi ficou plantada, mais uma vez imóvel, ouvindo ao lado da parede oposta.

Teacake chamou do outro lado do ambiente.

— Moça, eu ouvi essa coisa por meia hora depois que entrei, não percebi, mas aconteceu, você sabe como às vezes a pessoa sabe alguma coisa, mas não sabe como, tipo, não sabe inteiramente, e então meio que o lance aparece e...

— Pode fazer silêncio, por favor?

— Eu estou dizendo. Foi naquela parede ali.

— Você não cala a boca, né?

— Eu sei. É um problema. Eu...

— *Shh.*

Ele calou a boca. Os dois ficaram imóveis de novo. Esperaram o resto do minuto.

Bipe.

Lá estava o som outra vez, como um sinal de partida, e eles dispararam, cada um para a parede do outro, passando no meio do andar novamente, olhando um para o outro com incredulidade.

— O que você está fazendo agora? — perguntou Naomi.

— O que *você* está fazendo?

— É ali, você estava certo!

Eles chegaram às posições anteriores um do outro, sorrindo. Era meio divertido, ou muito melhor do que ficar sentado sozinho e encarando monitores a noite toda, de qualquer maneira. Os dois esperaram, tentando não rir, falhando um pouco, mas sabendo que tinham trinta segundos de sobra. Os olhares se encontraram, ambos os rostos sorridentes e infantis, e não teria sido bom se o bipe nunca mais voltasse e aquele momento pudesse apenas durar, durar e durar e...

Bipe.

Desta vez ninguém se mexeu. Teacake riu.

— O que foi?

— Tenho medo de dizer.

— Você acha que estava certo da primeira vez.

Ele assentiu. Naomi ergueu os olhos para o teto de cimento acima dos dois. Era pontiagudo, como um telhado, porém com um ângulo mais suave. A inclinação do cimento estava afunilando o barulho, arrastando o bipe ao longo da superfície da pedra antes de derrubá-lo em lados opostos da sala.

— Nós dois estamos certos — disse Naomi, que foi de mansinho até o centro da sala, tentando não fazer barulho, e esperou.

Bipe.

A cabeça virou na mesma hora na direção de onde veio o som. Agora Naomi sabia exatamente o ponto do bipe. Ela foi até a recepção, meteu a mão atrás do balcão e apertou o botão para liberar a própria entrada pelo portão. Aí andou até a parede a três metros atrás da mesa, encostou a orelha nela e esperou.

BIPE.

Com certeza, o som estava vindo de trás daquela parede, mas do outro lado havia apenas um corredor que percorria o interior da primeira fileira de unidades de armazenamento na seção do térreo. Somente quando a pessoa voltava pela porta, entrando na recepção, e parava para olhar a parede de perfil, por assim dizer, que dava para notar o espaço a mais. Havia cerca de 45 centímetros a mais do que deveria existir entre a parede da recepção e a parede do outro lado.

— Por que alguém faria isso? Deixar espaço vazio assim? — perguntou Teacake.

— Isolamento?

— Entre duas paredes interiores? É um isolamento inútil.

— O que é isso? *Drywall?* — indagou ela.

— Sim.

— Você tem certeza?

— Já instalei um monte.

BIPE.

Ele olhou para Naomi.

— Quer ligar para o Griffin?

— Eu nunca quero ligar para o Griffin.

Teacake captou o significado a mais na declaração e ficou desapontado.

— Ele já veio de merda para cima de você?

Naomi deu de ombros.

— Ele é um escroto.

— Eu sei bem.

BIPE.

Ela olhou para Teacake.

— Então, o que você quer fazer?

— Bem, o que *eu* quero fazer é tirar essa foto daí — respondeu ele, apontando para uma grande fotografia aérea das cavernas, emoldurada em um quadro datado da década de 1940, que ficava mais ou menos sobre o local exato de onde o sinal sonoro vinha —, pegar aquela cadeira ali — Teacake apontou para a banqueta de metal desconfortável para cacete que estava atrás da mesa —, usá-la para quebrar esse gesso barato de um centímetro e ver que porra está apitando aí atrás.

— Por mim, tudo bem, se estiver ok para você.

Teacake riu.

— Eu disse que é o que quero fazer, não o que vou fazer.

— Ah.

Os dois olharam para a parede por um tempo. Ela apitou de novo.

Naomi não aguentou.

— Olha, a gente pode pendurar a foto no buraco para cobri-lo e trazer um pedaço de *drywall* amanhã. Eu te ajudo a remendar. Ninguém vai notar a diferença.

— Por que a gente faria isso? — perguntou ele.

— Curiosidade. Tédio.

— Quando você fica entediada, sai quebrando paredes por aí?

— Quem sabe? Você não?

Teacake pensou a respeito. Não especialmente, mas Ela estava perguntando. Por que as pessoas sempre o procuravam com seus problemas e por que ele em geral costumava topar? Teacake cuidaria dessa questão em breve, mas primeiro fez algumas contas rápidas de cabeça.

— Um pedaço de *drywall* de dez por vinte metros custa quinze dólares — informou ele. — Mais um rolo de fita adesiva, são outros oito ou nove.

— Eu vou dar doze dólares para você, e nós podemos usar uma latinha de amostra da loja de tintas. É moleza.

— Tudo isso para que a gente possa ver um alarme de fumaça com a pilha fraca.

— Talvez — disse Naomi. — Ou talvez a gente veja outra coisa.

— Tipo o quê?

— Bem, não sabemos. Esse é o problema.

— Eu preciso desse emprego.

— Você não vai ser demitido.

— Não, eu *preciso* ter o emprego.

— Eu entendo — falou ela.

Teacake estava ficando irritado.

— Não, você não entende. É, tipo, uma *condição*.

— Já disse que entendi. Eu vivi aqui toda a minha vida, sei o que é uma condição de liberdade condicional, e sei onde tatuagens pretas e cinzas com essa merda de tinta esferográfica são feitas. Em Ellsworth, não é? Quer dizer, espero que tenha sido em Ellsworth.

— Foi sim.

— Ótimo. Então você não é violento. Agora, pegue o banco e quebre a parede para mim? Por favor?

Naomi fixou os olhos castanhos nele, e Teacake olhou direto para eles.

AS PERNAS ERAM DE METAL FINO E ATRAVESSARAM O GESSO COM muita facilidade, e o maior pedaço de gesso saiu quando ele puxou a banqueta de volta. O verdadeiro desafio foi não puxar muito, para que eles não precisassem substituir outro painel. Os dois não precisaram do banco depois daquele primeiro golpe; usaram as mãos, arrancando com cuidado alguns pedaços maiores até que houvesse um buraco grande o suficiente para que Teacake passar a cabeça e os ombros.

Havia mesmo um espaço ali atrás, um vão com cerca de quarenta centímetros entre aquela parede e a outra, e estava escuro, exceto por uma luz vermelha piscando na altura dos olhos, um metro à esquerda de Teacake.

BIPE.

O som estava bem mais alto agora, e uma luz branca minúscula piscava em sincronia com o bipe. Teacake e Naomi verificaram toda a parede interna oculta. Ela estava coberta de mostradores e medidores, há muito tempo sem uso ou energia. Eles foram instalados em um tipo de estrutura de metal corrugado de aparência industrial, pintada no tom institucional de verde enjoativo usado nos anos 1970, porque algum estudo disse que essa cor supostamente acalmava. Talvez a tinta apenas fosse barata.

BIPE.

Seus olhares se voltaram para a luz intermitente. Havia um texto gravado em um painel embaixo da lâmpada, mas não conseguiam ler dali.

— Você tem uma lanterna no seu celular? — perguntou a Naomi.

Ela tirou o celular do bolso, ligou a luz e apontou o facho pelo buraco, mas ainda não era possível ler as palavras embaixo do painel.

— Segure a banqueta — disse Teacake.

Ele colocou um pé nela, agarrou as bordas do buraco e ergueu o corpo sem esperar por uma resposta. A banqueta virou e começou a cair. Naomi a segurou, mas não antes de Teacake ter se desequilibrado e caído, de cabeça para baixo, no espaço entre as paredes.

— Eu falei para segurar o banco!

— É, eu não disse "ok". Tradicionalmente, é melhor esperar.

Teacake espirrou seis vezes. Quando se recuperou, olhou para cima da posição semi-invertida em que se encontrava e viu a mão de Naomi oferecendo um lenço de papel através do buraco na parede. Teacake olhou para aquilo, impressionado. Quem tem um lenço de papel nessa situação?

— Obrigado. — Ele pegou e assoou o nariz, depois o devolveu sujo para Naomi.

— Pode ficar — falou ela. — Consegue se levantar?

Ele ficou de pé e andou de lado pela parede no espaço apertado, indo em direção ao painel piscante.

— Aponte a luz ali — pediu Teacake.

Naomi obedeceu e apontou o facho para o painel embaixo da luz piscando.

Ele leu.

— "Violação do termistor do NTC. Subporão nível quatro."

Do buraco, ela virou a luz para Teacake, que fez uma careta de dor.

— Você poderia tirar isso dos meus olhos?

— Desculpe. Termistor o quê?

— "Violação do termistor do NTC." Tem um monte de coisas aqui atrás.

Naomi apontou a luz de volta para o quadro e ele olhou para cima e para baixo, onde vários outros monitores e mostradores estavam empilhados.

— "Integridade hermética", "Resolução" com um sinal de adição que é, tipo, sublinhado...

— Mais ou menos.

— Ok, "mais ou menos 0,1ºC". — Ela manteve a luz em movimento e Teacake leu as letras gravadas embaixo de cada um dos indicadores e mostradores desativados. — "Sincronismo da corrente fria", "Validação da entrada de dados", "Razão de desvio de medidas", "LG interno", "Sonda LG probe", "Sonda LE1", "Sonda LE2", "LD interno", meu Deus, tem, tipo, uns vinte deles. — Teacake se voltou para o medidor bem à sua frente, que apitou e piscou novamente. — Mas esse é o único que está piscando.

— Violação do termistor do NTC.

— É. Sabe o que isso significa?

Ela pensou por um momento.

— Um termistor faz parte de um circuito elétrico. Existem dois tipos, o positivo, cuja resistência sobe com a temperatura, e o tipo negativo, cuja resistência diminui se a temperatura subir.

— Então é um termômetro?

— Não. É um circuito que reage à temperatura.

— Que nem um termômetro.

— Não é um termômetro.

Teacake se virou e olhou para Naomi.

— O que você faz da vida com toda essa ciência e outras merdas?

— Eu não diria "outras merdas", mas entendo de ciência. Pré-requisito para a faculdade de veterinária.

O alarme soou de novo e Teacake se voltou para ele.

— Isso tem trinta ou quarenta anos de idade. Por que ainda está ligado?

Ela deu de ombros.

— Acho que queriam ficar de olho na temperatura.

BIPE.

— Por quê? — perguntou Teacake.

— Boa pergunta. E o que diabos é o subporão quatro? — Naomi virou a luz nos olhos dele mais uma vez. — Eu pensei que tivesse apenas um.

OITO

Mooney vinha dirigindo com os corpos no porta-malas há dois dias e eles estavam começando a feder. No começo, ele foi capaz de fingir que o cheiro não estava lá, ou que era a cervejaria do outro lado do rio, ou talvez fosse aquele odor estranho de xarope que às vezes soprava do vale do rio nos últimos dois anos, ou até que era ele mesmo, apenas cheirando como um homem durante uma onda de calor, como acontece nesses tempos climáticos complicados em que vivemos. Só que Mooney sabia que não era nada disso.

Ele nunca se deu bem no calor, o que fez de Uganda uma escolha muito estranha, mas nem sempre se escolhe o próprio rumo na vida; às vezes, é o lugar que escolhe a pessoa. Neste momento, a vida escolheu Mooney para ser o guardião dos restos mortais dos dois pobres filhos da puta no porta-malas do carro dele, e ele estava fazendo um trabalho de merda. Era mais difícil de encontrar a porra de um local de desova do que se imagina, uma vez que a pessoa descartou todos os canais oficiais (por razões óbvias), depósitos de lixo (por respeito aos mortos) e qualquer lugar que cheirasse a um futuro conjunto habitacional ou empreendimento comercial (por medo de um possível desenterro). Isso não deixou muitos lugares de Pottawatomie County para um enterro discreto, e Mooney estava começando a se perguntar se o carro inteiro não teria que acabar no rio quando viu o anúncio do depósito na TV.

O primeiro e mais óbvio pensamento que cruzou a sua mente foi que ele compraria alguma espécie de cofre hermético, selaria os dois corpos lá dentro, colocaria a coisa na menor unidade possível que eles tivessem, trancaria a porta, jogaria fora a chave e nunca mais pensaria naquilo. Mas, na primeira missão de reconhecimento da Atchison Storage, no início da tarde, o cheiro realmente começou a se instalar no metal, no pano e nas fibras do carro, e Mooney não conhecia nada feito por Deus ou pelo homem que pudesse conter aquele fedor para sempre. Exceto, talvez, pela própria Mãe Natureza em si.

Além disso, havia os boletos do armazenamento: 49,50 dólares por mês? Ao diabo com isso. Ele compraria alguns galões de gasolina e queimaria os corpos no quintal dos pais.

Mooney fez a curva na entrada do estacionamento e estava saindo do lado leste do depósito, quando viu a clareira arborizada, na encosta da colina perto do topo do penhasco. Na hora soube que os dois cadáveres apodrecendo no porta-malas tinham acabado de encontrar o seu Valhala pessoal. Mooney subiu o penhasco, deu uma olhada nas árvores, na vista e na tranquilidade sob os pinheiros sussurrantes, e se abraçou. Era algo que ele fazia em algumas ocasiões; Mooney envolvia os dois braços em volta de si mesmo e apertava, às vezes soltava um pequeno barulho amoroso, apenas uma coisa para deixá-lo saber que estava vivo e que era amado, ainda que só por si mesmo. São de pequenas sementes que os grandes carvalhos de amor crescem, certo?

Aquele era o local. Ele trataria aquelas pobres almas mortas, cavaria um buraco embaixo da linha de gelo bem ali naquele penhasco glorioso, onde não era possível construir nada, com vista para o rio de um lado e uma montanha de rocha do outro. Essas eram duas maravilhas naturais com as quais Mooney podia contar que permaneceriam exatamente onde estavam, mantendo-se inalteradas por uns bons 40 ou 50 mil anos. Os cadáveres não seriam perturbados.

Sim. Aquele lugar serviria muito bem.

Então ele estava de volta, coberto pela escuridão e com uma pá. Mooney parou a cinquenta metros da entrada leste e desligou as luzes por volta das 22 horas. Havia apenas um carro lá embaixo no estacionamento, provavelmente o veículo do segurança, e parecia familiar. Mas como ninguém vigia um penhasco às escuras no lado errado do rio Missouri, Mooney percebeu que estava seguro.

Ele saiu do carro, deu a volta até o porta-malas e fez uma careta para o cheiro desagradável que escapava pelas rachaduras ao longo das bordas do metal. Mooney virou a cabeça, respirou fundo o ar fresco, virou-se de volta, abriu o porta-malas em um movimento rápido e foi atingido em cheio pelo fedor mais agressivo que já havia sentido em toda a vida. Não era apenas um cheiro que *fedia* — dizer que *fedia* não chegava perto de descrevê-lo. O problema era que o cheiro provocava *dor* de tão poderoso que era. Ele tinha uma espessura, um corpo e uma forma; o odor era cheio de mãos e elas estavam em cima de Mooney, agarrando-o pelo rosto, pela garganta, pelas narinas e pelos pulmões, e forçando os seus dedos grossos dentro dele.

Mooney afastou a cabeça o mais rápido possível, mal conseguindo vislumbrar o conteúdo que apodrecia dentro do porta-malas. Ele procurou sem jeito pela pá. Ela deveria estar bem no topo, foi ali que ele a deixou, como a pá poderia ter se movido, meu Deus, onde estava aquela merda? Com o rosto ainda virado, Mooney bateu com a mão no porta-malas algumas vezes, como um pai furioso dando tapas nas crianças no banco de trás enquanto tentava manter os olhos na estrada, mas cada lugar em que a mão dele pousava era pior do que o lugar anterior — aquela parte estava molhada, e essa parte estava quente (não apenas morna, veja bem, mas *quente*) — entretanto, espere, aqui estava ela, dura, feira de madeira e *pá*! Os dedos de Mooney se fecharam ao redor do cabo e ele puxou a ferramenta para fora, bateu a tampa e desabou, ofegando por ar.

Isso não podia estar certo. Aquele cheiro não podia ser normal. Mas, por outro lado, que experiência Mooney tinha em relação a isso? Ele lá sabia dessas coisas? Talvez fosse assim que acontecesse quando a pessoa morresse. Caso positivo, uma nota mental rápida: Mooney definitivamente queria comer melhor e se exercitar de quatro a cinco vezes por semana a partir de agora, porque a morte não era uma festa. Ok. Quando foi que ele disparou o último tiro mortal, será que foi dois dias atrás? Menos que isso; Mooney tinha colocado os dois cadáveres no carro às duas da manhã de quarta-feira — foram 44 horas. Com que velocidade um corpo se decompõe? Ele chegou de fato a pegar o telefone e estava prestes a pesquisar aquilo no Google, quando a insanidade essencial daquele ato conseguiu de alguma forma se anunciar através da névoa do cérebro sufocado pelo fedor. Guardou o celular e começou a subir a colina com a pá para cavar a cova.

Mooney estava a dez passos de distância quando ouviu o primeiro baque. Ele se virou.

O som veio do porta-malas.

NOVE

Teacake sabia, por experiência própria, que a cabeça da pessoa tinha um limite para ficar pequena. Tudo o mais era possível apertar, encolher, contorcer; as pessoas podem se virar muito de lado quando querem ou precisam. Mas com a cabeça não tinha jeito.

Teacake sabia muito bem disso por causa da cerca que existia na parte de trás da escola dele. Na beirada da cerca havia um cano, a poucos centímetros da fachada de tijolos, que deixava um espaço de vinte centímetros entre a escola e a liberdade. Maconheiros determinados costumavam sair do ônibus pela manhã, passar pelas portas da frente do colégio, responder à chamada e fugir pelas portas de incêndio antes que os puxadores fossem acorrentados durante o dia (algo totalmente ilegal, a propósito). A partir dali, era apenas uma questão de uma virada de ombro, uma encolhida de barriga, e uma disposição para ralar as duas orelhas enquanto passava a cabeça para o outro lado. Se fizesse tudo isso, pronto, a pessoa estava solta no campo aberto atrás do prédio da escola, onde era possível viajar em paz. O tamanho do crânio era a principal razão pela qual Teacake, um maconheiro inveterado, conseguiu ter um CR médio de 7 no ensino médio — a cabeça dele era grande demais para atravessar a cerca. Assim sendo, ele nunca ficou doidão durante o dia. Isso faz maravilhas para a concentração. Um pouco de matemática e ciências até grudou na memória, e, quando ele se alistou na marinha, lembrou-se delas apenas o suficiente para se qualificar para trabalhar em um submarino de mísseis balísticos. Foi uma vantagem. Pelo menos ele dormia no mesmo beliche todas as noites.

Nada que Teacake conseguiu aprender sobre *O senhor das moscas*, no entanto, era útil na atual situação em que ele se encontrava, onde havia sido prejudicado mais uma vez por ter uma cabeçorra gigante. Preso, Teacake chamou Naomi de dentro do espaço entre as paredes.

— E vagelina? Você tem alguma vagelina?

— Eu tenho alguma o quê?

— Aquela merda gordurosa de passar nos lábios! Só me tira daqui!

— Você está tentando dizer "vaselina"?

— Não importa o nome dessa porra, Naomi, pegue um pouco de loção, graxa ou manteiga e me tira daqui!

Ela estava se esforçando demais para não rir nos últimos minutos, e foi uma batalha que Naomi perdeu naquele instante.

— Ah, claro, não, definitivamente, sim, faça isso — falou Teacake, soltando perdigotos. — Sim, pode *rir*, porque essa merda é, tipo, *hilária*.

Ele ainda estava no vão entre as paredes e havia se entalado no espaço de 22 centímetros entre duas vigas. Teacake tinha ido muito bem até aquele ponto, deslizando, torcendo e contorcendo o corpo através da pequena área aberta em direção ao que parecia ser um mapa enorme na extremidade da parede do painel de controle. Estava escuro dentro do vão e era difícil de dizer, mas aquilo parecia um mapa, de qualquer maneira, e ele esteve a poucos metros quando ficou preso entre as vigas, e toda a experiência no ensino médio retornou como uma onda. Agora Teacake não conseguia mexer a porra da cabeça.

— KY! Você tem que ter algum KY com você, não é? Jogue para mim!

Naomi demorou um momento para se certificar de que entendeu direito o que Teacake disse antes de enfiar a cabeça pelo buraco na parede.

— Perdão, você acabou de insinuar que eu ando com *lubrificante*?

— Eu não... eu não estava...

— Porque essa é uma parada muito ofensiva, Teacake.

— Eu gostaria de me desculpar e começar de novo.

— Quero dizer, sei lá, você tem alguma camisinha no bolso?

— Naomi. Há, moça. Eu estou meio que pirando aqui.

Ela deu um passo para trás, olhou para cima e para baixo pela extensão da parede e pensou.

— Você consegue bancar mais doze dólares? — perguntou Naomi.

— Mas a gente não teria que comprar outro rolo de fita.

Teacake não estava em posição de negociar.

— Faça o que tiver que fazer, moça. Apenas me prometa que não vai me puxar, porque, a essa altura, acho que se o ângulo estiver errado, a minha orelha esquerda vai ser arrancada...

As pernas do banco de metal atravessaram o *drywall* a um metro à frente dele e deram um susto tão grande em Teacake que ele puxou o corpo para trás e se soltou do torno que prendia a cabeça. Teacake caiu de novo, de bunda, no espaço estreito do qual ele agora estava mais do que pronto para sair. Quando se levantou, viu Naomi parada na nova abertura (*aquele* conserto custaria mais de doze dólares, por sinal; ela atingiu a emenda bem entre dois painéis e eles precisariam de três pedaços de dez por vinte agora, no mínimo). Ela estava olhando com espanto para a parede além.

— Puta merda.

Teacake ficou esfregando as orelhas que doíam e deslizou para a frente até ficar ao lado de Naomi. Os painéis quebrados abriram uma seção diretamente diante da coisa parecida com um mapa da qual ele estava tentando se aproximar, e aquilo era maior e mais detalhado do que ele havia conseguido enxergar à luz da lanterna do celular. Era uma planta baixa enorme e bastante detalhada que mostrava todos os cômodos, conduítes, canos e fiação no que devia ser o antigo complexo de armazenamento militar. Havia centenas de LEDs meticulosamente colocados em todo o mapa, marcando Deus sabe o quê, mas todas as luzes estavam desativadas ou queimadas há muito tempo.

Exceto por uma, lá no cantinho inferior direito. A lâmpada minúscula piscava na cor branca, em sincronia com a luz no painel de aviso ao lado.

Teacake se aproximou do diagrama, chutou os restos do *drywall,* saiu do espaço interno e voltou para a área da recepção. Ele se afastou um pouco para dar uma olhada melhor e ficou ombro a ombro com Naomi. Ela olhou para ele.

— Sua orelha direita está sangrando.

Teacake levou a mão até a orelha direita, mas Naomi se referia à esquerda. Ela tirou outro lenço de papel do pacotinho que guardava no bolso, limpou-a suavemente, dobrou o papel e apertou o local.

— Segure assim.

Teacake obedeceu. Olhou para Naomi.

Ninguém havia colocado uma bandagem em uma ferida de Teacake com as próprias mãos desde os 11 anos de idade. O gesto quase o levou às lágrimas. Na verdade, ele achou ter sentido a primeira pontada de algumas lágrimas nos cantos dos olhos. Essa era a última coisa que Teacake precisava, irromper em prantos na frente dela, *qual é o* problema *comigo*?

— Qual é o problema? — perguntou Naomi. Ela não deixava passar muita coisa.

— Hã?

— Você está bem?

— Sim. Apenas... ai. Deixa para lá.

Naomi se virou e olhou para o mapa.

— É um diagrama.

Ela se inclinou através da parede e passou as mãos ao longo do diagrama, começando no topo, que era o andar térreo.

— Quantos níveis este lugar deveria ter?

— Três. Térreo e dois abaixo do solo.

— Tinha seis. E eles *vigiavam* essa parada.

— Sim, era um local de armazenamento militar, desde a Segunda Guerra Mundial. Você sabe, armas e sei lá mais o quê. Eles limparam tudo e venderam há mais ou menos vinte anos.

— E devem ter lacrado tudo embaixo daqui. — Naomi passou a mão pelo diagrama até os níveis mais baixos. — Que era a parte com que eles realmente se importavam. Viu todos os sensores? Estão todos agrupados aqui embaixo.

Ela estava certa. De longe, a maior concentração de LEDs estava nos três níveis inferiores, os subporões adicionais. O SP-2 e o SP-3 foram aparentemente lacrados e todas as luzes do monitor referentes a eles estavam apagadas. A única lâmpada branca piscando estava no nível mais baixo, marcada como SP-4. Mas havia um grande espaço em branco, pelo menos dois metros de mapa, entre o SP-3 e o SP-4. Pequenos rabiscos na forma de rochas pareciam indicar que o espaço era terroso.

Teacake examinou o diagrama, tentando entendê-lo.

— Quem constrói um subporão trinta metros abaixo de outros porões? A pessoa teria que escavar a coisa toda, construir o piso inferior e, em seguida, preencher tudo em cima dele. Não faz sentido.

— Quer descer e ver?

Ele olhou para Naomi.

— Como? Está lacrado.

— Aqui. — Ela apontou para o lado esquerdo do mapa, onde uma coluna vertical fina subia vindo do SP-4, através do bloco terroso, e contornava as bordas dos outros subporões. Era uma coluna estreita, com marcas de hachura desenhadas igualmente entre as longas linhas paralelas que subiam.

— O que é isso?

— Uma escada de tubo.

— Como você sabe?

— Tem a forma de um tubo e parece uma escada. De que outra forma eles chegariam lá embaixo? — Naomi apontou para as hachuras. — Olha, esses são os degraus.

Teacake ficou impressionado.

— Você deve fazer faculdade, né? É um desperdício se não fizer.

— Eu vou ao máximo de aulas que posso, sim.

— Então você deve ser inteligente o suficiente para não querer ir lá embaixo.

— Ah — disse ela. — Essa é a maior diversão que tenho há anos. É tipo sair à noite para mim.

— Meu Deus. Que coisa deprimente. Você não sai?

— Na verdade, não.

— Que tal sair apenas para, tipo, uma cerveja?

— Eu não bebo.

Teacake insistiu.

— Nem para uma única cerveja?

— Isso seria beber.

— Você nunca sai para beber uma única cerveja?

— Estamos desviando do assunto.

Mas ele estava determinado.

— E um café?

— Eu pensei que você fosse divertido, Teacake. Você começou isso tudo sendo divertido.

— Eu? Eu sou muito divertido. Sou divertido para cacete. Foi você que disse que o seu melhor programa em anos foi vandalizar o local de trabalho.

— Eu tenho uma índole curiosa. — Naomi ergueu o telefone e tirou uma foto do diagrama.

— É, já notei. Isso é legal e eu estou, tipo, cooperando. Você olha para mim com esses olhos e diz: "Por favor, jogue o banco na parede", e sabe, eu estou dentro, jogo o banco na parede, e aí você diz: "Se espreme naquele espaço estranho e dê uma olhada", ainda tudo beleza, eu topo, mas a seguir você vem para cima de mim e solta essa: "Desça pela *escada de tubo* algumas dezenas de metros na parte bloqueada dessa merda de ex-instalação do governo e verifique por que o *alarme do termistor* disparou", e, sabe, um homem tem que parar um segundo para refletir, sabe?

Ela esperou um momento.

— Você gosta dos meus olhos?

— Na verdade, sim.

— Que fofo.

— A questão é que sou meio fácil de ser convencido a fazer as coisas e é por isso que tenho os problemas que tenho. As pessoas dizem coisas como: "Espere no carro e deixe o veículo ligado, eu só preciso correr para fazer uma coisa" ou "Eu conheço um cara em Dousman que precisa de um favor", e eu digo: "Sim, claro, é só apontar a arma no meu pé e puxar o gatilho, é isso que preciso fazer?" *Bang!* "Uau! Que surpresa, arranquei o dedão do pé. Devo fazer de novo? Ok!" Mas passei muito tempo me aprimorando, e conversando com pessoas inteligentes e aprendendo a perguntar o que é bom para mim e não apenas mergulhar de cabeça nas paradas. É o que eu estou fazendo agora, ok? Estou pensando por um momento, porra.

— Compreendo. Eu respeito isso.

— É muito, muito importante aprender a dizer para todo mundo no planeta inteiro pastar o tempo todo. Levei uma eternidade para aprender isso.

— Eu não sei essa era a mensagem exata que você deveria...

Mas Teacake olhou para Naomi, então ela parou e refez a rota.

— Desculpe. Eu entendo que aconteceram algumas coisas ruins com você. Eu não estava sendo legal.

— Ok. Ótimo. Assim é melhor. — Ele respirou fundo e exalou novamente, depois retirou uma lanterna do carregador na parede ao lado da mesa e se dirigiu para o portão que conduzia ao interior do prédio. — Você vem ou não?

DEZ

Mooney deve ter olhado fixamente para o porta-malas do carro por uns bons cinco minutos. As batidas vinham em rompantes, apenas uma ou duas, ao acaso, seguidas depois por um acesso furioso, até parecer que havia meia dúzia de holandeses lá dentro, com tamancos, batendo no interior da tampa metálica. O carro inteiro balançava, depois parava e tudo ficava imóvel por dez ou quinze segundos enquanto Mooney ponderava sobre a natureza impossível do que estava ocorrendo. Ele usava aquele momento para questionar a própria sanidade, o discernimento, a capacidade de perceber de forma correta a realidade, o histórico de uso e abuso de drogas, e então os holandeses sapateadores atacavam novamente.

Claro que aquilo não era possível. Não tinha a menor chance de ser. Os mortos não voltam à vida; cadáveres em decomposição não se reanimam. Mas tinha algo vivo dentro do porta-malas, duas coisas, entaladas lá dentro com o estepe, a caixa de ferramentas e o estojo da arma, e elas não estavam se divertindo. No final, foi a decência inerente de Mooney que fez com que ele abrisse o porta-malas, foram a bondade e a gentileza dele como ser humano. Porque o nível de sofrimento a um metro de distância de Mooney era intenso, e que tipo de pessoa permite que outro ser vivo suporte aquele tipo de agonia? Que tipo de pessoa fica parada e não faz nada? Mooney não abriu porque era idiota, não abriu porque estava com medo e não para que pudesse matá-los pela segunda vez. Ele abriu porque somos todos filhos de Deus.

O problema é que até Deus teria dado uma olhada naquilo e dito: "Não tenho nada a ver com essa merda."

O porta-malas estava apenas com vinte centímetros abertos quando a primeira pata do gato saiu, com as garras flexionadas, cortando o ar como se quisesse rasgar a atmosfera. Mooney recuou naquele momento, e o gato fez o resto. O bicho saltou para cima e bateu na tampa, o que fez com que ela terminasse de abrir. O gato pousou de quatro, ainda no porta-malas, e rosnou para Mooney — um olhar de ódio tão profundo e intenso que a reação dele veio sem qualquer tipo de pensamento, foi um reflexo puramente sináptico.

— Desculpe — disse ele.

Sim, Mooney pediu desculpas para o gato, e essa foi a única reação sensata. O animal estava todo detonado, e era tudo culpa dele. Ele tinha metido uma bala calibre .22 na lateral da cabeça do gato, e até mesmo aquele calibre pequeno foi o suficiente para explodir o outro lado do rosto. Agora, o meio gato nunca mais impressionaria as gatinhas. O pelo estava escuro e emaranhado com sangue, os olhos tinham um tom brilhante de amarelo enjoativo, e, a menos que Mooney estivesse alucinando (o que ele ainda imaginava — na verdade, esperava — que fosse possível), a barriga do gato estava se expandindo enquanto ele observava.

Mas o gato parecia bem em comparação com o cervo em que ele estava em pé.

A noite de terça-feira tinha começado muitíssimo melhor do que isso para Mooney, há pouco mais de 48 horas. Precisando de um pouco de distração, ele foi ao cinema, fez uma rápida parada no Turdyk's Liquor & Cheese, onde comprou uma embalagem de seis bebidas Bartles & Jaymes sabor Exotic Berry. Ele não gostava de bebida alcoólica saborizada, mas aquelas eram as únicas que estavam geladas e vinham em garrafas plásticas. Elas tinham tampas de rosca e não faziam um escarcéu se a pessoa derrubasse, digamos, a quarta garrafa no chão do cinema. Na última Noite Íntima de Cinema & Vinho de Mooney, uma garrafa tinha escorregado das mãos engorduradas de pipoca, e o ruído excruciante que ela fez ao atingir o cimento e rolar pelo piso inclinado do cinema parecia ter durado meia hora. Praticamente todas as cabeças do lugar se viraram, e esse tipo de desaprovação silenciosa em grupo era algo que ele poderia muito bem conseguir em casa de graça.

Então, como ele não era bobo... Plástico.

Bebidas como vinho desciam fácil; o problema era a dor de cabeça provocada pelo açúcar, mas se a pessoa tiver cinco ou seis comprimidos de Advil, está tudo bem. Mooney era um grande fã de vitamina A e nunca saía de casa sem ela, então, quando o filme acabou no cinema Regal 18 na rodovia 16, ele estava mais do que bem. Mooney sentiu um bom barato, e o filme não foi tão ruim assim: descerebrado o suficiente para que a pessoa pudesse se desligar por partes inteiras e não se perder, mas não tão estúpido a ponto de ela se sentir mal consigo mesma depois. Ele teria dispensado um pouco do palavreado.

Mas a melhor parte era que Mooney ainda tinha uma bebida para tomar na volta para casa, e ela nem estava tão quente. A vida era boa. Ele esperou até passar pelos três sinais de trânsito da cidade antes de abrir a garrafa. Mooney tinha uma regra inflexível: ele jamais bebia enquanto dirigia na parte movimentada da cidade e quase nunca mandava mensagens de celular ou ficava on-line ao volante a menos que, sabe como é, fosse rapidinho. Como Mooney era um cidadão consciente que se preocupava com o próximo, não abriu a tampa de plástico da sexta garrafa até chegar ao longo e escuro trecho da rodovia 16, onde começava a grande curva.

É possível ter vontade, mas não dá para culpar a bebida pelo acidente. Isso não seria justo. Sim, a concentração de álcool no sangue de Mooney indicava 0,15 e o tempo de reação dele estava baixo, mas 110 quilos de um animal idiota saíram do nada e ficaram imóveis na faixa central de uma estrada escura, bem no meio de uma curva apagada, quer dizer, a babaquice do bicho tem que ser levada em conta também. Índole é destino, e aquele cervo besta — desculpe, aquela criatura linda de Deus —, a índole daquela *coisa* foi criada dentro das limitações de um cérebro não senciente. O cervo ficou parado, imóvel, enquanto o carro percorria os últimos quinze metros em direção a ele; o animal apenas ficou curvado ali, observando a Morte vir correndo, encarando o carro como, bem, exatamente como o que ele era, existe uma boa razão para esse clichê, portanto talvez tenha sido apropriado que a primeira coisa que atingiu o cervo fosse o farol.

O resto foi uma confusão pavorosa, e Mooney entrou em pânico e apagou a maior parte, como fazia às vezes quando as coisas ficavam esquisitas. Quando deu por si, estava parado diante do animal ferido no acostamento, olhando para o corpo arruinado que estremecia, seguran-do a pistola .22 do pai. Mooney mantinha a arma no porta-malas para situações como aquela, que, acredite ou não, não eram tão incomuns por ali. Ele sabia o que precisava fazer. Não era tão difícil assim; a pessoa aponta o troço, puxa o gatilho e acaba com o sofrimento do animal, é o que qualquer ser humano decente faria, e não havia lei contra aquilo, fosse de Deus ou do homem. O bicho estava claramente sofrendo, a boca se abria e fechava em silêncio, o vapor saía do sangue enquanto o líquido vertia sobre o asfalto, ainda quente do calor excepcional do dia.

Mata logo, mas Mooney nunca tinha feito aquilo, nunca conscien-temente; ele nem gostava de espantar moscas, isso tinha a tendência de provocar voos de devaneio assustador, reflexões sobre o próprio lugar no universo. Ele sempre imaginou que, no fundo, era budista — não eram eles que falavam sobre reencarnação o tempo todo? Ou eram os hindus? Tanto faz. Aqueles que se importavam, aqueles que amavam todas as coisas vivas. Mooney era assim. Mas agora lá estava ele, confrontado com o...

BANG. A arma disparou enquanto Mooney ainda estava no meio do pensamento e atingiu o animal ferido no bucho. O cervo gritou.

Ah, ótimo, agora eu atirei no bucho dessa merda — como isso pode ter acontecido? Eu sou uma pessoa calorosa, sensível e misericordiosa e — ai, meu Deus, que som horrível é esse que o animal repugnante está fazendo para mim agora? Eu já estou me sentindo mal o suficiente, o que é isso, ele está cuspindo em mim? E Mooney se encheu de outro sentimento qual-quer, não de culpa, não de reflexão atormentada, não de um extrato da bondade humana, mas um novo sentimento para ele.

Raiva. Raiva pura e não diluída por aquele animal estúpido que ha-via arruinado a noite, o estado mental e a frente do carro dele. Mooney ergueu a arma de novo, colocou o cano no cérebro do cervo desta vez e disparou, disparou mais de uma vez, muito mais de uma vez. Em espírito, foi mais um assassinato do que uma execução misericordiosa, se alguém estivesse de olho no placar cármico.

Mooney chorou por quinze minutos após voltar ao carro. A verdade foi que ele se sentiu muito bem quando a culpa correu pelas veias de novo; pelo menos, foi um sentimento familiar, muito melhor do que a experiência extracorpórea que Mooney teve antes disso. Agora, o que fazer? Não era possível deixar um cervo morto ao lado da estrada com três pernas quebradas, uma bala no estômago e outras quatro na cabeça. Isso é simplesmente, quero dizer, é doentio. Mooney precisava de tempo para pensar, o que significava que o cervo precisava sair do acostamento da estrada e entrar no porta-malas do carro.

A visão de um bêbado de 82 quilos tentando fazer com que um cervo morto e desengonçado de 125 entrasse no porta-malas do carro teria sido uma cena brilhante de comédia do cinema mudo. E teria demorado a noite inteira se não fosse por Tommy Seipel, o motorista de um Lexus modelo 2015. Tommy percebeu o que estava acontecendo, parou imediatamente e fez uma pergunta...

— Você encheu a cara?

... e, sentindo que a resposta de Mooney seria afirmativa, disponibilizou o próprio corpanzil considerável para ajudar a erguer o cervo mutilado e colocá-lo dentro do porta-malas. Tommy bateu a tampa, limpou as mãos ensanguentadas na camiseta de Mooney, falou mais algumas palavras...

— Eu daria o fora daqui se fosse você.

... e seguiu seu rumo. Mooney às vezes sabia dar ouvidos a bons conselhos, e esse foi o melhor que ouviu em anos. Ele se sentou atrás do volante, bateu a porta e obedeceu, dando o fora com o cervo morto.

Enquanto dirigia — para onde exatamente? —, começou a pensar no cervo naqueles últimos momentos do tiro no bucho, quando o animal parecia cuspir nele, e voltou a ficar enfurecido consigo mesmo. O que exatamente o irritou em relação àquilo? Será que foi a temeridade do animal ao acusá-lo de não ser capaz de lidar com um ato tão simples quanto uma execução por misericórdia? Será que o bicho estava chamando Mooney de inepto, de incapaz, estava dizendo que ele não poderia cumprir com a sua parte no acordo? Algo havia desencadeado uma onda de lembranças ruins e inadequadas, mas ele já tinha cuidado daquilo, não foi? Mooney havia respondido a qualquer pergunta com muita determinação, com um ou dois... ok, quatro apertos do gatilho. *Não, eu sou capaz. Sou muito capaz, obrigado. Eu resolvi essa merda para valer, e ei, e quanto à porra do gato dos meus pais, aproveitando o embalo?*

O Senhor Scroggins tinha 14 anos e estava doente há, digamos, uns doze. Ele era um animal de estimação doente e caro; as contas do veterinário chegaram a mais ou menos quatrocentos dólares desde o início do ano. O pai teria hipotecado a casa uma segunda vez para manter aquele gato horrível no mundo, mas Mooney sabia do preço que o esforço financeiro estava cobrando da mãe. Além disso, ora vamos, a vida não devia ser divertida para o Senhor Scroggins, todo cheio de doenças e tudo mais. Mooney estava indo para casa com um cervo morto no porta-malas, um .22 carregado que ele sabia usar e uma cabeça cheia de fúria justiceira e matadora.

Ele gostou daquilo.

O Senhor Scroggins foi executado na rampa do lago público que dava acesso aos barcos, onde o tiro não poderia ser ouvido. Mooney jogou o gato no porta-malas com o cervo mutilado, e assim começou a odisseia de 44 horas de orgulho varonil e remorso horrorizado que acabou levando o homem para a colina coberta de grama ali na Atchison Storage. Tudo o que ele queria fazer era dar àqueles dois inocentes animais mortos o enterro cristão que mereciam.

Mas agora o Senhor Scroggins estava vivo de novo, parado em cima do cervo morto no porta-malas do carro, e parecia estar realmente irritado.

O cervo, cujos ferimentos mortais tinham sido bem piores, agitou as quatro patas de uma vez só, tentando sair do porta-malas, mas os membros quebrados cederam. O Senhor Scroggins cambaleou e saiu de cima do cervo, mas parou na borda traseira do porta-malas e ficou ali, sibilando. Provavelmente tinha sido uma longa viagem para aqueles dois, e eles estavam de saco cheio um do outro.

Motivado por outra coisa além da capacidade motora, o cervo saltou do porta-malas. O animal caiu sobre o cascalho com as patas esparramadas, que estalaram de novo — devia haver algumas fraturas novas ali em algum lugar. A seguir, ele se levantou de quatro, deu um pulo para a colina e continuou subindo, desaparecendo na noite.

Mooney tinha cambaleado para trás quando o porta-malas se abriu, e foi bom que ele tenha tomado uma distância de quase dois metros do veículo, porque o Senhor Scroggins o errou por pouco quando saltou do para-choque traseiro, de garras estendidas, com meia mandíbula rosnando e cuspindo.

Aparentemente, o pedido de desculpas não foi aceito.

O felino pousou nas quatro patas, virou-se como se reagisse a um som e subiu correndo a colina na mesma direção que o cervo seguiu. Mas o gato parou na primeira árvore que alcançou, um pinheiro alto, jogou-se nela, agarrou-se ao tronco e começou a escalar. Mooney ficou de pé e se aproximou, olhando espantado para o animal que subia na árvore com uma determinação incrível. Não houve paradas, nem hesitação ou segundas intenções, apenas movimento ascendente. Os galhos diminuíam perto do topo, mas, ainda assim, o gato morto subia, balançando-se em um, quase quebrando outro, mas sem perder a velocidade nem o objetivo. O Senhor Scroggins chegou ao topo da árvore, ao tronco frágil lá em cima, mas ainda forte o suficiente para segurar um gato de três quilos e meio. Possivelmente, de três quilos, depois dos eventos recentes.

O gato parou no topo quando não havia outro lugar para ir. Ele fez uma pausa e deu uma olhada ao redor, como se para se certificar de que aquele era o momento, que não havia mais altura a ser alcançada, não para ele, de qualquer maneira. Satisfeito, abriu as mandíbulas mutiladas o máximo que conseguiu. O Senhor Scroggins se voltou para o tronco central menos espesso da árvore, para o topo da ponta, jogou a cabeça para a frente e se empalou na copa. Ele se espremeu, com um poder e uma indignação furiosos, e cravou as presas na casca da árvore até onde conseguiu e se prendeu ali.

Lá de baixo, Mooney observou boquiaberto. Quase nunca se vê esse tipo de comportamento da parte de um gato doméstico comum.

Preso ao topo da árvore bem alta pelas presas cravadas e pelo compromisso com a causa, o Senhor Scroggins começou a crescer. A bochecha restante se dilatou, as pernas incharam como boias, o estômago se expandiu em ambas as direções e, se uma pessoa estivesse perto dele (graças a Deus não havia), ela teria ouvido as pequenas costelas se quebrando como palitos de fósforo, uma após a outra, rompidas pela tremenda pressão gástrica do interior.

Mooney não sabia da existência do *Cordyceps novus* e muito menos da forma como ele aparentemente havia penetrado no porta-malas do seu carro. Apenas olhou para o gato inchado, outrora morto, no topo da árvore.

— Como, em nome de Jesus...

O Senhor Scroggins explodiu.

Se Mooney não tivesse sentido a necessidade de expressar a sua compreensível perplexidade em termos audíveis, a boca não teria estado aberta quando ele foi atingido no rosto pelas entranhas do bicho.

ONZE

O corredor central que cortava o andar térreo da Atchison Storage tinha sessenta metros de comprimento, com portas de garagem com persianas brancas ao longo de toda a extensão, trinta de cada lado. Havia uma beleza primitiva no cenário, se a pessoa curtisse simetria e ponto de fuga, aquela ilusão de ótica que faz com que um par de linhas paralelas aparentemente infinitas pareçam se cruzar ao longe no horizonte. Mas se a pessoa tivesse que andar naquele corredor e alguns outros como ele uma dezena de vezes todas as noites como parte do trabalho, o cenário era chato para cacete.

Porém, naquela noite, Teacake andava com Naomi. Os dois estavam indo para o elevador da outra extremidade. Ela observou a foto que tinha tirado do diagrama aberta no telefone e girou a imagem para encontrar o elevador no mapa, depois deslizou até o subporão 1, onde o ponto de entrada superior da escada de tubo parecia estar.

Teacake falava de nervoso.

— Pensando bem, a coisa toda é simplesmente uma ideia terrível. Não pague por armazenamento. *Nunca* pague por armazenamento. Eu vi meia montanha de merda entrar nesse lugar, e quase nada disso sai, exceto por um material a curto prazo. As pessoas pagam até quinhentos dólares por mês, dependendo do espaço e dos controles climáticos, e é tudo em nome de porcarias de que elas não precisam.

— Isso é um pouco crítico, não é?

— Na verdade, não. São pessoas doentes, cara, a maioria delas, e a empresa de armazenamento, eles são espertos, sabe, é o departamento de vendas, eles sabem o que estão fazendo. Eles lidam com isso como se estivessem vendendo crack na esquina. Por exemplo, alguém tem que se mudar, certo? A pessoa teve a hipoteca executada ou algo assim. Este lugar aqui oferece os primeiros trinta dias grátis. A pessoas pensa: "Ei, legal, eu não preciso jogar nada fora, vou apenas colocar algumas das minhas coisas que estão sobrando aqui, resolver a questão em um mês, sem pressa, depois posso vender um pouco das tralhas no eBay e jogar fora o resto sem nem pagar um centavo." Mas isso nunca, nunca acontece. Ninguém tira as coisas daqui. Então, o sofá velho que você nem gosta mais, os enfeites velhos de Natal e os lençóis dos seus pais que você guardou depois que eles *morreram* sabe-se lá por quê; agora são todos apenas objetos expostos no seu pobre museu. Ah, ei, não, isso não cola, seu merda.

Ele parou de repente ao ver alguma coisa em uma das portas brancas. Teacake foi até um armário, destrancou a porta, pegou um corta-vergalhão de uso pesado e voltou para a terceira unidade à esquerda. Havia um cadeado de latão pendurado no trinco, um pouco erguido — uma tranca a mais colocada ali pelo locatário. Teacake rompeu o cadeado com um aperto do corta-vergalhão.

— Eles não podem acrescentar as próprias trancas. As nossas são as únicas que a pessoa pode usar, para que a gente possa ter acesso. No caso de ter alguma ilegalidade ocorrendo lá dentro.

— Que tipo de ilegalidade?

Como resposta, Teacake puxou a chave mestra do chaveiro retrátil preso ao quadril, colocou-a na tranca principal da unidade, abriu e subiu a porta. Ele, imediatamente, se arrependeu do que fez e comprovou a sabedoria do ditado "não abra uma porta a menos que você saiba o que há do outro lado", caso existisse um ditado assim.

Dentro da unidade, 24 televisores de tela plana Samsung de 55 polegadas, ainda na embalagem de fábrica, estavam cuidadosamente dispostos em fileiras, apoiados nas paredes.

— Erro meu — disse Teacake. — Beleza.

Ele fechou a porta de novo e os dois continuaram pelo corredor. Ela olhou para Teacake, que deu de ombros.

— Eu não ligo para o que eles guardam, mas não podem esconder de mim. Regras são regras.

Naomi olhou para ele.

— Por que você fala desse jeito?

— De que jeito?

— Como se fosse da periferia.

— É assim que todo mundo que eu conheço fala.

— Você me conhece, e eu não falo assim.

— Você tem alguma outra objeção a como eu sou?

Ela pensou sobre isso.

— Ainda não.

Os dois chegaram ao final do corredor e apertaram o botão do elevador. Ele olhou para Naomi enquanto esperavam.

— Você não fala muito, né? — perguntou Teacake.

— Não tanto quanto você.

— Ninguém fala tanto quanto eu.

Ela olhou de novo para o telefone e desceu a imagem seguindo a escada, através da parte terrosa, em direção a SB-4.

Ele tinha mais perguntas.

— Então, você faz faculdade, faz isso aqui algumas vezes, o que mais?

— Não é suficiente?

— Na verdade, não. Você não pega muitos turnos.

— Como você sabe?

Teacake deu de ombros.

— Meu trabalho é vigiar os monitores.

— Sim, eu vejo você também.

O elevador chegou e Naomi entrou primeiro. Ele foi atrás. As portas se fecharam.

— Você pega, tipo o quê, duas noites por semana? — indagou Teacake.

— Por enquanto.

— Então, você tem outro emprego?

— Mais ou menos.

— Você tem entes?

— Se eu tenho "entes"? Claro que tenho. Teacake, você está... qual é o seu nome verdadeiro?

— Travis. Meacham.

— Travis, você está acabando com o barato disso aqui.

A verdade era que ele sabia que Naomi tinha entes e sabia exatamente quais entes ela tinha, mas não havia como citá-los sem que isso a assustasse. A primeira noite de Naomi no trabalho tinha sido exatamente há duas semanas, e Teacake a notou nos monitores. Ela estava fazendo o turno que normalmente era de Alfano Kalolo, um samoano enorme que devia ter 130 quilos.

A câmera na área de recepção do lado leste foi colocada perto da mesa, e Alfano preenchia a tela de tal forma que a ausência dele foi gritante, a ponto de Teacake notá-la. De fato, quem *não* notaria uma coisa daquelas? Quando Alfano se sentava no banquinho de metal, ele era um gigante que parecia estar comendo um inseto de quatro patas com a bunda. Quando, naquela quinta-feira há duas semanas, ele olhou para cima e viu Naomi, um coral celestial cantou na cabeça dele.

Teacake olhou fixamente para a imagem dela naquela noite com a intensidade de um adolescente monitorando as curtidas recebidas no Facebook. Naomi se sentava, ficava em pé, fazia as rondas e sempre andava em formosura, como a noite. Ele memorizou aquele poema em Ellsworth; os presidiários tinham que escolher alguma coisa e decorar para a aula de exploração da poesia, e aquele era o mais curto que podia selecionar. Teacake sabia o poema, mas não *sabia* o poema até ver Naomi no monitor.

Quando ela voltou ao trabalho dois dias depois, ele a observou nos monitores durante horas, absorvendo o máximo de detalhes possíveis a partir de uma imagem de 540 pixels. Ela estava com um livro naquela noite. Teacake não conseguiu ver direito o título, mas adorou a concentração de Naomi, a forma como a testa dela se franzia em momentos da leitura. Ele adorava o jeito que Naomi virava as páginas; adorava o fato de que ela até lia e não ficava simplesmente olhando para o celular como todo mundo. Quando Naomi não retornou até o domingo seguinte, Teacake percebeu que ela era uma tapa-buracos, alguém que pegava turnos quando e se fosse possível pegá-los, e que havia uma possibilidade real de Naomi nunca mais voltar.

Assim sendo, ele se convenceu de que não estava *realmente* seguindo Naomi depois do trabalho. Sim, Teacake saía cinco minutos mais cedo para dar a volta até o outro lado dos penhascos e ficar perto do estacionamento quando ela fosse embora. E, sim, ele ia para a rodovia logo depois de Naomi e mantinha o carro a uma distância segura e inofensiva atrás do veículo dela na estrada o tempo todo, e, sim, Teacake acelerava quando ela acelerava e desacelerava quando ela desacelerava e fazia as mesmas curvas que ela fazia, até, por fim, chegar à sua residência. Mas ele sabia, no fundo do coração, que não fazia isso com uma intenção estranha — Teacake estava tentando criar um esbarrão casual.

Não deu certo. Depois que ela saiu do estacionamento da Atchison, foi meio que impossível segui-la, eram todas estradas de terra até ele chegar ao conjunto de prédios de Naomi, e então como diabos pararia o carro ao lado dela no prédio onde Naomi morava e diria: "Ah, ei! Você não trabalha no mesmo lugar que eu? Por acaso não assisti... quero dizer, não vi você no monitor algumas vezes, e, cara, não é estranho que você more aqui, a vinte quilômetros de distância, e eu estava indo exatamente pelo mesmo caminho, mas o meu carro começou a fazer esse barulho estranho, então tive que parar bem aqui, no estacionamento do mesmíssimo prédio onde você mora? Isso não é *bizarro*?"

Ele não podia dizer isso. Nem o filho da mãe mais cheio de lábia da humanidade (sem dúvida, Wilt Chamberlain) teria conseguido.

Então, em vez de assustá-la, Teacake simplesmente ficou sentado no carro, esperando ela entrar em casa, fingindo estar absorto no telefone. Era um modelo com *flip*, a propósito, então, se ela tivesse notado Teacake, poderia se perguntar que merda ele estava olhando. Teacake esperou até que Naomi entrasse, depois esperou mais um pouco, só para ver qual luz havia sido acesa, a seguir esperou um tantinho a mais, só para ver se... bem, foi o que ele fez, e antes que percebesse, quase uma hora tinha se passado, e Teacake realmente estava prestes a ir embora, de verdade mesmo, quando a porta do lugar se abriu, e ele viu Naomi sair com a garotinha.

Não havia dúvida de que a menina era filha dela. Certas coisas a pessoa simplesmente sabe. As duas eram parecidas, para início de conversa, mas também foi o jeito como Naomi segurava a mão dela. Ninguém segura a mão de alguém assim, exceto a mãe da pessoa.

A menina era fofa demais e estava vestida com roupas limpas e passadas, um detalhe que Teacake notou porque as próprias roupas quando ele era criança sempre foram sujas à beça. Teacake corou, bem ali dentro do carro, envergonhado, não porque estivesse perseguindo aquela pobre mulher e, agora, a filha dela, mas por causa de todas as vezes que foi para a escola em roupas imundas e com o rosto sujo. Mas aquela garotinha era como uma criança deveria ser. Estava limpa e radiante, e a mãe tinha lhe dado um belo café da manhã, Teacake apenas sabia que Naomi tinha feito isso, mesmo que ela tivesse saído de um turno de doze horas e não tivesse dormido desde Deus sabe quando. Naomi havia chegado em casa e preparado o café da manhã, e talvez até tivesse colocado um pouco de açúcar e canela na torrada da criança, do jeito que ela gostava.

A menininha falava sem parar e Naomi escutava. Não do tipo "a-há, a-há, é, legal", mas ela realmente tentava compreender o que a criança estava dizendo, o que só podia ser besteira. Quero dizer, o quanto uma criança de 4 anos é capaz de dizer coisas que valham a pena, afinal? Teacake não sabia, mas pelo que ouviu falar, a porcentagem era bem baixa, a maioria do que as crianças diziam era apenas "eu quero mais cobertura" ou alguma merda do tipo.

As duas chegaram ao carro, a garotinha entrou em uma cadeirinha no banco de trás e Naomi ficou parada ali, esperando, com a mão na porta, enquanto a filha terminava um argumento inútil.

Teacake desceu a janela, só um pouquinho. Ele estava perto o suficiente, bem no limite, para compreender algumas palavras. Não as da garotinha — as palavras dela eram todas fracas, com voz de menininha, e saíam rápido demais do interior do carro —, mas ele conseguiu ouvir o que Naomi disse em resposta, depois de esperar até que a filha parasse para respirar.

— Entendi, amor. Que droga.

E então ela fechou a porta.

Foi isso que acabou com ele. Não foi "ora, vamos, não é tão ruim assim", ou "amor, por favor, estamos atrasadas", ou "que besteira, você tem que aprender a calar a boca quando fala com as pessoas". Foi "entendi, amor. Que droga." Era tudo que Teacake sempre desejava das pessoas quando falava com elas. Ser ouvido. E essa moça deu atenção para *uma criança de 4 anos*, depois de ficar acordada a noite toda.

E o que há de bom nas trevas ou resplendor se encontra em seu olhar e seu semblante.

Então, o que Teacake queria dizer naquela noite, enquanto os dois desciam pelo elevador, o que ele estava morrendo de vontade de dizer era "você é incrível para caralho com a sua filha", mas será que existia uma maneira boa de colocar isso na conversa quando a pessoa nem sequer deveria saber da existência dessa filha?

Então, em vez disso, Teacake não disse nada.

As portas do elevador se abriram.

O subporão 1 deveria ser o único subporão, e nunca havia ocorrido a ninguém questionar a necessidade do número. SP-1 parecia muito bem no teclado do elevador, tão bom quanto qualquer outro botão. A história do prédio como uma instalação do governo não era segredo, portanto, ter descoberto que antigamente existiam outros níveis mais baixos não deveria ter sido uma grande surpresa, se alguém tivesse se preocupado em pensar sobre o assunto. Porém, descobrir que havia três níveis mais baixos e que eles estavam conectados por um conjunto elaborado de sensores e alarmes a um painel de controle que até então esteve emparedado atrás da recepção teria provocado algum espanto.

De acordo com o diagrama, a entrada superior da escada de tubo estava localizada no final de um curto corredor sem saída a cerca de trinta metros do grupo dos elevadores. Naomi chegou ao fim primeiro, parou e se virou no espaço feito de concreto pintado de branco. Não havia nada lá que sugerisse uma entrada; na verdade, era o oposto — tudo sobre aquele espaço dizia *fim*.

Havia três unidades de armazenamento maiores em cada lado do corredor, grandes espaços com vinte metros quadrados que eram usados, principalmente, por fábricas para estocar excedentes de produção. Mas não havia porta, escotilha ou entrada óbvia de qualquer tipo, exceto por um armário pequeno e estreito entre duas unidades marcado Restrito aos funcionários.

Naomi olhou do mapa para o corredor e de volta para o mapa.

— Não estou entendendo.

— Tem certeza de que é aqui?

Ela mostrou o mapa para Teacake.

— Olhe você mesmo.

Ele pegou o telefone, segurou o mapa de um jeito, depois de outro, deslizou a imagem um pouco. Naomi foi até a parede mais distante, ao beco sem saída, e bateu algumas vezes aqui e ali com a palma da mão. Sólido. Bateu, então, o punho.

— Bloco de concreto — disse. — Se estiver atrás disso, precisaríamos de uma marreta. Ou de uma britadeira.

— É, isso eu não estou a fim de fazer.

Teacake virou o telefone de cabeça para baixo e observou mais uma vez o diagrama. Ele olhou para o chão. *Isso é interessante, cara.*

Teacake puxou as chaves do molho de novo — ele tinha que admitir que adorava o zunido metálico que as chaves faziam sempre que eram puxadas; Teacake nunca foi uma pessoa que tivesse mais do que uma única chave antes daquele emprego — e foi para o armário estreito de manutenção. Abriu o armário, tirou um martelo do suporte de ferramentas e voltou para o mesmo lugar no corredor onde esteve antes, a cerca de um metro do beco sem saída feito de concreto. Teacake andou até estar de costas contra a parede, ficou de quatro e bateu de leve o martelo uma vez no chão. O piso emitiu um baque pouco promissor.

— Isso é concreto — falou Naomi.

— É.

Ele engatinhou para a frente e desceu o martelo de novo. Mesmo som. Teacake continuou engatinhando, batendo o martelo a cada quinze centímetros mais ou menos, e obteve o mesmo som todas as vezes.

— É um piso de concreto, Travis.

— É estranho ouvir o meu nome verdadeiro. — Teacake continuou se movendo, batendo no chão com o martelo.

— Desculpe — disse ela. — Isso incomoda você?

— Não consigo decidir.

Sim, ele conseguia e já tinha se decidido. Aquilo não o incomodava; na verdade, Teacake adorava. O coração disparava toda vez que Naomi dizia o nome dele. Teacake mal podia esperar que ela repetisse. *Por favor, diga de novo, só mais uma vez?*

TUNG. Ele tinha quase chegado ao centro do corredor, e quando desceu o martelo ali, a ferramenta produziu um eco metálico oco.

Teacake olhou para Naomi. Ela sorriu e se agachou no chão ao lado dele. O homem ergueu o telefone e deslizou a imagem para ampliar uma determinada parte da tela.

— Bem aqui. Esse semicírculo feito de traços, meio sombreado de cinza, consegue ver?

— Sim, por pouco.

— É a entrada. Eles simplesmente pintaram por cima.

Juntos, os dois olharam para o chão. Teacake girou o martelo na mão algumas vezes, pensando. Ele se sentou.

— Ok, olha só. Não dá para esconder essa merda que estamos prestes a fazer.

— O que estamos prestes a fazer?

— Destruir mais algumas coisas — respondeu Teacake. — Mas é assim que vejo a situação. Parte do nosso trabalho é cuidar da segurança, e tem um *alarme* disparando, não é? É tarde demais para chamar o Griffin, ele está totalmente bêbado agora e não saberia que porra é essa, de qualquer maneira. O Griffin só ligaria para a administração, mas também não tem ninguém na empresa, não é como se houvesse emergências de armazenamento automático e eles tivessem operadores de plantão, entende o que eu digo? As únicas outras pessoas em quem consigo pensar em chamar são policiais.

— Para dizer que há um velho alarme de fumaça ou algo assim que disparou no porão?

— Exatamente. Ridículo. Mas cá estamos nós, e há um alarme disparando, e todo esse lugar está lotado até o teto de objetos pessoais incrivelmente valiosos.

— Certo! Essas tralhas são *importantes* para as pessoas.

— Isso é verdade. Eu sempre achei isso. — Teacake estava se animando com a situação agora, sentindo a empolgação criativa de combinar um álibi com alguém. — Tem um *alarme* disparando e somos *guardas*. Somos profissionais de segurança.

— Estamos mais para balconistas.

— Pensa só. Sim, é uma merda de trabalho, mas é o *nosso* trabalho.

— É a nossa responsabilidade.

— Sim!

— Além disso, estamos curiosos — falou Naomi.

— Sim, mas deixamos essa parte de fora. — Ela não mentia com naturalidade. Tudo bem, ele sabia o suficiente sobre mentir pelos dois.

— Beleza? Estamos dentro?

— Você sabe que eu estou.

— Cuidado com os olhos.

Naomi levantou a mão e virou o rosto, e Teacake girou o martelo, de modo que a ponta da unha estivesse voltada para baixo, e golpeou o chão com força. O estrondo metálico oco foi mais alto, definitivamente havia alguma coisa lá embaixo, e não era chão de cimento. Voaram pedaços de tinta seca. Ele golpeou de novo, duas, três, quatro vezes, uma atrás da outra, e mais tinta se espalhou. No último golpe, uma seção de cinco centímetros quadrados saiu voando e permitiu que os dois vissem a superfície inacabada abaixo.

Ali, embaixo de várias camadas de tinta cinza para pisos de acabamento semibrilho à base de óleo, havia as inconfundíveis covinhas de metal de uma tampa de bueiro.

DOZE

Fazia cinco ou seis anos desde que Roberto Diaz não recebia uma ligação no meio da noite. Foi um golpe de sorte que o telefone tenha tocado na mesa de cabeceira; desde a aposentadoria, ele adquiriu o hábito de desligar aquele troço por volta das 21 horas e não ligá-lo de novo até que tivesse tomado pelo menos uma xícara de café pela manhã. Ele vivia bem mais feliz desde então. Mais tranquilo, de qualquer forma. Annie não conseguiu chegar a fazer isso com os seus aparelhos; ela sempre deixava o telefone ligado para o caso de um dos filhos precisar de alguma coisa, mas o mais novo já tinha 28 anos, então as chances de isso acontecer eram mínimas. Ainda assim, Annie gostava de dar uma olhada no *The New York Times* na cama logo depois de acordar e ver se o mundo havia melhorado nas últimas oito horas. Por mais estranho que pareça, isso nunca aconteceu, mas Annie não era uma pessoa de abrir mão da esperança.

Naquela noite, Roberto tinha esquecido e deixara o telefone ligado por acidente, e é engraçado como os velhos reflexos entraram em ação quando o aparelho tocou pouco depois da meia-noite. Ele estava completamente acordado antes que o eco do primeiro toque tivesse desaparecido, com a mão no aparelho quando o segundo toque começou, e sentado com os dois pés no chão quando atendeu.

— *Al...* — resmungou Roberto.

Ops. Sem voz. Não exatamente os velhos reflexos. Ele pigarreou e tentou de novo.

— Alô?

— Roberto Diaz? — Era a voz de uma mulher.

— É ele.

— Estou ligando sobre a venda do Plymouth Duster modelo 1978.

Roberto não respondeu por um longo momento.

— Sr. Diaz?

— Preciso de cinco minutos.

Ele desligou e colocou o telefone de volta na mesa de cabeceira. Roberto permaneceu sentado por alguns segundos, pensando. Ele se arrependeu da segunda taça de vinho no jantar, mas fora isso não sentia outra coisa qualquer. Era assim que a pessoa sabia que era eficiente, quando a ligação não alterava nada em termos de emoção. Roberto contou algumas respirações, manteve-se calmo e deixou que o mantra budista que ele descobriu aos 50 e poucos anos flutuasse pela mente.

Estou aqui agora.

Ele queria uma xícara de chá antes de retornar a ligação.

Annie se virou e olhou para ele por trás, franzindo os olhos na escuridão.

— Quem era?

— Minha outra esposa.

— Como você consegue ser tão engraçado assim do nada, no meio da noite?

— É um dom.

Annie procurou atabalhoadamente sobre a mesa de cabeceira do lado dela, tateou atrás de alguma coisa e não encontrou, foi derrubando objetos em volta.

Roberto olhou para a esposa.

— O que você está fazendo?

— Procurando pelos meus óculos.

— Por quê?

Ela se virou e olhou para o marido.

— Não sei.

Annie olhou ao redor do quarto, como se para ter certeza de que tudo ainda estava no lugar, e depois virou-se novamente para o marido.

— Foi uma das crianças?

— Não. Não se preocupe.

Ela fez uma pausa.

— Ai, meu Deus.

Se não era uma das crianças e Roberto ainda não tinha informado que algum conhecido deles havia morrido, então só poderiam ser Eles. Estava mais para um *ai, meu Deus* cansado do que um *ai, meu Deus* temeroso, o tipo de *ai, meu Deus* que a pessoa diria se descobrisse que a TV a cabo estivesse fora do ar outra vez.

— É.

— Quem?

— Foi uma nova voz para mim. Alguém está tendo um ataque de pânico.

O marido se inclinou e beijou a esposa na testa. Ele nunca traiu Annie, nem sequer pensou em flertar, depois da experiência na Austrália. Roberto era grato por isso e por ela todos os dias.

— Volte a dormir — disse ele. — Vou resolver isso rápido.

Ele se levantou, vestiu a camisa limpa e a calça que mantinha pendu-rada na cadeira, para que fosse fácil de encontrar no escuro. Isso é que eram velhos hábitos.

Annie se virou e se aconchegou no travesseiro.

— Não resolva rápido demais. Espere até que eu esteja dormindo de novo, ok?

— Eu não nasci ontem, linda.

Ela murmurou algo fofo e inaudível e voltou a dormir quando a porta se fechou. O inesperado ainda era rotineiro, mesmo depois de todo esse tempo, e as ligações pararam de atrapalhar seriamente o sono de Annie há anos.

Roberto adorava morar na casa da Carolina do Norte mais do que em qualquer outro lugar que já tivesse possuído, alugado ou visitado na vida. Não era uma ótima casa, nem de longe. Era uma construção do final dos anos 1980 e as paredes eram muito finas; era possível ouvir a água nos canos, não importava onde você estivesse. Eles provavelmente deveriam ter derrubado tudo e construído uma casa nova há dez anos, quando a compraram, mas, além do fato de que isso teria custado uma fortuna que eles não tinham, botá-la abaixo parecia um desperdício imenso. Quer dizer, quase. A casa havia se comportado bem, tinha feito o que lhe era pedido queixando-se minimamente durante vinte anos e merecia mais do que um trator.

Os dois compraram a casa do jeito que ela estava, reconhecendo as falhas, e planejaram consertar e remodelar em dois estágios. Fizeram reparos e pintaram o interior primeiro, logo depois da compra, e adiaram mexer no exterior em decomposição pelo máximo de tempo possível, até que o alpendre podre, o telhado com vazamento e o revestimento cheio de remendos e ninhos de vespas não pudessem mais ser ignorados. Finalmente, os dois respiraram fundo, pegaram o talão de cheques e iniciaram a obra na parte externa há quatro anos, pouco antes de ambos se aposentarem. O dinheiro acabou no meio da obra do telhado e nenhum dos alpendres consertados.

Na verdade, eles não ficaram sem dinheiro, mas havia limites financeiros que há muito tempo os dois disseram que nunca cruzariam, empréstimos que não fariam, títulos do Tesouro que não seriam vendidos, e nem pensar que quebrariam as próprias regras agora, quando estavam tão perto de ter o suficiente para deixar uma poupança decente para a faculdade dos netos.

Roberto aprendeu a cobrir um telhado e como construir um deque, e como sorrir e tolerar o ar superior masculino quando retornava à loja de ferragens pela terceira vez no mesmo dia com perguntas ainda mais idiotas. Pouco antes do Dia de Ação de Graças do ano passado, dois anos e meio após o último profissional ter deixado o local, quase quatro anos depois de terem começado a obra na parte exterior, e uma década depois de os dois terem comprado o imóvel, a casa na Figtree Road número 67 estava pronta.

Havia uma cadeira no alpendre dos fundos, uma cadeira de balanço que fazia bem para as costas ruins de Roberto, logo à esquerda da porta telada. Era o seu lugar preferido no mundo todo, e Roberto conhecia quase o planeta inteiro. Aquele lugar era onde ele estava sentado agora, esperando a chaleira ferver, pensando a respeito do ar quente e enevoado de março que não deveria estar nem quente, nem enevoado.

De volta à cozinha, Roberto chegou à chaleira antes que ela tivesse a chance de soltar um grito possante. Ele despejou a água quente na caneca. Olhou pela janela enquanto preparava a infusão — foram 6.200 dólares para transferir a janela da cozinha do lado voltado para entrada da garagem para o lado que dava ao quintal, a coisa mais extravagante que já fizera, e ele se arrependeu daquilo desde o primeiro minuto — e colocou algumas gotas de leite no chá depois de exatos três minutos. Ele pegou o hábito de colocar leite enquanto estava no destacamento de Londres. Isso corta o pouquinho de acidez das folhas de chá. As coisas que uma pessoa aprende na vida.

Roberto tomou um gole e foi até o armário de vassouras do outro lado da cozinha. O espaço tinha um ângulo esquisito que não era muito bom para guardar nada, mas foi a solução de meio-termo para um problema elétrico espinhoso com que ele se deparou quando insistiu em projetar e construir sozinho aquele canto do conjunto de armários. Roberto não quis receber a ajuda de ninguém nem sequer deixou que alguém permanecesse no ambiente enquanto trabalhava ali.

Tirou as vassouras e os esfregões, retirou os vasos altos do lugar onde estavam nos fundos e recolheu o pequeno mixer que parecia não conseguir encontrar um lar em nenhum outro armário. Ele usou uma chave escondida para destrancar a fechadura no painel inclinado, abriu e digitou a combinação do cofre.

Roberto sentiu uma pequena onda de adrenalina quando girou a maçaneta do cofre e ela fez aquele som metálico pesado e satisfatório. Não era empolgação, longe disso, e sim algo mais como autopreservação, o velho sistema se preparando caso fosse necessário. Lute ou lute.

O cofre era pequeno. Não havia muita coisa dentro, apenas algumas cédulas de dinheiro e passaportes que provavelmente já haviam expirado. Não era mais uma caixa de emergência perfeita, apenas um lugar para colocar o telefone seguro e o globo de neve, aquele que os dois tinham comprado em um posto de gasolina em Vermont, o globo de neve cafona ao qual não conseguiram resistir porque tinha três crianças andando de trenó no interior, duas meninas e um menino, como os filhos. Roberto pegou o telefone de emergência, ligou o aparelho, e a tela mostrou o contorno de uma bateria cortado por uma grande linha vermelha. Ele ficou surpreso pelo telefone ter até mesmo tanta energia para mostrar aquilo. Roberto pegou o cabo, ligou na tomada ao lado da pia e olhou pela janela, tomando o chá enquanto esperava que o aparelho recarregasse.

Depois de um tempo, o telefone apitou. Ele olhou para o aparelho por um momento a mais, sem pensar muito, mas também sem pegá-lo. Roberto não ia se apressar; os cinco minutos que ele havia pedido acabaram de passar, e o mundo não ia acabar se ele levasse mais trinta segundos. Essa era uma das coisas boas de ser mais velho, como era agradável a ideia de conservação de energia, de prudência, de estilo. A juventude era toda feita de desperdício de movimentos e produção de barulho, um pensamento de que quanto mais a pessoa parecia que estava fazendo uma coisa, mais ela era, quando, na realidade, o contrário era verdadeiro. Será que alguém tem a paciência para permanecer completamente imóvel até que a água suja assente e seja possível ver de forma clara? Não quando se tem menos de 50 anos.

Quando ele ficou pronto, Roberto fez a ligação. O telefone tocou uma única vez, e a voz da mesma mulher respondeu.

— Importadora Fenelon.

— Zero-quatro-sete-quatro índigo.

— Obrigado, sr. Diaz.

— O que está acontecendo?

— Recebemos um alerta de violação de temperatura de uma instalação desativada nas minas de Atchison, no leste do Kansas.

Ele fez uma pausa. *Eu estou aqui agora.*

— Sr. Diaz?

— Sim. Eu estava me perguntando sobre isso. Dada às mudanças de tempo.

— O senhor está…?

— Eu escrevi um memorando em 1997 sobre esse assunto — disse Roberto.

— Não vejo esse memorando no arquivo.

— E liguei cerca de cinco anos depois disso. E seis ou sete anos depois disso também.

— O senhor então está familiarizado com a situação? — perguntou ela.

— Sim.

— É algo com que precisamos nos preocupar?

— Sim, é algo com que precisam se preocupar.

— Nós achamos que, como era uma instalação desativada...

— A que horas chegou o alerta? — perguntou ele.

Roberto ouviu uma pausa e o som de algumas teclas enquanto ela verificava em um computador.

— Foi às 3h11 da madrugada, horário central.

— E vocês só estão me ligando agora?

— Demorou algum tempo para descobrir para quem ligar.

— E se eu não atendesse? — indagou Roberto. — Quem está indicado para vocês ligarem em seguida?

— Ninguém.

Roberto respirou fundo e olhou pela janela.

— Ok. Eu estou a 120 quilômetros da base aérea de Seymour Johnson. Consigo chegar lá em noventa minutos. Vou precisar de um avião e um carro me esperando do outro lado. Eu mesmo vou dirigi-lo. Ninguém mais.

— Sua opinião é de que isso seja considerado uma Ameaça Intensa?

— Minha opinião é que isso deveria ter sido considerado uma Ameaça Intensa às 3h11 da madrugada.

Ela fez uma pausa.

— Vou ver o que posso fazer sobre o transporte.

— Ainda não terminei. Eu não tenho nenhum equipamento.

— Do que o senhor precisa?

— De tudo na lista.

— Sinto muito, sr. Diaz, não estou familiarizada com...

— Eu escrevi um relatório técnico ECI em 1992. Está compartimentado e armazenado na câmara subterrânea. Foi há 25 anos, você precisaria de um software diferente para lê-lo, mas eu arquivei o programa junto com ele e um disquete para executá-lo. Chame Gordon Gray para lhe dar autorização. Apenas Gordon Gray; você não precisa ligar para mais ninguém. Leia o relatório e coloque tudo que está listado no apêndice

A, e quero dizer *tudo*, cada item, dentro do carro no Kansas quando eu pousar. Entendido?

— Eu não posso fazer isso sem várias autorizações.

— Qual é o seu nome?

— O senhor sabe que não podemos...

— Apenas o primeiro nome. Até um falso. Alguma coisa de que eu possa chamar você.

Ela hesitou.

— Abigail.

O leve aumento no tom de voz dela revelou que aquele definitivamente não era o nome verdadeiro. Ela gostou de dar asas à imaginação. Que bom para Abigail; foi por isso que ela entrou nessa carreira, e não usava muito a imaginação ao dar telefonemas referentes a casos arquivados no forte Belvoir no meio da noite.

— Ok, Abigail. Você se lembra daquelas boas notas que tirou no ensino médio? E os esportes para os quais treinou? A faculdade que você se esforçou para entrar? O número de vezes que você disse não quando as pessoas queriam sair para a farra porque sabia que tinha que ficar em casa e estudar? Lembra-se dos olhares que a sua família lhe deu quando você contou o que queria fazer para ganhar a vida, os maus-tratos que aturou no primeiro ano no departamento, e a vida pessoal que você desistiu de ter por esse trabalho, sei lá, pela sua voz parece que são dez, doze anos atrás?

— Oito.

— Ok, então o trabalho está afetando você rapidamente. Acontece. Mas todos aqueles sacrifícios, todos os sapos que teve que engolir só porque queria fazer o que era certo para o seu país? Era para *esse* momento, Abigail.

— Sim, senhor.

Roberto notou pelo pequeno tremor na voz dela que ainda era capaz de dar um bom discurso de *estamos na merda agora* quando precisava.

— Consiga as coisas na lista. Eu estarei em Seymour às 2h15 da manhã, horário da costa Leste.

Ele desligou.

* * *

ANNIE ACORDOU CERCA DE DUAS HORAS DEPOIS. EM SONO PRO-
fundo em um segundo, bem desperta no outro. Foi para a cozinha, onde
havia uma luz acesa sobre a pia. Ela sabia o que encontraria lá antes
mesmo de entrar no cômodo. Roberto teria lavado e secado a caneca
do chá e guardado-a no armário. A cozinha estaria inalterada do jeito
que os dois a deixaram quando foram para a cama, exceto pelo globo de
neve. O objeto estaria sobre a bancada ao lado da máquina de café, em
cima de uma única folha de papel branco, na qual ele teria desenhado
um coração com um marcador vermelho.

As coisas eram assim.

Annie olhou fixamente para o globo de neve por um momento. Ela
pegou e deu uma sacudida. A neve caiu sobre as crianças e seu trenó.
Por um lado, era bom ver aquele troço de novo; fazia mais de três anos
desde a última vez em que o globo tinha saído do cofre.

Por outro, Annie queria muito que eles tivessem escolhido qualquer
objeto menos aquele para usar como sinal.

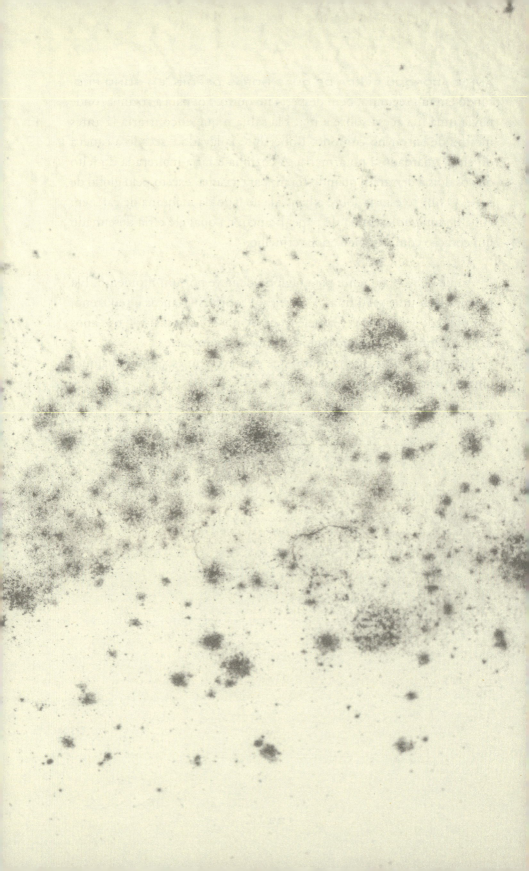

AS PRÓXIMAS
QUATRO HORAS

TREZE

Por mais tempo que a maioria das pessoas imagine que seja preciso para arrancar meia dúzia de demãos de tinta seca e uma camada fina de concreto do entorno da borda cheia de sulcos de uma tampa de bueiro, aquilo demorou bem mais do que Teacake e Naomi haviam pensado. Se não tivessem encontrado a chave de fenda de ponta larga no armário de ferramentas, talvez sequer conseguiram abrir a tampa.

Os dois se revezaram com as ferramentas. Não é possível dar mais do que seis ou sete marteladas seguidas sem precisar descansar das vibrações dolorosas que atingem as mãos, como se a pessoa tivesse acabado de acertar uma bola rápida com a ponta fina do bastão de beisebol. Por duas vezes Teacake bateu com a chave de fenda com força demais. Ele soltou as duas ferramentas e rolou no chão, segurando as palmas das mãos entre as coxas, mostrando a vastidão e a originalidade do seu vocabulário de palavrões. Naomi era mais metódica, mirava os golpes com cuidado e calculava o impacto. O avanço dela era constante e pensado, e foi ela que deu o golpe final, o que arrancou o último pedaço de tinta e concreto e fez a tampa se mover uma fração de centímetro.

— Você conseguiu.

— Traz o pé de cabra — disse ela.

Ele pegou a ferramenta no armário, enfiou-a em uma das quatro ranhuras uniformemente espaçadas ao redor da circunferência da tampa. O disco de metal se ergueu com um leve barulho de descompressão, conforme o ar fétido de baixo trocava de lugar com o ar limpo de cima. Teacake enfiou mais fundo o pé de cabra, fez o máximo de força possível sobre a ferramenta e levou o cabo quase até o chão.

— Fique em pé em cima dela — falou ele para Naomi.

Ela obedeceu, colocou um pé de cada vez, e prendeu o pé de cabra no piso assim que todo o peso estava sobre a ferramenta. Teacake enfiou os dedos no espaço de sete centímetros entre a tampa e o chão.

— Não coloque os dedos aí dentro — disse Naomi, mas ele não respondeu, porque os dois já tinham ido longe demais e não havia outra maneira óbvia e fácil. Além disso, ela não tinha falado com muita convicção, e Teacake sabia que o que Naomi realmente quis dizer foi: "Coloque os dedos aí dentro!"

Mas tudo bem, porque os dois estavam de acordo àquela altura, juntos até o fim.

Ele fez uma força infernal e desejou que tivesse mantido a malhação de peitoral e tronco que fez por um ano e meio em Ellsworth. Teacake teria gostado muito que Naomi pudesse ter visto um pouco daquela forma física, porque ele era sarado, cara, e se orgulhava muito daquilo, foi uma tremenda mudança, pois Teacake tinha sido magricelo desde sempre. Mas quase no mesmo minuto em que saiu da prisão, ele achou o seu reflexo inchado e ridículo, então cortou a malhação na academia e não sentiu a menor falta. Bem, talvez Teacake tenha sentido falta das sensações logo depois, quando tudo fluía e a pessoa se sentia feliz e brava ao mesmo tempo, aquela sensação era legal. Se ela pudesse tê-lo visto naquela época, *embora você saiba que não pareço tão ruim assim agora, será que ela acabou de olhar para o meu bíceps um segundo atrás? Ou, ai, merda!* A mente vagou e Teacake estava perdendo o controle, ela estava escorregando, ele ia largá-la.

Ele enfiou mais os dedos, retornou para o momento, e ergueu a tampa acima do ponto de virada. Apoiou a tampa na própria borda e planejou colocá-la no chão da mesma maneira que a levantou, mas os músculos estavam gritando na cara de Teacake agora: *Por que você não fez isso quando estávamos malhados, seu babaca?* Assim que levantou toda a tampa sobre a borda, Teacake deu um empurrão e a tampa foi embora rolando, na direção da parede.

Ela não foi longe, no entanto. A tampa devia pesar mais de cem quilos, talvez 115, e depois de quase dois metros, começou a balançar e voltar, rolando na direção dos dois. Eles pularam para fora do caminho, de maneira absurda, enquanto a tampa os perseguiu por alguns metros, chateada por ter sido despertada do sono agradável. O aro de metal cruzou o piso a alguns centímetros dos dedos dos pés de Teacake e Naomi, fez um último círculo moribundo no corredor e quase caiu de volta no buraco que estivera cobrindo. *Aquilo* teria sido uma comédia.

A tampa girou como uma moeda sobre uma mesa, fazendo um escarcéu rangente de ferro fundido, até que, finalmente, parou de cabeça para baixo, bem na frente deles.

Quando o eco desapareceu, Teacake falou.

— Sabe, pensando melhor? Talvez eu simplesmente devesse ter deslizado a tampa um pouco para o lado.

— Bem, claro, a gente sabe disso *agora*.

Se ele já não a amasse, Teacake se apaixonaria naquele momento por Naomi por não dizer que ele era um idiota do jeito que o seu pai teria feito. Ela não falava muito, mas, quando falava, não criticava ninguém, nem mesmo como uma piada.

Naomi pegou a lanterna, a que Teacake havia trazido do andar de cima, e acendeu. Os dois caminharam até a beirada do buraco, ficaram de quatro e lançaram a luz no interior dele.

A luz era intensa, as baterias, novas, mas não havia muita coisa que uma lanterna pudesse fazer para iluminar um poço cilíndrico vertical que seguia por noventa metros dentro da terra. A escada de metal descia ao longo de um lado do poço. Uma tonelada de poeira que acabara de ser levantada flutuava no ar viciado, agitada pela remoção da tampa, mas, fora isso, havia apenas o escuro.

Os dois se entreolharam. Nenhum deles queria recuar e nenhum deles queria ir primeiro.

— Desça cinco metros e depois conversamos de novo? — propôs Naomi.

— Quantos degraus tem essa escada?

Ela jogou a luz nos degraus de metal corrugado e fez uma estimativa.

— Cinquenta, talvez. Por quê?

— Sei lá, eu esperava que saber o número de degraus ajudasse.

Naomi lançou a luz no buraco de novo, passando o facho em torno das bordas desta vez, em vez de apontá-lo para o breu. A certa distância lá embaixo, havia o contorno escuro de uma reentrância na lateral do poço, longe demais para ser visto claramente, mas havia alguma coisa ali, algum tipo de objetivo.

— Ok, olha só. Vamos para aquela coisa…

— Que coisa?

— Ali.

Naomi gesticulou para ele dar a volta e ficar ao lado dela, e Teacake obedeceu, rastejando até Naomi. A perna dele tocou de leva a dela, mas Teacake sabia muitíssimo bem disso. Naomi passou o facho de luz nas bordas da reentrância.

— Ali. A que distância está aquilo, uns dez metros, talvez? Vamos descer até lá e ver o que é.

— E depois?

— Depois a gente vê. Se estiver tudo beleza, continuamos. Se não…

Ele dispensou o resto da frase dela com um gesto.

— Entendi. — Teacake pegou a lanterna da mão de Naomi, girou as pernas e começou a descer pelo buraco.

— Você não precisa ir primeiro.

— Eu sou um cavalheiro. Eu vou primeiro e jogo a luz para cima, para que você possa ver.

— Você tem que admitir — disse ela — que, até agora, está legal.

— Até agora, tenho que admitir que está legal.

— Você realmente acha isso?

— Não, estou apenas repetindo o que você me falou que eu precisava dizer. Vejo você em dez metros.

Naomi riu e Teacake começou a entrar no poço.

Descer com uma única mão foi mais difícil do que ele pensou, mas Teacake tinha tanto medo de deixar a lanterna cair que nem tentou usar a outra. Com uma das mãos segurando firme na fonte de luz e a outra agarrada com força na barra vertical da escada de metal, ele começou a suar depois de descer dez ou quinze degraus, mais de medo do que qualquer outra coisa.

Então Teacake foi vencido pela própria mente. Ela começou a vagar, e ele pensou em cair. Primeiro um pé escorregaria em um degrau, depois a canela bateria nele, ele sentiria o alongamento doloroso dos tendões quando as pernas se abririam, ambas as mãos tentariam pegar as barras, talvez um ou dois dedos estalando, tentando suportar o peso em queda enquanto o corpo ganhava impulso. E, então, o momento de distanciamento — a suspensão de gravidade de desenho animado enquanto as mãos se agitavam no espaço vazio e os pés se soltavam. Será que ele iria gritar? Ou ficaria em silêncio, com todo o som drenado enquanto os olhos se arregalavam e a boca se abria no formato perfeito de um O redondo e horrorizado, fazendo um apelo silencioso por ajuda quando começasse a cair, na escuridão, por trinta, 150, trezentos metros, até atingir o chão de cimento no fundo do poço, caindo com os pés primeiro, as pernas se sanfonando e entrando no corpo, os ossos compridos varando os órgãos internos, o fêmur ou tíbia ou seja lá qual for o osso grande cortando os intestinos, perfurando o coração e se enfiando na base do crânio.

Causa oficial da morte: "Morto pelo próprio osso da perna".

Em seguida, outro cenário ocorreu a Teacake, um em que ele não despencava. Nesta série de eventos, um pé não escorregaria totalmente, mas ficaria preso nos degraus. Teacake cairia, mas o corpo se dobraria para trás, se curvaria no joelho esquerdo, e ele ouviria os ligamentos dos dois lados do joelho estalarem ao serem torcidos em um ângulo anormal, sustentando um peso e torque que o joelho nunca foi projetado para suportar. Nesta versão, Teacake gritava, gritava como um animal ferido enquanto ficava pendurado ali, sendo segurado de cabeça para baixo pelo joelho rasgado, batendo o crânio nos degraus de metal abaixo dele. A lanterna escorregaria da mão e cairia, jogando luz loucamente dentro do interior do poço ao despencar, e, por fim, se despedaçaria no chão lá embaixo.

Naomi gritaria lá de cima e tentaria salvá-lo. Ela desceria três degraus, passaria um braço por um degrau e se inclinaria o máximo possível, tentando agarrar Teacake na escuridão quase total. Mas a parceira erraria a mão estendida por ele e perderia o próprio controle. Agora era ela que cairia, e *iria* direto em cima de Teacake. O peso combinado dos dois deslocaria o joelho dele e romperia a tíbia da perna presa (em ambas as versões, a tíbia sofreria uma grande derrota), e a perna fraturada deslizaria, amorfa, pelos degraus da escada. Ambos se soltariam. O fim seria o mesmo de antes, não seria tanto a queda que o mataria e, sim, a parada brusca no final. Só que, desta vez, Teacake cairia de cabeça para baixo e a causa da morte seria mudada para "homem cai de cabeça", enquanto a de Naomi diria "mulher morre ao passar tempo com idiota que desceu por um poço de cimento escuro e vertical com uma única mão".

A mente de Teacake não tinha simplesmente vagado, tinha partido em uma pequena jornada pessoal, mas pelo menos havia matado algum tempo, e ele já tinha descido 34 degraus, chegando à reentrância cinza que os dois viram de cima. Passando um braço pelos degraus, Teacake juntou os pés, se equilibrou e virou a luz para a lateral do poço de concreto.

— É uma porta.

Naomi desceu, parou logo acima de Teacake e olhou para a abertura. Três letras e, pensando bem, eles não precisaram descer até aqui para arriscar um bom palpite sobre o que elas diziam.

SP-2.

Ela assentiu com a cabeça.

— É, foi o que imaginei. Quer continuar?

Teacake achou que ainda não tinha recebido pelo que pagou. Ele não destruiu a parede do patrão, abriu um piso de cimento a marteladas e imaginou vividamente duas versões distintas e horríveis da própria morte para poder olhar para uma porta fechada com SP-2 escrito em letras pretas desbotadas.

Sem responder, Teacake enfiou a lanterna no bolso das calças, ainda ligada e com o facho apontando para cima, de modo que pudesse iluminar o caminho dela. Com as duas mãos livres, ele desceria muito mais rápido.

Os dois continuaram para baixo.

CATORZE

Após Mooney vomitar no cascalho atrás do cano do escapamento, depois de ter tossido, cuspido e assoado o nariz até que estivesse em carne viva por dentro, depois de ter usado a toalha de praia suja do banco de trás para limpar cada pedacinho de entranha de gato do rosto, ele conseguiu pensar direito. Mais ou menos. Mooney não foi capaz de compreender a situação toda porque ela era incompreensível, mas ao menos conseguiu acalmar a respiração e baixar o ritmo cardíaco para níveis quase normais, e parar de gritar "Deus, Jesus, ah, Jesus, Deus, mas que merda" ou variações próximas disso, de poucos segundos em poucos segundos.

Assim que ficou limpo, uma sede poderosa tomou conta dele, e Mooney ficou aliviado ao ver que a única bebida restante ainda estava quase toda cheia, a tampa só tinha afrouxado antes do atropelamento do cervo. Ele pegou a garrafa da poça de Exotic Berry que havia feito no tapete do banco do carona e finalizou-a com um longo gole. Estava quente agora, o que fez a bebida parecer mais forte, e era o que Mooney precisava. Um pouco de coragem passou pelo cérebro, um sentimento familiar, mas também diferente. Ele podia se sentir ficando mais forte, mais calmo, melhor.

Ele também estava se tornando um mecanismo de dispersão ambulante para o *Cordyceps novus*. Mooney foi o vigésimo oitavo ser humano a ser infectado pelo fungo, mas havia uma diferença importante entre ele e os outros. A Bartles & Jaymes, como muitos produtores de bebidas à base de vinho e vinhos em geral, usa a quantidade máxima de dióxido de enxofre permitido pelos regulamentos da FDA como conservante. O SO_2 é um dos antimicrobióticos mais eficazes do planeta e é altamente antagônico ao crescimento. Na forma gasosa, o SO_2 pode ser letal para qualquer criatura que respire ar e é, de fato, a principal causa de morte em uma erupção vulcânica. É o gás venenoso que mata a pessoa, não a lava.

Porém, na forma líquida e na concentração correta, o SO_2 pode ser bastante útil. Ele não só previne o crescimento microbiótico invasivo em sistemas digestivos humanos como também pode limpar e preservar um recipiente de vinho de vidro, tanto durante a fermentação quanto no processo de armazenamento.

A última garrafa de Exotic Berry de Mooney, além de ter sido deliciosa e inebriante, também foi um excelente inibidor de crescimento. Considerando que a conquista realizada pelo fungo das suas vítimas humanas anteriores tinha sido uma *blitzkrieg*, no estado embriagado pela bebida de Mooney, aquilo estava mais para um ataque lento e constante de infantaria pela lama. O exército invasor do *Cordyceps novus* ia ganhar, Mooney ia perder, mas levaria um tempo.

Tendo involuntariamente conseguido mais algumas horas no planeta, ele se afastou do carro para rever os eventos das duas horas anteriores.

Havia muito a analisar. O cervo estava *morto*, não havia dúvida quanto a isso. O mesmo em relação ao Senhor Scroggins; o gato não tinha metade do rosto e do crânio. A ideia de ele ter sobrevivido a esse tipo de mutilação era risível. Isso só poderia significar que algo de outro mundo estava acontecendo, algo profano. Tanto faz. O universo era um lugar ferrado mesmo, com muita merda que ele nunca entenderia.

Mas e quanto a mim? *A mim, especificamente, eu, Mooney, onde me encaixo em tudo isso? O que eu fiz, afinal?* Às vezes, Mooney tinha uma mente analítica, e, assim sendo, ele a colocou em uso. *O que pode acontecer de pior? Sim, eu atropelei um cervo; sim, enchi o animal de chumbo; e, sim, matei um gato doente, mas nada disso é crime.* Enterrá-los na propriedade particular de alguém provavelmente era, mas Mooney não tinha feito isso, pois não teve a chance. O cervo morto fugiu e o meio gato subiu em uma árvore e explodiu. É simples assim, seu guarda.

Então, o Medo da Polícia podia ser dispensado. Ele não fez nada ilegal. Isso deixou apenas o Medo da Condenação Pública e o Medo de Deus. Bem, ele só seria condenado pela sociedade se ela soubesse que ele era um esquisitão e um matador de animais, e não havia nenhuma prova disso além do que sobrou no porta-malas. Mooney se aproximou devagar do carro, a primeira vez que ele chegou a quase dois metros do veículo desde que os ocupantes bateram em retirada. Não havia tripas no porta-malas vazio, isso era bom, mas o cervo havia sangrado bastante. Também havia deixado um estranho limo marrom-esverdeado que cobria metade do chão do porta-malas. Devia ser a merda que sai da pessoa quando se morre ou algo assim.

Seja como for, tudo isso poderia ser limpo, era totalmente factível. Bastavam uma mangueira de jardim, duas toalhas velhas e talvez vinte minutos do tempo dele. Ninguém jamais saberia. Assim sendo, Medo da Condenação Pública também ficou fora da lista.

Infelizmente, isso deixou o grande problema. Deus sabia. Deus sabia de *toda* essa merda, e Ele não poderia estar satisfeito com aquilo. Não que Mooney temesse pela própria alma; seu conceito pessoal de Deus era um pouco mais barroco, mais Antigo Testamento. Ele tinha visto o suficiente da vida para saber que Deus acreditava muito em retribuição, e quanto mais doentia e irônica, melhor. Sim, Ele era gentil e amoroso, mas também inventou o câncer colorretal, e existe algum supervilão em qualquer lugar, em algum momento da vida, que tenha inventado uma maneira mais diabólica de eliminar alguém do que essa? Não se preocupe em procurar, pois não existe.

Sim, Deus com certeza havia tomado nota do que Mooney fizera naquela noite, tinha desaprovado e começou a liberar Sua fúria justiceira. Ter trazido as criaturas inocentes de volta à vida para torturá-lo foi o primeiro passo, salpicar o rosto dele com entranhas, o segundo, e Mooney sabia que não queria esperar pelos passos três, quatro e cinco, quaisquer que fossem.

Ele precisava se desculpar.

A última vez que Mooney decidira que devia um *mea culpa* para Deus lhe custou quase quatro anos de vida, mas ele esperava acabar com isso em algumas horas de joelhos. A abadia de São Bento, na Second Street, ficava aberta a noite toda, e ele já tinha usado a igreja antes, quando precisou se expiar. O lugar era dirigido por monges de verdade, uma ordem franciscana, e as vestes negras e encapuzadas transmitiam um ascetismo condenatório que parecia bastante sincero. Os bancos de madeira modernos não teriam sido aprovados pelo Vaticano, mas havia uma placa de granito que ia de ponta a ponta no piso diante do altar, e Mooney passara muitas horas de joelhos ali, rezando pelo perdão divino de um tipo ou de outro. A pedra era esburacada e irregular, então, depois dos primeiros cinco minutos, os joelhos começavam a doer e, quando uma hora inteira se passava, ele sentia tanta dor que não conseguia se concentrar. Quando a transgressão era ruim o suficiente, Mooney ficava tanto tempo que a pele se misturava ao tecido da calça, e, quando ele se levantava, camadas inteiras de pele se soltavam. Ao entrar no carro, o sangue escorria pelos joelhos, e esse era o sinal de que tinha feito as coisas direito e que Mooney e Deus estavam quites.

É claro que houve a ocasião em que nenhuma penitência na abadia foi suficiente. Para todas aquelas orações, a resposta de Deus tinha sido um consistente "foda-se". Meia hora de joelhos pedindo forças para resistir a ela? Não. Uma hora inteira de joelhos, pedindo perdão depois de transar com ela e, mais importante, será que dessa vez daria para escapar das consequências, ela poderia, por favor, não ficar grávida? Não. Mais duas horas pedindo a Deus para guiá-la com Sua sabedoria e Seu juízo e convencê-la a se casar com ele? Pode esquecer, babaca. E, finalmente, Mooney passou três dias de joelhos, junto com um jejum tão grave que ele desmaiou; foram tantas vezes que o frade Dennis pediu que ele parasse de ir à igreja ou pelo menos usasse um genuflexório.

Mas o objetivo dessas orações também foi veementemente negado. O bebê não morreu no útero, o bebê não nascera natimorto, o bebê era saudável e era a sua filha, sua filha bastarda com Naomi Williams. Embora todo o restante da família Snyder tivesse perdoado Mooney, ficou muitíssimo claro que Deus não tinha perdoado e não pretendia fazê-lo por um bom tempo.

Mike — ele ainda era Mike na época — esbarrou em Lucas 12:48 no dia seguinte a Naomi trazer o bebê do hospital para casa. "Mas aquele que não a conhece e pratica coisas merecedoras de castigo, receberá poucos açoites. A quem muito foi dado, muito será exigido; e a quem muito foi confiado, muito mais será pedido."

Claramente, Deus não estava de brincadeira dessa vez. Ele estava exigindo um sacrifício do tipo Isaac-no-deserto, e Mike Snyder tinha que descobrir o que era.

As vantagens de ingressar no Corpo da Paz eram muitas — fulgor, a chance de servir ao próximo, fugir, resolver contas com o Senhor e, ah, sim, fugir.

Infelizmente, eles o rejeitaram. Na verdade, o Corpo da Paz procura universitários com currículos decentes e habilidades reais. Sabe, pessoas que têm algo a oferecer. Quem diria?

A empresa Service Brigade, no entanto, aceitava praticamente qualquer um, desde que a pessoa não estivesse sendo acusada de nada no seu país de origem. A brigada tinha um contrato com o governo ugandense para construir moradias populares por um preço acessível para a população mais simples, o que, em termos locais, significava um valor altamente inflacionado e pago como propina aos agentes do governo que o distribuíam. Seja como for, Mike escapou de uma situação ruim em casa, a Service Brigade estava disposta a lhe pagar uma quantia decente por baixo dos panos, e a sua família achava que ele era um santo, então Mike aceitou.

Poucas semanas depois de ter chegado a Uganda, os trabalhadores locais com quem Mike se juntou começaram a chamá-lo de Muni, diminutivo de Muniyaga. Ele gostou do apelido, mesmo depois de ter descoberto que Muniyaga significa "alguém que incomoda outras pessoas" em alguma maldita língua africana qualquer, então Mike manteve o novo nome.

Ele era Mooney. Foi um novo começo.

Ele voltou para casa em Atchison apenas alguns meses atrás, foi recebido como herói e atraído para o abraço incomodamente apertado da sua família mais uma vez. Mike se arrependeu de ter voltado quase no mesmo minuto em que chegou, assim que sentiu os olhares intensos sobre ele, julgando-o, dizendo que o perdoavam por tudo, pela fraqueza, pela covardia, pela revelação de uma completa falta de habilidade artística.

Eles tentaram fazer com que Mike se interessasse pela filha, pelo menos por ver Sarah, mas isso não ia acontecer. A mãe dela, com certeza, isso seria um tesão, mas não a criança, nunca a criança. No entanto, Naomi não queria vê-lo de maneira alguma.

Três dias depois de voltar para casa, Mike começou a planejar como sair de novo. Talvez ele se encontrasse com o amigo Daniel Mafabi em Budadiri, onde Mafabi arrumou um esquema ótimo com o Ministério de Obras e Transporte para construir escolas em todo o país pelo dobro do preço. Havia muitos xelins ugandeses circulando pelo orçamento desde que Nakadama assumiu como ministra, e Mike tinha a rede certa de contatos. Mais uns dois anos e ele estaria com dinheiro suficiente para abandonar a família para valer, para nunca mais na vida ter que ouvir que eles o perdoaram de novo.

Mas Deus eram outros quinhentos. *Aqueles* olhos o seguiram onde quer que Mike fosse, então agora ele precisava arrastar a bunda para a abadia de São Bento, pedir desculpas e considerar encerrada essa noite horrível.

Ele entrou no carro, virou a chave e ouviu um clique.

Claro.

Mike tentou outra vez.

Nem sequer um rangido, apenas um clique. Ignição inoperante. Ele saiu do carro e bateu a porta com a maior força possível. Ela quicou e se abriu, então Mike bateu com mais força ainda, depois chutou bem no meio da porta e deixou uma bela mossa. Mais uma coisa para o relatório do seguro. Olhou em volta e avaliou a cara de "meio do nada" da região.

O carro no pé da colina chamou a atenção de Mike novamente. O veículo estava parado perto da entrada do depósito, sob uma lâmpada de vapor de mercúrio que iluminava o estacionamento. Na luz amarelada difusa, ele viu a traseira do carro, um Toyota Celica de 10 anos. A imagem tocou um sino distante em algum lugar da mente dele. Mike começou a andar pelo caminho que levava à entrada do estacionamento, em direção ao carro, e, quando se aproximou, viu um adesivo no para-choque traseiro esquerdo. Ao se aproximar ainda mais, conseguiu ler o que o adesivo dizia.

Mãe orgulhosa de uma aluna de quadro de honra 2012.

Inacreditável. Mike conhecia aquele carro; era o veículo dos pais da Naomi, ou costumava ser. Provavelmente pertencia a ela agora. Ele teve bons momentos naquele carro. Mike começou a sorrir e andar mais rápido, atraído pelo carro como se ele fosse o fantasma de pegações passadas. Mike ouviu dizer que Naomi estava fazendo faculdade e trabalhando à noite em algum lugar; evidentemente, ela estava aqui, bem aqui onde ele precisava dela, quando ele precisava dela, e se isso não fosse a Providência Divina, o que seria? Mike respirou fundo o ar úmido da noite e se sentiu melhor agora, definitivamente melhor, pensando com mais clareza...

entrar e encontrar a Naomi, é isso que eu vou fazer, encontrar a Naomi, encontrar a Naomi

... crescendo e ficando mais à vontade dentro de seu corpo e sua mente, melhorando a cada minuto. Ele andou mais rápido e alongou o pescoço.

Tudo ia ficar bem. Naomi ficaria feliz em vê-lo.

As coisas estavam ficando mais claras.

QUINZE

Teacake e Naomi haviam chegado ao final da escada, e *porra*, como era bom colocar os pés em terra firme de novo. A lanterna no bolso dele esteve o tempo todo voltada para cima, e fazia tempo que Teacake havia se acomodado em uma espécie de transe, com o corpo se movendo mecanicamente — um pé para baixo, arraste as mãos, um pé para baixo, arraste as mãos, um pé para baixo, arraste as mãos —, não adiantava olhar para onde estava indo visto que tudo era apenas uma grande poça negra como nanquim lá no fundo. Um pé para baixo, arraste as mãos. Ele hesitou por um segundo quando os dois chegaram à porta cinza do SP-3, mas Naomi nem se incomodou em olhar, e se ela tivesse feito isso, Teacake teria sorrido e continuado, sabendo perfeitamente que, àquela altura, nenhum deles se contentaria com nada menos do que chegar até o fundo.

Assim sendo, os dois continuaram, e foi aí que a descida ficou longa. Muito longa. Baseado no diagrama, ele teria imaginado que o último piso estaria a cerca de trinta metros abaixo do SP-3, mas, pensando melhor agora, aquela parte do desenho havia sido interrompida por uma linha irregular com um espaço dentro dela, que devia significar que muita terra foi deixada de fora. Um pé para baixo, arraste as mãos, e assim vai. A mente de Teacake deu um pequeno passeio, agradável dessa vez, já que a única coisa que estava iluminada na área era a parte acima dele, e a única coisa que Teacake podia ver claramente lá em cima era o traseiro de Naomi. Ele se absteve de chamar ou pensar naquilo como a bunda de Naomi; era o traseiro dela, e era muito bonito, mas espera aí, era exatamente nisso que Teacake estava tentando não pensar, em respeito a ela.

Ele se perguntou o que os dois fariam se saíssem em um encontro, uma vez que ela não bebia. A verdade era que Teacake não gostava de álcool tanto quanto antes; a bebida tornava o seu humor imprevisível. Ele ficava bravo quando não devia, ficava feliz por nenhuma razão, e as pessoas bêbadas o incomodavam mais conforme Teacake envelhecia. Além disso, havia o despertar no meio da noite — ele não conseguia mais dormir doze horas seguidas como alguns anos atrás. Que pena, Teacake sentia falta daquela época, mas ele notou que as manhãs quando estava cem por centro lúcido eram meio legais. Então, ok, tudo beleza, mas quando as pessoas não bebem ou ficam chapadas, tipo, o que elas fazem?

Teacake imaginou os dois cheios de café nas ideias, mas quem quer uma coisa dessas?, e então imaginou os dois trabalhando juntos, e Naomi estava muito suada e reluzente, cara, e ela era toda jeitosa, e, epa, um momento, as coisas estavam voltando naquela direção, então ele viu os dois levando a filha dela ao cinema. E talvez a criança tenha se assustado em um ponto e tenha pulado no colo dele, e Teacake diria que está tudo bem, você está bem, menina, vire o rosto, esconda os olhos e eu cobrirei os seus ouvidos, eu direi quando for seguro, eu vou protegê-la, e Naomi olharia para ele e sorriria, Teacake tinha jeito com crianças, ele não se incomodava com elas, afinal de contas, talvez ele pudesse mesmo...

No final, Teacake caiu de fato. Mas foi apenas um degrau. O pé direito tocou no chão com força, ele não tinha visto o fundo do poço surgir, perdeu o equilíbrio e o pé esquerdo escorregou do último degrau. Teacake exclamou, Naomi se virou e ele estendeu a mão para ajudá-la.

— Cuidado.

Ela pegou a mão de Teacake, que a ajudou a sair do último degrau, e dois ficaram juntos no fundo. Estava mais frio ali embaixo, talvez

15ºC, e, surpreendentemente, úmido. Teacake tirou a lanterna do bolso e apontou para cima, até que a luz desaparecesse no interminável túnel preto, agora acima deles. Virou a lanterna para a porta na frente deles. Era outra reentrância cinzenta, mas esta era maior que as outras, uma porta reforçada com uma série de barras e alavancas, e havia um estêncil preto pintado nela: ACESSO RESTRITO AO DTRA.

— O que é DTRA? — perguntou ele.

Naomi pegou o telefone para procurar no Google.

— Sem sinal.

— Que surpresa.

Teacake ficou pensativo. Ele olhou para a porta, que mais parecia uma escotilha de submarino, entrecruzada por uma treliça complexa de ripas de aço, todas unidas nas pontas e levando a uma grande maçaneta preta. Se puxasse a maçaneta, as ripas articuladas puxariam uma contra a outra, e a porta se abriria.

— Você quer fazer isso? — indagou ela.

— Eu gostaria mesmo de saber o que essas letras significam.

— Eu também.

— Tenho a sensação de que gostaria de saber mais.

— E se for "Dupla Teimosa de Ridículos Amadores"?

— É, isso seria divertido — disse Teacake.

— Por mim, tudo bem se você quiser voltar.

Claro, claro. Como se isso fosse acontecer. Teacake esticou a mão para pegar a maçaneta, mas Naomi colocou o interrompeu e chamou sua atenção.

— Estou falando sério.

Ele olhou de volta para ela e pensou naquilo por um segundo ou dois, e, realmente, será que a situação poderia ficar ainda melhor naquele momento? Havia um momento de beijo chegando, tinha que haver, ou pelo menos um momento de abraço de medo, e Teacake se perguntou se achava que esse tipo de momento com uma mulher como Naomi dava em árvores, porra? Esses momentos com certeza não cresciam no solo árido e rochoso que era sua vida amorosa; as sementes do romance não vingavam lá desde, ai, Jesus, o meio do ensino médio.

Não, ele não ia subir de volta. Os dois iam terminar aquilo.

A maçaneta se moveu muito mais facilmente do que Teacake imaginava; o mecanismo de abertura da porta era um trabalho de gênio da engenharia. Bastava dar um puxão suave na barra preta e o resto das peças realizava a sua função, cada uma puxando a outra com apenas a quantidade certa de força aplicada no ângulo correto. Mesmo depois de décadas sem uso, o metal de alta qualidade não havia cedido à ferrugem, ainda que estivessem naquele ambiente úmido. As peças móveis executaram a música em uma sinfonia de movimento, e oito ferrolhos saíram das fendas de metal embutidas nos batentes da porta, onde estavam encaixados nos últimos trinta anos. Teacake empurrou a porta para abri-la.

Algo saiu correndo para fora e acertou os dois, mas não foi nada tão horrível quanto o que a imaginação deles estava evocando. Foi ar gelado. Frio, na verdade, talvez com 10ºC. Após a descida, como ambos estavam meio suados, eles foram acordados pelo jato de ar de imediato.

Depois do frio, a segunda coisa que os dois notaram foi o som, um barulho vindo logo de cima das cabeças, como água correndo por canos. Teacake ergueu a lanterna em direção à fonte do barulho e viu que era exatamente aquilo. Os dois estavam parados embaixo da tubulação de água, uma dúzia de canos lado a lado que percorria o teto do túnel subterrâneo, e a água estava circulando através deles, rápido. Como o teto ali era baixo, Teacake se esticou para tocá-los, e a mão saiu molhada. Os canos estavam suando.

Naomi olhou para ele.

— Quente?

— Frio. Congelando.

— Não ouço nenhuma bomba ou algo assim.

Teacake olhou para a própria mão.

— Mas os canos estão suando. Deve ser úmido aqui embaixo.

— É sim. Estou sentindo.

— Por que seria úmido no subsolo? — perguntou Teacake.

— Posso ver?

Ela quis dizer a lanterna. Teacake a entregou para Naomi, que jogou a luz ao redor do lugar. Eles estavam em outro túnel comprido, um gigantesco espaço subterrâneo revestido de concreto. Ela olhou para os canos, onde a água corria.

— De onde vem isso? — perguntou Naomi. — De, tipo, uma nascente subterrânea de água fria?

— Acho que sim.

Do extremo oposto do corredor, os dois ouviram um som familiar.

BIPE.

O maldito bipe de novo, acompanhado, simultaneamente, por um pontinho de luz branca e estroboscópica superintensa a uns vinte metros de distância. Naomi se virou e olhou para ele.

— Cara, a gente está *tão* perto.

BIPE.

Teacake pegou a lanterna de volta.

— Eu levo isso.

Ele começou a descer o corredor, lançando a luz adiante, seguindo os canos à medida que avançava. Ela permaneceu perto. O sinal sonoro ficou mais alto, a luz estroboscópica mais brilhante, conforme os dois se moviam em direção a ela. Mais adiante, Teacake e Naomi puderam distinguir as silhuetas de outras portas; não era apenas um túnel comprido, mas, sim, outro nível de um complexo de armazenamento. Havia meia dúzia de portas de cada lado do corredor, todas de aço reforçado com o mesmo tipo de mecanismo de travamento complicado que a porta de entrada. Havia painéis e sensores fora de cada entrada, mas todos estavam desativados.

Duas das portas foram deixadas abertas, mas uma rápida iluminação lá dentro revelou que eram apenas paredes de concreto sem nada e espaços vazios. Justiça seja feita, poderia ter havido mais do que isso nos cômodos, mas Teacake tinha pouco interesse em entrar neles ou até mesmo desviar a luz do caminho à frente por tempo suficiente para dar uma boa olhada. Ele tinha um plano, um plano muito claro, tanto a curto quanto a longo prazo — iluminar, avançar, descobrir o maldito bipe, voltar ao andar de cima, pedir o telefone de Naomi e dar a noite como encerrada.

Os passos um e dois do plano de Teacake estavam indo bem. O bipe continuava a ficar mais alto, a luz estroboscópica mais brilhante. Conforme se aproximavam da fonte, porém, o passo três parecia ser um problema. Eles desaceleraram até parar na última porta à direita, onde

144

havia um painel vertical semelhante ao que tinham visto no andar de cima, porém mais detalhado e que cobria apenas o recinto além daquela porta. Muitos dos sensores e indicadores haviam sido desativados, mas havia um que ainda funcionava, e agora estava piscando — Violação do termistor do NTC.

Teacake olhou para cima, porque o barulho da água dentro dos canos de metal corrugado estava ainda mais alto no fim do corredor. Ele iluminou o teto e viu que toda a tubulação fazia uma curva para a direita e entrava direto naquele cômodo, através de meia dúzia de buracos feitos para aquele propósito na grossa parede externa de concreto.

BIPE.

Havia apenas uma porta à esquerda. Teacake e Naomi se entreolharam. Abrir ou não?

Ela falou primeiro.

— Não, estou de boa.

— Eu também.

Os dois se viraram para sair de lá quase exatamente no mesmo momento, como um casal de nadadores sincronizados. Chega! Embora Teacake tivesse que admitir que aquilo *era* divertido, pensou que algo terrível iria acontecer, mas, quem diria, não aconteceu nada, para variar, e não, eles ainda não sabiam o que estava descongelando, mas já sabiam o suficiente e ambos se sentiam vivos. Ele definitivamente arrumaria um número de telefone depois daquela situação.

Foi quando os dois ouviram o chiado. O som estava lá o tempo todo, eles só não captaram até o momento em que se afastaram da porta. Era o chiado de um animal. Ou de muitos animais. Teacake apontou o facho da lanterna na direção do barulho, e a luz caiu sobre um tufo de pele no chão a uma curta distância atrás deles.

Parecia exatamente isso a princípio, um tufo de couro de animal, mas a coisa estava se *mexendo*, estava se contorcendo no chão. Os dois chegaram mais perto a contragosto, e a luz da lanterna ficou menor e mais brilhante à medida que eles se aproximavam da coisa. Havia muito movimento lá; o centro do objeto estava razoavelmente parado, mas, ao redor das bordas, havia formas irregulares que se mexiam de forma independente, esticando-se e mordendo.

As formas irregulares eram cabeças de ratos. Havia uma dezena delas, formando um círculo irregular em torno de um emaranhado de cartilagem viscosa no centro. Era como olhar para uma ilusão de ótica, tentando descobrir o que, em nome de Deus, poderia ser aquela coisa.

Era um rato. Era um único rato, mas também era uma dezena de ratos, fundidos em um só corpo pelas caudas, todos guinchando, rosnando e mordendo um ao outro. Duas ou três cabeças estavam imóveis, sendo canibalizadas pelos vizinhos. O sangue escorria dos dentes dos bichos e fluía das orelhas arrancadas. A pilha de roedores estava junta pelas caudas unidas por uma estranha seiva esverdeada que havia jorrado sobre os ratos.

Teacake expressou seus sentimentos.

— Caralho, meu *DEUS*!

Naomi sentiu repulsa, mas também ficou fascinada.

— É um Rei Rato.

— Um *o quê*?!

— Um Rei Rato. É um… bem, é isso aí. — Ela apontou porque não havia palavras que pudessem substituir uma rápida olhada para aquela coisa horrível. — Eles escreveram sobre o Rei Rato na Idade Média, durante a Peste Negra. As pessoas o consideravam um mau presságio.

— *Claro* que é um mau presságio! O negócio é chamado de *Rei Rato*, porra!

Naomi se inclinou para ver mais de perto. Ela tinha um distanciamento intelectual; daria uma boa veterinária se algum dia chegasse tão longe. A mulher conseguia encarar a dor e a deformidade e enxergar o lado clínico delas, e não o emocional.

Como Teacake não tinha nenhum lado clínico — sendo todo sentimento e descontrole —, manteve distância.

— Como eles ficaram assim?

— Ninguém sabe ao certo. As caudas ficam enroscadas e grudadas. Por causa de seiva de pinheiro ou algo assim.

Ela olhou em volta e pegou um cano longo de metal do chão ali perto. Cutucou a massa de caudas fundidas.

— Quando encontravam um desses morto, costumavam preservá-lo e colocá-lo em um museu.

— Sim, bem, esse aí não está morto, então você pode recuar, caralho, por favor?

— O que eles vão fazer, subir pela minha perna? Os ratos não conseguem nem se mexer direito. — Naomi se aproximou, ligou a lanterna do celular e iluminou as caudas fundidas. Tão perto assim, ela pôde ver que as caudas rosadas estavam cobertas por algum tipo de tumor verde-limão.

— Isso não é seiva de pinheiro — disse Naomi, aproximando-se. — É como um... um bolor limoso.

— Ah, é? Legal. — Ele olhou em volta. — Está na hora de ir.

Mas ela se aproximou ainda mais dos ratos que se contorciam. Eles guincharam mais alto quando Naomi se aproximou, debateram-se, tentando chegar até ela ou se afastar dela, era difícil dizer qual das duas opções.

— Hum, parece que você está irritando os ratos.

A luz de Naomi estava perto do emaranhado de caudas.

— Não, não é um bolor limoso, não tem espuma. E parece que está... se mexendo um pouco. Como uma infestação fúngica, mas, meu Deus, é fungo para cacete.

Teacake se aproximou um pouquinho e lançou o facho mais potente da lanterna na massa que se contorcia. Ao mover a luz de lado para obter outro ângulo, notou que a infestação de fungos não estava apenas nas caudas dos ratos. Havia uma mancha fina que atravessava um lado do Rei Rato, cobrindo dois ou três dos animais enroscados, e continuava pelo chão. Uma faixa verde irregular se afastava dos roedores e ia em direção à parede. Teacake ergueu o facho da lanterna e seguiu a trilha até a parede, onde ela havia subido — ou descido — pela própria parede, e depois através de uma reentrância entre lajes de cimento, até a beirada da porta para a sala lacrada.

Ele se aproximou e viu que o rastro verde de matéria fúngica levava a uma das fendas dos ferrolhos e desaparecia dentro da própria sala. Perto assim, Teacake sentiu algo emanando da porta.

Calor.

Devagar, ele estendeu a mão e colocou a palma contra o metal.

BIPE.

Teacake puxou a mão para longe da porta e quase deu um pulo de susto porque estava a poucos centímetros do alarme do termistor quando ele disparou, e o som apitando bem no seu ouvido. Ele gritou de surpresa.

Naomi olhou para cima.

— O que foi?

— A porta está quente. Quer dizer, a porta está *quente*. E a merda verde está saindo daquela sala, e tem a porra de um Rei Rato, e a curiosidade é incrível e tudo mais, mas acho que cheguei ao limite dessa merda.

Ela ficou de pé.

— Eu também.

— Vamos sair daqui.

— Mas não podemos deixá-los assim. — Naomi gesticulou para os ratos.

Teacake olhou para ela, sem compreender.

— Como assim, você quer levá-los conosco?

— Claro que não. Mas os ratos estão sofrendo.

— É, bem, eu não tenho nenhum veneno aqui comigo.

— Eu posso cuidar disso — falou ela.

Ele olhou para o cano de metal na mão de Naomi.

— Está falando sério?

— Você quer deixar um bando de animais em agonia? Para morrer de fome?

— Não, eu gostaria de dar o fora daqui e não pensar neles.

— Espera na porta que eu já vou.

— Beleza. Tranquilo. Você é estranha para caralho, mas, sei lá, já deu para mim. — Teacake começou a se afastar.

— Posso ficar com a lanterna?

— Nem pensar.

Naomi olhou para ele.

Teacake esclareceu.

— Quer dizer, há, não seria melhor sem a lanterna? Sabe como é, só fazer o serviço? Sem precisar olhar para muita nojeira?

— Estou bem. Vá em frente.

Ele se sentia um cretino e um covarde, mas também queria ficar o mais longe que fosse humanamente possível de toda aquela situação. Em relação à luta entre as vontades conflitantes de Teacake, a vontade de se distanciar da sala quente e da sua estranha massa de fungos venceu a vontade de impressionar Naomi com um nocaute no primeiro assalto. Ele percorreu o túnel inteiro em trinta segundos e só olhou para trás uma única vez. Teacake viu apenas um vislumbre dela, curvada sobre o Rei Rato, olhando para ele, fascinada. Ele chegou à escotilha no final e saiu para o espaço escuro na base da escada de tubo.

Teacake nunca ficou tão feliz de estar no fundo de um poço de concreto de noventa metros na vida. Ele fechou a porta quase completamente, apenas o bastante para não ver ou ouvir o que quer que Naomi achasse que tinha que fazer, e esperou. Levou mais tempo do que Teacake achava que deveria. Por outro lado, ele nunca teve que dar um golpe de misericórdia em uma dezena de ratos unidos pelas caudas, então o que ele sabia sobre quanto tempo uma pessoa precisava para fazer aquela merda?

Depois de alguns minutos, Teacake ficou impaciente e abriu a porta para dar uma olhada, mas já conseguia ver o tênue facho de luz do telefone de Naomi vindo na direção dele, quicando enquanto ela andava. Quando se aproximou, Naomi desligou o celular e Teacake apontou o facho da lanterna na direção dela, para iluminar os seus passos. Ele ergueu a luz nela quando Naomi chegou perto.

— Você se sujou com aquela merda? — perguntou.

— Não.

— Tem certeza?

— Tenho.

Ela passou pela escotilha, e Teacake fechou e colocou a grande maçaneta preta no lugar. O mecanismo de travamento fez o seu trabalho de novo; deve ter se emocionado por conseguir abrir e fechar duas vezes em dez minutos, depois de décadas ali, parado. O mecanismo de travamento selou o túnel com um ruído reconfortante de metal no metal.

Teacake jogou a luz escada acima e avaliou a subida à frente deles.

— Você quer ir primeiro ou...

Teacake não esperava pelo beijo, e se pudesse reviver o momento, é claro que teria desempenhado a parte dele de maneira diferente. Em um segundo, ele estava olhando para cima e falando, e, no outro, sentiu os lábios de Naomi em uma bochecha e a mão dela na outra bochecha, virando o rosto dele suavemente na direção dela. A seguir, os dois estavam se beijando — bem, Naomi estava beijando Teacake, na verdade — e foi um beijo suave e doce, com a boca inteira, do tipo certo. O beijo acabou antes que ele tivesse a chance de recuperar o seu senso de orientação, e, talvez por isso, tivesse sido o primeiro beijo perfeito, do tipo que faz a pessoa se sentir renovada e viva e querendo outro igual.

Como não conseguiu se segurar, Teacake falou.

— Espera aí, como assim?

Ela sorriu.

— Obrigada. Isso foi bizarro e legal.

Sem dizer outra palavra, Naomi se virou e começou a subir de volta a escada em direção ao topo.

Teacake sorriu. Não dá para prever certas coisas.

— Você também é assim, moça.

Ele enfiou a lanterna de volta no bolso e seguiu Naomi. Teacake sorriu por todo o caminho e não olhou para a bunda dela nem mesmo uma única vez.

DEZESSEIS

No momento em que parou na base, Roberto sabia que Abigail não tinha ligado para Gordon Gray. Se tivesse, ele não teria sido parado no portão dos fundos da avenida Andrews e enviado para a entrada principal na avenida Pope. Roberto não teria tido que esperar dez minutos para que os dois guardas idiotas o colocassem em um jipe e o levassem para a pista, e o STRATCOM certamente não o teria colocado aos cuidados do 416º Esquadrão de Caça, com autorização prioritária e uma lista de passageiros que apareceu em todas as telas de Omaha.

Gordon teria agido com velocidade e furtividade. Roberto teria decolado havia quinze minutos em um voo já marcado do 916º Regimento de Reabastecimento Aéreo, como apenas outro oficial da reserva pegando uma carona para o oeste para ver os filhos. Ele teria sido o tipo de velho idiota que os pilotos mal percebem e certamente não registram a rota. Em vez disso, ele estava sozinho na traseira de um avião C-40A, tão óbvio e rastreável quanto a força aérea era capaz de torná-lo.

Droga. Tinha feito um discurso tão bom para Abigail; Roberto pensou que havia deixado a mulher morrendo de medo. Seis ou sete minutos após a decolagem, o telefone tocou no armário lustroso de nogueira ao lado da poltrona de couro bastante confortável, e ele atendeu.

— Alô?

— Indicador, por favor?

— Eu tinha grandes esperanças em relação a você, Abigail.

— O senhor poderia me dizer o seu indicador, por favor?

— Acho que teria feito a mesma coisa na sua idade. Tudo bem, podemos nos recuperar. Isso torna as coisas um pouco mais difíceis, mas vamos dar um jeito.

Ela desligou.

Claro, Roberto sabia que ela desligaria. Abigail precisava fazer isso. Ele estava apenas se divertindo um pouco com ela. Roberto tinha que admitir, embora estivesse cansado e mesmo que o destino de todo mundo que ele conseguisse pensar estivesse em risco, era bom se sentir útil de novo. A aposentadoria fora um pouco desorientadora até agora. Roberto tinha aguardado ansiosamente por ela, mas não estava de fato preparado. Ele sabia no fundo que toda a obra na casa tinha sido uma espécie de evasiva. E agora até aquilo estava encerrado. Não é simplesmente possível partir de quarenta anos de movimento, atividade e companheirismo forçado, ainda que agradável, com um elenco incrivelmente variado de personagens de todas as partes do mundo para — bem, para ficar sentado em uma poltrona. Não de uma hora para a outra, e não sem danos aos nervos causados pela parada súbita. Não importa o conforto da poltrona. Roberto adorava a esposa, qualquer dia passado conversando com ela era um bom dia para ele, mas uma pessoa tem os seus hábitos, e Roberto Diaz estava acostumado a estar em movimento.

O telefone tocou novamente. Como ainda estava segurando o aparelho, ele apertou o botão com o polegar e atendeu no meio do primeiro toque. Ele poupou Abigail da implicância dessa vez.

— Zero-quatro-sete-quatro índigo.

— Obrigada.

— *Que pasó*, Abigail? Eu fui muito específico.

— Há algum problema com o transporte? Minha tela informa que o senhor já está passando por Fayetteville.

— Você não ligou para Gordon Gray — disse Roberto.

— Ele não estava disponível.

— É claro que não estava, são duas da madrugada, ninguém está disponível a essa hora, até que estejam. Você me encontrou, tenho certeza de que poderia ter...

— O sr. Gray faleceu em janeiro.

O cérebro de Roberto processou essa afirmação em três etapas distintas. As duas primeiras foram dolorosamente familiares porque aconteceram com muita frequência nos últimos dez anos. A primeira foi a absorção da informação. Gordon Gray estava morto. O homem que uma vez se recusou a romper um piquete diante de um cassino por princípio se foi. "Gordon", disse Roberto na época, "você está bêbado como gambá, está apostando o dinheiro do seu aluguel, acaba de quebrar o nariz de um cara porque ele pisou no seu pé, e está em *Las Vegas*. Por que está protestando aqui exatamente?"

Gordon simplesmente sorriu para ele e deu de ombros. "Eu sou cheio de contradições."

Havia mil outras recordações, a maioria bem menos benignas, mas era assim que Roberto sempre escolhia se lembrar de Gordon, como um amontoado divertido de traços de caráter que não combinavam. Agora aquela mistura molecular de alma e loucura em especial não existia mais. Assim que Roberto se esquecesse daquele momento adorável em Las Vegas, ele sumiria no vácuo do espaço. Aquilo nunca teria ocorrido. Essa foi a primeira etapa, o vazio súbito e vertiginoso da morte.

A segunda veio colada a esse sentimento, e foi compaixão. Roberto ficou triste pelo buraco que a morte de Gordon deve ter deixado para trás na família, nos amigos, nos irmãos e nas irmãs de armas. Roberto agora tinha algumas pessoas para consolar ainda que com atraso, alguns telefonemas para fazer.

E foi isso que trouxe a terceira etapa, que era um pensamento inteiramente novo, que Roberto ainda não tinha tido com a morte de nenhum amigo até o momento. Ele teve a sensação sinistra de que acabara de entrar em uma nova fase de proximidade com a morte. Porque ninguém havia ligado para dizer: "Gordon morreu." Quando se é jovem, a reação é "puta merda, fulano morreu, dá para acreditar?". Depois, a pessoa fica mais velha e começa a ler os obituários para ver se tem algum conhecido ali, mas essa fase não é uma surpresa, porque todo mundo de meia-idade que a pessoa conheceu na vida diz que faz isso. Então, quando se fica ainda mais velho, começa o triste rosário de telefonemas chegando, enquanto o atirador de elite da natureza começa a eliminar, um por um, amigos e familiares. A pessoa compra um terno fúnebre e várias gravatas diferentes para que não tenha que usar a mesma roupa todas as vezes. A pessoa se acostuma com isso.

Mas essa situação era nova — aos 68 anos, Roberto havia chegado à idade em que alguém morria e ninguém ligava, não porque ninguém não se importava, mas porque era Deprimente Para Caralho.

Essa era novidade.

Ele não disse nada disso para Abigail. Para ela, Roberto falou:

— Entendo.

— Em janeiro — disse Abigail.

— Para quem você ligou?

A voz de um homem respondeu por ela.

— Obrigado, Belvoir, você pode sair da ligação.

Roberto se repreendeu por imaginar que eles estavam sozinhos na linha. Somente alguns anos de aposentadoria e a sua mente afiada já estava cega. Houve um leve clique quando Abigail desligou, e ele ouviu a respiração do coronel do outro lado.

— Olá, Roberto.

— Ei, Jerabek, como vai aquele piolho na virilha?

— Sua esposa me mandou passar um pouco de pomada, está tudo bem agora.

Por que os homens falam assim um com o outro? Por que não apenas combinam de se encontrar e trocar socos no rosto até se sentirem melhor sobre a situação?

Jerabek continuou, aproveitando a inversão de papéis. Quando Roberto se aposentou, o coronel progrediu na carreira, e era desse ponto que ele olhava para baixo desta vez.

— Eu pensei que você tinha colocado esse troço para dormir há trinta anos.

— Aparentemente, ele acordou — disse Roberto.

— Para mim, parece que há um termistor quebrado.

— Seria bom pensar assim.

— Vou ser franco com você, Roberto. Você está neste avião como um gesto de respeito a Gordon Gray. Por mais nenhuma outra razão.

Novamente, por que caralhos *ninguém* ligou para dizer que Gordon estava morto? As pessoas eram uma merda.

— Avaliação de ameaças e relatório equilibrado. É o que quero. Só isso. Entendido?

— Pode deixar — falou Roberto. — Ei, você tem o celular do Loeffler?

— Viu só, você está dizendo isso para me irritar, Roberto, e eu entendo. Eu faria o mesmo. Esse é o tipo de discussão jocosa que eu curto com você. Mas não estou de brincadeira. Isso vai se resolver de maneira rápida e silenciosa. Avalie e relate. Nada de coisas por baixo dos panos.

— Phil, eu estou provocando você. Não deve ser nada. Vou dar uma olhada e voltar para casa. E a propósito, de nada. Eu não estou mais de serviço.

Jerabek levou um momento, decidindo se devia ou não confiar nele, e optou por um pouco dos dois.

— Sei disso. Obrigado por ficar disponível.

— Você provavelmente deveria me excluir do caso.

— Vou fazer isso. Mantenha contato.

O telefone ficou mudo. Roberto segurou o aparelho por um momento, pensando. Ele olhou pela janela, para as luzes de Charlotte lá embaixo, mais para a direita. Termistor quebrado uma ova.

Foda-se. O lugar para onde ele estava indo era exatamente por baixo dos panos.

Roberto pousaria no Kansas em menos de duas horas. Seria apertado, mas se Trini respondesse, ele tinha uma chance correndo por fora. O truque seria codificar a chamada, e Roberto com certeza não poderia fazer isso no telefone do avião. Ele enfiou a mão na mochila de viagem, pegou o MacBook Air que o seu filho Alexander lhe dera no Natal (é demais, incomoda todo mundo, abaixe o volume, Alexander), e ligou o laptop. O sinal de Wi-Fi do avião era mais ou menos decente, e ele conseguiu se conectar ao Tor2web sem esbarrar em uma ferramenta de controle parental, o primeiro golpe de sorte. JonDonym e os outros dois roteadores .onion já estavam fora do ar. A parte obscura da internet tinha correntezas muito rápidas, e Roberto não ficou surpreso ao ver que já estava desatualizado. Ele tentava pensar nos próximos passos quando algo no bolso do casaco vibrou.

Era o telefone via satélite, aquele que Roberto tirou do cofre lá da cozinha. Roberto olhou para a tela e não reconheceu o número. Deu um palpite.

— Abigail?

— Posso falar por dois minutos. — *Era* ela. Roberto ficou bastante satisfeito.

— Acho que você ligou errado — respondeu, e desligou o telefone via satélite, que certamente era monitorado.

Roberto digitou algumas teclas no laptop, acessou um site DeepBeep em que confiava — esse ainda estava no ar — e usou o primeiro número com pelo menos dez nódulos de criptografia que passou na tela. Ele retornou a ligação de Abigail, e ela atendeu no primeiro toque.

— Eu estou usando o meu celular particular no banheiro feminino. — Roberto ouviu o eco da voz dela no azulejo.

— Imagino que tenha lido o relatório técnico.

— Li, sim — disse Abigail.

— E você acreditou nele.

— O que o senhor precisa que eu...

Ela parou e ele ouviu a porta do banheiro acabar de ser aberta. Alguém tinha entrado.

Roberto tomou conta da conversa.

— Ok, eu falo, você escuta. Mesmo com a criptografia, o Wi-Fi do avião não será seguro o suficiente para as conversas que preciso ter, então você vai ter que fazer as ligações por mim. Arrume um motivo para sair daí agora mesmo, compre um celular descartável e ligue para uma ex-agente chamado Trini Romano. Vou repetir esse nome antes de desligar. Quando ela responder, diga que "Margo está indisposta".

— Margo está indisposta? Lamento saber disso. — Ainda com o tom de voz artificial; Abigail não estava sozinha no banheiro.

— Isso mesmo. Então conte para ela o que você sabe e ela ajudará você com a lista. Até mesmo o número sete. Especialmente o número sete. Temos menos de duas horas, então você precisa se apressar.

No fundo, Roberto ouviu uma descarga. Ele continuou:

— Mande por mensagem de texto para mim o número do seu celular descartável através de um redirecionador Mixmaster e eu vou ligar para você quando estiver a caminho.

Som de água corrente no banheiro. Alguém estava lavando as mãos.

Abigail suspirou.

— Eu entendo, mãe, só acho que é meio cedo depois da sua operação de prótese no joelho.

Roberto sorriu. Ela era muito boa, de modo geral.

— Estou morrendo de vontade de saber por que você decidiu acreditar em mim, mas isso pode esperar. Não importa, acho. — Ele ouviu a porta do banheiro abrir e fechar de novo.

O tom de Abigail mudou.

— É tão grave quanto o que o senhor escreveu no relatório?

— Sim. E nenhuma das pessoas que entendem essa gravidade estão mais no poder. Jerabek não está indo dormir, ele vai ficar de olho na situação e não será útil. Mas, acredite ou não, já fiz tudo isso antes.

— Incluindo o item sete?

Ele não respondeu.

— Trini Romano.

Roberto desligou.

DEZESSETE

Quando Teacake tinha 14 anos, ele se apaixonou pela primeira vez. Patti Wisniewski, de 17 anos. Teacake nunca teve muita chance com ela, mas ele começou a andar com os veteranos quando era calouro, graças ao seu apetite sexual irresistível. Como qualquer garoto nessa idade, tinha ereções poderosas e seguia o pau onde quer que o levasse. Um dia, ele foi arrastado por seu pênis para as audições da peça da escola, o lugar mais improvável de todos. Era a última coisa que um garoto agressivo como Teacake teria feito em circunstâncias normais, mas ele tinha um objetivo em mente. A escola inteira precisava assistir ao musical de outono uma tarde, e só sendo cego para não notar que havia uma grande porcentagem de moças atraentes em cima do palco, cercadas quase que inteiramente por fracassados. Três semanas depois, ele foi às audições para a nova peça.

Como Teacake era um humano do sexo masculino e estava vivo, ele foi selecionado na hora para o elenco. Era uma merda de peça antiga sobre um bando de atrizes sentadas em um apartamento de Nova York esperando por uma grande chance. Teacake mal sabia o nome da peça na época e certamente não conseguia se lembrar agora. Ele interpretou Frank, o mordomo, e tinha duas falas:

"Devo chamar um táxi, srta. Louise?"

E, no segundo ato, a virada surpreendente...

"O táxi está esperando, srta. Louise."

Certa noite, Teacake fez merda e trocou a ordem das falas, o que deveria ter feito a peça parar por completo, mas ninguém notou. Ele nunca falou alto o suficiente de qualquer maneira. Nas outras duas apresentações, Teacake conseguiu dizer as duas falas nos momentos certos e sem rir.

Mas o seu verdadeiro feito foi ser aceito no paraíso repleto de sexo e drogas da vida aos 17 anos. Teacake era meio bonitinho para a idade dele, inteligente o suficiente por andar com o irmão mais velho para saber o que dizer e o que não dizer, e foi adotado pelos veteranos como uma espécie de mascote. Ele não estava totalmente desenvolvido, então a sexualidade dele não era ameaçadora, e isso lhe dava todo tipo de acesso a mulheres mais velhas. Usou a sexualidade com mais empenho do que qualquer outra coisa na vida e, na festa do elenco na noite de estreia, Patti Wisniewski bateu uma punheta de misericórdia para Teacake no banheiro da casa do padrasto de Kres Peckham. Pena que ele estava bêbado demais para lembrar.

Esse foi o problema. Se perguntado, Teacake teria dificuldades para se lembrar de um único contato sexual ou gesto romântico no colégio que não tivesse sido movido por bebidas alcoólicas ou drogas. Ele começou a fumar maconha na sétima série, como a maioria das pessoas que conhecia, mas esse era o tipo de coisa que se fazia com os amigos, quando a pessoa não se importava em soar como um idiota. Com mulheres, o melhor era estar bêbado. Era legal se desse para arrumar cocaína, mas havia um preço tão ruim a pagar por ela, ter que andar por aí com um babaca escroto de 20 e poucos anos, pegar dinheiro do caixa no trabalho ou roubar dos pais de alguém. Dava muito trabalho. Crack era mais barato, com certeza, mas ninguém precisava ser um gênio para ver que fumar aquela merda não daria nada de bom. Aquele tipo de barato não tinha nada a ver com tesão e orgasmo, de qualquer maneira; a pessoa perdia interesse por sexo quase que de imediato.

As coisas na vida romântica de Teacake não mudaram muito depois do ensino médio, quando ele conseguiu o emprego na empresa de asfalto. Naquela época, a mãe dele se separou, e o pai estava curtindo o relacionamento íntimo com a bebida. O velho sempre bebeu muito, mas

Teacake não criticava, porque todo mundo ali bebia muito. Atchison era *lúgubre* para caralho no inverno, era o lado escuro da lua, não havia mais nada para fazer a não ser encher a cara, e então não era como se a pessoa fosse parar de beber quando chegasse a primavera e o verão. Na melhor das hipóteses, a bebedeira do pai se tornava um pouco mais prazerosa à medida que o clima melhorava; ele, ao menos, poderia escondê-la sob a desculpa de comemoração.

Teacake não se importava. Se ele fosse o pai, teria ficado bêbado todas as noites também. O cara era um fracassado com uma série de empregos de merda em que continuava sendo demitido, era um corno que não conseguia manter uma esposa e estava preso a criar um filho com quem não queria conversar. O mais perto que os dois chegaram de ter intimidade foi na ocasião em que o pai topou com uma maratona de *Os três patetas* na TV quando estava bêbado e gritou para Teacake: "Desça aqui e veja essa merda comigo! Eu adoro esses idiotas!"

Eles tentavam ficar fora do caminho um do outro o máximo possível e conseguiam na maioria das vezes. Ambos ficavam inebriados. Muito.

O que havia pelo que valesse a pena ficar sóbrio? Atchison tinha sido um bom lugar antigamente, mas agora a rua principal vivia deserta e havia trinta por cento de taxa de desemprego. A maioria da população via a inebriação como um mecanismo de sobrevivência válido. As pessoas não estavam erradas. Aquilo funciona. Pelo menos a curto prazo.

Poucos meses depois do ensino médio, Teacake conseguiu o próprio lugar para morar dividindo com um amigo, pagava a sua parte do aluguel a maior parte do tempo em dia com alguns empregos diferentes, e enchia a cara. Namoros, não houve; transas, algumas, mas sempre bêbado. Dentro de um ano e meio após a formatura, ele estava na frente de um juiz sendo acusado por embriaguez e perturbação da tranquilidade e por resistência à voz de prisão, e foi quando o juiz disse que era o serviço militar ou a prisão. Teacake disse: "Olá, sargento instrutor." Embora, uma vez que ele escolheu a marinha, tivesse sido: "Olá, comandante da divisão de recrutas."

Depois, foram dois anos indo de porto em porto no exterior, onde havia um número surpreendente de mulheres e oportunidades. As jornalistas, em particular, sempre topavam sexo, mas gostavam de encher a cara ainda mais do que ele.

Agora Teacake tinha 24 anos. Dez anos de histórico romântico eram uma nuvem, uma neblina, uma onda de sensações entorpecidas, mal lembradas.

E então isso que acabou de acontecer. Quinze de março, 2h26 da manhã, parado no fundo de um poço de concreto de noventa metros de profundidade. Essa foi a hora e o lugar, esse foi o momento.

Foi a primeira vez na vida que Travis Meacham beijou uma mulher sóbrio.

Havia muito a ser dito sobre isso.

Para Naomi, o beijo foi um impulso momentâneo que vinha sendo fortalecido por várias horas. Ela foi trabalhar naquela noite de péssimo humor, presa na confusão mental de raiva e desespero em que havia despertado naquela tarde. Naomi trabalhara um turno na noite anterior, fazendo disso dois raros e providenciais turnos seguidos, o que significava um pagamento melhor, mas um sono pior. Depois de um turno noturno, ela voltava para casa, preparava Sarah e levava a filha para a escola, e, com alguma sorte, conseguia estar na cama às 8h30. Isso significava cinco horas e meia de sono, porque ela precisava estar de volta à escola para buscar a filha às 14h50. Este era o caso em um dia em que ela própria não tivesse aulas. Um ano atrás, ela teria conseguido matricular Sarah no contraturno e não ter que buscá-la até às 16h30 (que luxo!), mas a instituição perdeu a verba federal para aquele programa no final do ano passado. Agora, o contraturno se chamava Oportunidades de Aprendizagem Ampliada e era administrado por um grupo com fins lucrativos que cobrava quarenta dólares por dia. Isso representava meio dia de serviço após o pagamento de impostos para Naomi e não fazia sentido econômico algum. Ela poderia muito bem não fazer o trabalho extra.

A questão era que hoje Naomi acordara cansada às catorze horas, e a última coisa que ela precisava era que um dos péssimos humores que a atormentavam nos últimos anos voltasse com força total. Mas Naomi soube no momento em que abriu os olhos que o Cão Negro havia retornado. Esse era o apelido particular que ela deu para a depressão que a consumia de tempos em tempos, e aquela criatura não era um labrador amigável. Era um vira-lata sarnento, esquelético, todo ossos e dentes, e quando o bicho chegava, Naomi conseguia vê-lo saltando para fora da floresta, a língua pendendo para um lado, os olhos amarelos fixos nela.

O Cão Negro permaneceria presente por cerca de três ou quatro dias, em média. Às vezes, haveria um dia de falsa esperança no meio, um dia em que Naomi se sentiria bem e presumiria que a criatura havia voltado para a floresta primordial onde vivia. Mas não, o vira-lata estava apenas se escondendo, para ferrar ainda mais com a cabeça dela, e voltaria para terminar o ciclo de desespero no dia seguinte. Naomi sabia que era impossível ficar perto dela durante esses períodos, mas não se importava. Era culpa de todo mundo, de qualquer maneira; eram eles que chamavam o cachorro. Como faziam isso, Naomi não sabia, mas o raciocínio ficava em falta quando ela estava de mau humor. Naomi aprendeu depois de alguns anos que a melhor coisa era ficar longe das pessoas o máximo possível durante esses momentos, se esconder no quarto, encolhida na cama com a porta fechada.

"Se você não consegue ser uma parte agradável das coisas", a mãe de Naomi costumava dizer quando ela era pequena, "então precisa ir para outro lugar qualquer e nos deixar em paz."

Isso foi antes da mãe de Naomi decidir que ela mesma não conseguia ser uma parte agradável das coisas e ir para outro lugar qualquer para sempre.

E aí o Cão Negro seguiu Naomi até o trabalho naquela noite e ficou por ali até o momento em que ela começou a conversar com Teacake. Isso nunca tinha acontecido antes; uma única pessoa não conseguia fazer a escuridão desaparecer — diabos, cinquenta pessoas não eram capazes. Mas Teacake conseguiu; ela sentiu no momento em que os dois começaram a conversar na doca de carga e descarga. Naomi fora com ele para verificar o bipe em parte porque estava curiosa, mas também porque estar perto de Teacake a fazia se sentir melhor. O Cão Negro dentro da mente se afastou, voltou para as árvores e desapareceu cada vez mais no interior da floresta, quanto mais ela falava com Teacake. Por quê? Ele não era sexy e não era inteligente, além de ser um ex-presidiário.

Mas Teacake a fazia rir e mantinha o cão longe. O que quer que fosse essa coisa misteriosa, Teacake possuía, e Naomi queria estar por perto, pelo menos na noite de hoje, para ver se era real.

Então, sim, um beijo era apenas um beijo, mas aquele significou algo para os dois. Algo foi iniciado. Mais era esperado.

Os dois saíram do topo da escada de tubo através do bueiro aberto no piso do SP-1. Eles estavam rindo, animados pelo encontro com aquela situação bizarra lá embaixo. Teacake e Naomi conversaram sobre tudo aquilo durante a subida, falaram rápido e de forma empolgada. O próximo passo óbvio era ligar para Griffin. A parede quebrada era algo que eles estavam preparados para arcar com as consequências, porque *realmente* tinham encontrado alguma coisa, havia um problema real lá embaixo, e provavelmente envolveria a polícia, a empresa e Deus sabe quem mais. Os dois até poderiam ser recompensados por terem encontrado um vazamento de gás ou praga de animais ou algum outro cenário horrível que estivesse se formando.

Naomi foi a primeira a sair do bueiro. Ela girou as pernas para tirá-las do caminho de Teacake e se sentou de pernas cruzadas no chão de cimento enquanto esperava por ele. Ela tirou o celular do bolso em um minuto e digitou as quatro letras que estavam estampadas na porta do fundo do tubo. DTRA.

O primeiro resultado que ela obteve no Google foi a Dirt Track Riders Association, mas Naomi nem precisou pensar para saber que não era aquilo. Nunca foi um candidato sério, nem pela fração de segundo que levou para os olhos dela pularem para o segundo link na página.

— DTRA, Agência de Redução de Ameaças à Defesa — leu Naomi.

Teacake, que estava acabando de sair do bueiro, não reagiu de imediato, mas ela não o teria ouvido se o homem tivesse falado, porque já tinha clicado no link e estava percorrendo a página oficial do governo da DTRA. A atenção de Naomi foi totalmente consumida por manchetes nada tranquilizadoras como "Comunicados da instalação de produção de biotoxina stepnogorsk" e "Organização conjunta para derrota de ameaças improvisadas trabalha com a DTRA" e "Morte por gás nervoso: duas detenções, muitas perguntas".

— Puta merda — disse ela.

— Puta *merda* — respondeu Teacake.

Os dois disseram a mesma coisa mais ou menos ao mesmo tempo, porque cada um deles estava olhando para algo inesperado. Para Naomi, foi o site da DTRA.

Para ele, foi o cervo inchado.

O animal estava parado no final do corredor, apenas olhando para eles. Isso em si não era grande coisa, era o que cervos faziam, ficavam parados e olhavam fixamente para a pessoa, congelados, imaginando como as coisas chegaram àquele ponto. Mas as entranhas deste cervo estavam se *movendo*, era possível vê-las a cada respiração do animal. Ou o bicho estava prestes a dar à luz, ou tinha comido algo que caiu muito mal mesmo.

Naomi viu o animal e se levantou, devagar, com o telefone em uma das mãos e a outra estendida para o cervo como se dissesse: *um momento, você não faz sentido*.

O cervo ergueu o queixo e fez um som grotesco de tosse seca e intermitente para eles.

Teacake saiu do bueiro e ficou ao lado de Naomi.

— Qual é o problema dele? — perguntou Teacake.

— Está doente. Barriga dilatada.

O cervo deu alguns passos em direção aos dois, tossindo um pouco mais. Teacake pegou o pé de cabra que usou para abrir a tampa do bueiro.

— Não — disse Naomi.

— Diga para o cervo não se aproximar.

Ela olhou para Teacake.

— Você sabe que eu não falo com animais, né?

— Um momento — disse ele.

O cervo congelou novamente, como se obedecesse a Teacake. O homem pensou. Então, beleza, o cervo doente estava olhando para eles, mas *esse* cervo doente estava em uma instalação de armazenamento subterrâneo, ali embaixo no subporão 1. Havia apenas um jeito para o animal ter chegado ao SP-1. O elevador.

— Como essa porra chegou aqui?

O cervo inclinou a cabeça repentinamente, como se tivesse sido chamado, depois se virou e correu de volta para a entrada do corredor, olhando para trás para tossir na direção deles mais uma vez. O animal fez a curva, apenas um pouco desequilibrado, considerando que cascos de cervo não foram feitos para andar em concreto, e então foi embora fazendo barulho e sumiu de vista, com os passos ecoando pelas paredes.

Teacake e Naomi se entreolharam, mas nenhum deles precisou ser convencido. Eles seguiram o animal.

Fizeram a curva, mas estavam ficando para trás. O cervo havia engrenado em um trote e estava virando uma segunda curva, no final do corredor. Teacake e Naomi andaram mais rápido. Os dois fizeram a última curva, que levava a um beco sem saída do único elevador. O cervo trotou na direção dele.

Teacake e Naomi diminuíram o passo e se aproximaram cautelosamente.

— Há, o que fazemos quando pegarmos o bicho? — perguntou ele.

— Eu não quero pegar ele — disse ela. — Quero ajudá-lo a sair daqui.

O cervo chegou às portas do elevador no final e parou, olhando para trás na direção deles.

Teacake andou ainda mais devagar.

— Eu não vou entrar em um elevador com essa coisa.

Naquele momento, as portas do elevador apitaram e se abriram. O cervo se virou, como se esperasse por aquilo, entrou no elevador batendo os cascos, se voltou de novo para encará-los e, meu Deus, ergueu os olhos para os números dos andares enquanto as portas se fechavam.

Teacake e Naomi ficaram de olhos arregalados.

Ele falou primeiro.

— A porra do cervo acabou de pegar a porra do elevador.

Naomi olhou em volta, como se estivesse vendo as paredes de cada lado dela pela primeira vez.

— Que diabos *é* esse lugar?

DEZOITO

Considere a noite que o cervo estava tendo. Após a execução do animal pela pistola de Mike no acostamento da rodovia 16, ele passou por um período de escuridão do qual despertou de repente dentro do porta-malas de um carro com um gato lunático com meio focinho em cima dele. O *Cordyceps novus*, tendo realizado a migração aparentemente impossível para o porta-malas do veículo, havia passado mais de oito horas marinando dentro do cérebro da criatura indefesa. O fungo trabalhou para reparar o estrago causado pelas balas e, no processo, reprogramou as conexões neurais para alterar o comportamento do animal. A amígdala foi expandida; o córtex frontal, inibido. Todos os instintos básicos do cervo — comer, reproduzir, fugir — haviam sido subordinados ao objetivo principal de ajudar o fungo a produzir esporos e se espalhar.

O cervo não tinha muito senso de deslumbramento, por isso não ficou interessado em descobrir como um fungo patogênico e mutante, que havia sido armazenado em um ambiente subterrâneo lacrado, fora parar na superfície, dentro do porta-malas de um Chevy Caprice modelo 1996. Ainda assim, era uma pergunta que valia a pena ser feita.

No início dos anos 1990, a amostra de *Cordyceps novus* que havia sido recuperada na Austrália e armazenada em Atchison estava muitíssimo infeliz. Quando se tem uma imposição biológica e essa imposição não é cumprida, a situação fica bastante deprimente. Mas, mesmo que a temperatura dentro do tanque biovedado estivesse a 25ºC abaixo de zero e o fungo estivesse quase inerte, 25ºC abaixo de zero ainda é muito mais quente que o zero absoluto Kelvin. E quase inerte não é a mesma coisa que completamente inerte.

No subterrâneo profundo, selado dentro de um tanque fechado em uma caixa que estava trancada em um caixote, o fungo continuou o seu padrão de evolução destrutiva, embora mais devagar, dada a temperatura e a composição química inóspita do próprio tubo de aço inoxidável. Havia manganês e alumínio abundantes na composição do tubo, mas estes eram praticamente inúteis, devido à natureza não reativa deles. Um total de dezesseis por cento do tubo era cromo, que, na verdade, era um inibidor de crescimento para o *Cordyceps novus*, e isso era decepcionante; e carbono, que era o que o fungo queria de verdade, compunha míseros 0,15 por cento do ambiente químico.

O fungo de fato cresceu. Só que pouco.

Ainda assim, o tempo seguiu em frente. Em 2005, após quase vinte anos de esforço incessante, o fungo conseguiu se transformar e ocupar uma área do tubo de alguns micrômetros quadrados. Através daquela abertura minúscula, escorreu para o recipiente maior que armazenava o tubo. Ele conseguiu um pouco de alimento retirado da espuma de poliuretano onde o tubo estava aninhado — pelo menos, o poliuretano tinha mais do que dois grupos hidroxila reativos por molécula; dava para um fungo trabalhar com isso —, mas foi apenas quando ele chegou à parte externa do kit portátil de amostra, no final de 2014, que o *Cordyceps novus* atingiu a plena forma em termos de digestão.

Porque a caixa externa, a grandona, o caixote que Roberto e Trini observaram com tanto cuidado na traseira do caminhão 27 anos antes, era feita de fibra de carbono.

Um belo alimento.

A essa altura, o fungo não estava mais contido e se encontrava solto na sala selada, mas ainda lento pela temperatura subterrânea. Lento, não detido. A poderosa nascente de água fria, alimentada pelas correntes mais subterrâneas do rio Missouri, passou a maior parte do século XXI se aquecendo junto com o resto do planeta. A superfície do rio ficou mais quente; a nascente ficou mais quente. A temperatura ambiente dentro do subporão quatro subiu 13ºC desde que o fungo foi encarcerado pela primeira vez, e o calor só continuou subindo enquanto o fungo produzia as próprias reações químicas. Sua conquista da sala selada foi concluída em meados de 2018.

O fungo escorreu pela fiação na parede no fim daquele ano e se espalhou pelo corredor principal do SP-4 em novembro. Um inverno excepcionalmente frio atrasou um pouco o crescimento dele, mas quando houve uma onda de calor recorde no início de março de 2019, o *Cordyceps novus* recebeu os poucos graus a mais necessários para acelerar o seu maquinário metabólico. Ele infectou matéria orgânica de novo pela primeira vez desde o seu nascimento na Austrália.

Isso aconteceu quando o fungo encontrou a barata.

A barata americana possui várias características evolutivas impressionantes, além da capacidade de sobreviver a um inverno nuclear. Uma é que ela pode viver sem a cabeça por até uma semana. A respiração ocorre através de pequenos buracos em cada um dos segmentos corporais, então, mesmo depois que o primeiro híbrido *Cordyceps novus/* barata foi decapitado em uma confusão violenta de uma dezena de outras baratas infectadas que atacaram e tentaram consumir umas às outras, a C-nBarata1 conseguiu seguir adiante com o seu plano.

E o fungo tinha *mesmo* um plano. A partir do momento do sequestro, a C-nBarata1 ficou imbuída de um propósito biológico maior do que qualquer outra barata na história. E isso é algo significativo para um gênero de 280 milhões de anos.

O *Cordyceps novus* era obstinado. Após mais de 32 anos de isolamento, ele havia mudado bem pouco, exceto para notar que aquele ambiente de crescimento era uma merda. A memória epigenética da expansão inicial, lá atrás em Kiwirrkurra, era de extrema fertilidade. O primeiro ser vivo com quem o fungo entrou em contato foi o tio de Enos Namatjira, em quem penetrou através de uma pontinha solta de pele embaixo de uma unha quebrada na mão direita. O calor e a fetidez do interior de um corpo humano causaram uma proliferação explosiva.

Os seres humanos também apresentavam uma grande mobilidade e, como espécie, tinham tendência a se congregar. Era como se Deus tivesse projetado essas criaturas para facilitar a vida do fungo. O domínio completo das 27 peças de carne humana foi rápido e fácil; ah, como foram gloriosas as coisas naquela época, antes que o fungo fosse aprisionado dentro dessa lata. Se tem uma coisa que a prisão dá é tempo de sobra para ficar sentado com saudade dos bons e velhos tempos.

O *Cordyceps novus* tinha provado humanos e queria mais.

Primeiro, ele precisava sair dali, e a C-nBarata1 era um meio para esse fim. O inseto sem cabeça havia circulado metodicamente de um lado para o outro pelo piso do SP-4 durante quatro dias, fazendo um caminho ao redor do Rei Rato, aquela criatura canibal e guinchante, até chegar à extremidade do corredor. Lá, a barata descobriu a boca de um tubo de quatro centímetros na base da parede, coberto por uma pequena grade de metal. O tubo era exigido por lei em qualquer estrutura subterrânea que ficasse a mais de quinze metros abaixo do nível do solo, a fim de evitar o tipo de acúmulo de CO_2 que havia matado tantos trabalhadores mineiros no século XIX. Do ponto de vista da contenção, a abertura era uma ideia terrível, mas o subporão nunca fora designado para armazenamento de agentes patogênicos, e a abertura era pequena o suficiente para ter escapado ao conhecimento da equipe que enterrara o fungo havia 32 anos.

A C-nBarata1 não se importava com o motivo de o tubo estar lá; apenas sentiu oxigênio fresco, rastejou para dentro e seguiu uma curva ascendente no tubo, que foi subindo gradualmente na vertical.

O inseto também subiu.

Dois dias depois, quase no fim da vida, mas prestes a alcançar o seu maior sucesso — e o sucesso tardio é o mais doce —, a C-nBarata1 chegou à grade do tubo de ventilação do térreo e se contorceu a fim de sair para a superfície da terra quente e argilosa. Ela estava a cinquenta metros da entrada da Atchison Storage, em uma tarde morna de fim de inverno.

Que figura era aquela barata! Ela suportou a infecção de um fungo hostil, sobreviveu à própria decapitação, procurou metodicamente e encontrou a saída de uma prisão projetada por intelectos muito superiores ao seu para não permitir a fuga. Mas a pequena C-nBarata1 havia feito tudo aquilo. Sem cabeça, desidratada e moribunda, ela subiu cem metros em linha reta, em uma superfície lisa. Dado o pequeno tamanho da barata, esse feito era o equivalente humano de escalar de joelhos o Kilimanjaro logo depois de ir para a guilhotina. A barata minúscula havia realizado talvez o maior ato de conquista física na história da vida na Terra.

Então um carro estacionou em cima dela.

A C-nBarata1 morreu com um estalo esponjoso embaixo do pneu traseiro direito.

O carro era de Mike, e o momento era a tarde de hoje, quando ele veio à Atchison Storage, procurando enterrar o gato e o cervo que havia matado. Enquanto Mike subia a pé até o topo da colina e procurava o local certo, o *Cordyceps novus* enfrentou o obstáculo mais recente na sua jornada de 32 anos: 7 milímetros de pneu de borracha grossa. Mas o fungo havia sido confrontado com algo semelhante uma vez e sabia exatamente a quem chamar.

A camada de *benzeno-X* que vivia na superfície do fungo se ativou quase na mesma hora. Ele invadiu a borracha do pneu, atravessou e abriu uma porta para o fungo passar para o interior arejado da roda. O *Cordyceps novus* flutuou para cima, e o fungo e seu endosimbionte repetiram o processo de penetração através da banda de rodagem em cima do pneu. De lá, os dois subiram por um pequeno trecho de fiação que levava até o porta-malas do Chevy Caprice, onde o *Cordyceps novus* descobriu matéria orgânica consumível abundante na forma de um cervo morto e do Senhor Scroggins, o ex-gato.

Assim era melhor.

DEZENOVE

— A porra do cervo acabou de pegar a porra do elevador.
Naomi, que continuava encarando as portas fechadas com espanto, nem sequer olhou para Teacake, ainda tentando digerir o que havia acontecido.

— Você já disse isso — murmurou ela.

— Acho que vale repetir. *A porra do cervo acabou de pegar a porra do elevador.*

Naomi olhou para o telefone na mão direita. Ela não sabia exatamente o que a Agência de Redução de Ameaças à Defesa fazia, mas era uma aposta quase certa que um Rei Rato e um cervo que soubesse operar um elevador eram da alçada deles. Ela virou o celular e mostrou o site para ele.

— Precisamos ligar para este lugar.

— Fique à vontade, porra.

— Você se importa de falar menos palavrões?

— Desculpe. — Ele estava sendo sincero. Qualquer coisa por ela. — Por favor, ligue para eles.

Naomi rolou a imagem até chegar ao cabeçalho "Entre em contato conosco", clicou nele e uma lista de números de telefone apareceu.

— Deve ter uma centena de números listados aqui.

— Tipo quais?

Naomi acionou o telefone com o polegar de novo, passando pelos números e cargos.

— "Diretor", "diretor-adjunto", "suboficial de comunicação", "tecnologias contra armas de destruição em massa"?

Teacake olhou ao redor, nervoso.

— Que tal, tipo, merda verde vazando em todos os lugares e animais agindo de maneira esquisita?

— "Centro de análise química e biológica"? "Programa de exposição à radiação do Departamento de Justiça"?

Do poço do elevador, os dois ouviram um guincho estridente inumano ecoando pelas paredes de concreto. Deram um passo para trás.

— Ou — propôs Teacake — talvez a gente pudesse colocar alguns quilômetros entre nós e esse lugar, e *então* ligamos para eles.

— Por mim, beleza. — Outro uivo veio de dentro do poço do elevador. — Escada? — sugeriu Naomi.

— Por aqui.

Ele a conduziu pelo corredor em uma disparada, os dois fizeram a primeira curva e chegaram à escadaria trancada. Teacake puxou a chave do chaveiro (ele ainda adorava aquele som, não importava o que estivesse acontecendo), destrancou a porta, e eles entraram. Os dois subiram correndo alguns lances de escada, chegaram ao térreo e ele usou a chave para abrir a porta. Teacake e Naomi entraram no corredor todo branco, jamais tão agradecidos por estarem na superfície. Ele a pegou pela mão (*porra, ela tem a pele macia, mãos suaves, mas fortes, dá para sentir, será que é por carregar a filha por aí? não, isso deixaria os braços fortes, mas não necessariamente as mãos, como é que ela tem mãos tão fortes? espere, se concentra, cara, temos que sair daqui*) e a conduziu pelo corredor, em direção ao saguão.

Não muito longe, o cervo estava parado dentro do elevador, aguardando mais instruções. Não que o cervo fosse senciente; o animal apenas não possuía senso de individualidade. O que havia era um propósito claramente definido. Desde que se movesse em direção ao cumprimento desse propósito, a dor na barriga não era tão intensa. O cervo não fazia a menor ideia sobre o motivo disso, mas, por outro lado, também não entendia muito do que havia acontecido nas últimas 48 horas.

AS PORTAS DO ELEVADOR SE ABRIRAM NO FINAL DO TÉRREO DA Atchison Storage, e Teacake e Naomi gritaram. Eles foram pela escada especificamente para evitar o cervo desfigurado e engenhoso que parecia saber como operar um elevador, e agora o animal estava bem na frente dos dois.

— Como assim, *PORRA*? — gritou Teacake para o cervo, que deu três passos trêmulos na direção deles, fazendo um som de tosse catarrenta do fundo da garganta.

Teacake e Naomi olharam com fascinação horrorizada. A partir daquela perspectiva mais próxima, os dois perceberam que o cervo tinha várias feridas de bala na cabeça, e uma anca parecia ter sido completamente esmagada e depois inflada novamente, um pouco disforme. A barriga do animal aparentemente se expandia enquanto eles observavam, e as patas, outrora longas e esguias, tinham assumido a forma de pernas de piano.

Naomi estendeu as mãos, uma em direção ao cervo e a outra em direção a Teacake.

— Só… só… só…

Teacake olhou para ela e falou com a voz uma oitava acima do normal.

— Sim?

— Não… não… não…

— Você está falando comigo ou com essa coisa?

Naomi não tinha certeza.

O cervo deu mais alguns passos na direção dos dois, e eles, por sua vez, deram alguns passos para trás. Teacake e Naomi continuaram a recuar, indo em direção ao entroncamento do corredor.

Dentro da cabeça do animal, acontecia uma guerra civil. Todos os instintos naturais do bicho gritavam para ele dar meia-volta e fugir dessas criaturas bípedes assustadoras, mas um instinto ainda mais forte, um novo que havia se estabelecido recentemente, insistia no oposto. E essa nova voz era alta e firme.

Vá em frente, disse a nova voz, *chegue o mais perto que puder, vá até eles, vá até eles, anda, anda, anda. Assim a dor vai parar.*

O *Cordyceps novus* sabia o que queria, e não era uma barata, um gato ou um cervo; eram as criaturas comunais, inteligentes e altamente ambulantes que estavam a dez metros de distância no final do corredor.

O cervo continuou se movendo na direção deles, e Teacake e Naomi continuaram a recuar, até chegarem à parede de concreto no final do corredor. Eles poderiam ter se virado e corrido em qualquer direção, mas isso significaria arrancar os olhos do espetáculo surreal que estava acontecendo diante dos dois.

O cervo continuava inchando, o corpo rangia, gemia e estalava por dentro. Estava inflando como um Oompa Loompa; faltavam apenas alguns segundos para as entranhas se soltarem. Naomi e Teacake estavam dentro do raio dos respingos e não percebiam a proximidade de uma morte certa e dolorosa.

Porém, no último momento, a filha de 4 anos de Naomi, Sarah, entrou e salvou a vida dos dois.

Nos últimos três meses, Sarah esteve completamente dominada por uma obsessão por *A fantástica fábrica de chocolate*. Mãe e filha tinham assistido à versão de 1971 daquele filme, completa ou em partes, mais vezes do que Naomi conseguia contar. Às vezes, ela estava acordada, realmente assistindo com a filha. Às vezes, ela dormia, sonhando com o filme, ou dobrava a roupa lavada na outra sala, e o áudio ecoava nas paredes e entrava na sua cabeça. Naomi conhecia cada fala, cada letra de música, cada parte de *A fantástica fábrica de chocolate* de cor, e as partes que ela conhecia melhor eram as que assustavam Sarah. As partes em que a filha precisava que a mãe viesse para se sentar e puxá-la para o colo, acariciando o cabelo e dizendo que era tudo de mentirinha.

Naomi não se importava. Na verdade, ela gostava mais da filha naqueles momentos, porque eram as ocasiões em que se sentia como uma mãe mais ou menos boa. As partes assustadoras de *A fantástica fábrica de chocolate* foram alguns dos momentos mais pacíficos da vida dela, o que obviamente fazia Naomi se sentir culpada. *A minha filha tem que estar aterrorizada e ficar grudenta para que eu seja feliz?* Bem, não, mas, de vez em quando isso ajudava.

O que importava era a parte do filme que mais assustava Sarah: quando Violet Beauregarde roubou o Chiclete Refeição e começou a inchar e explodir como uma amora enorme. Sarah cobria os olhos e gritava em pânico: "Ela vai estourar! Ela vai estourar! *Mamãe, ela vai estourar!*"

O cervo ia estourar.

Naomi agarrou Teacake pelo braço e o arrastou para o lado, puxou o sujeito pela curva e ambos bateram na parede com força, exatamente quando a estrutura sobrecarregada de cervo cedeu. Não seria correto dizer que o animal estourou como o Senhor Scroggins e o tio de Enos Namatjira. Aquilo era diferente. Em um momento, o cervo estava parado ali, inchado, quase redondo, como Violet Beauregarde. E, no seguinte, o cervo *não* estava parado ali, mas o teto, o chão e as paredes do corredor estavam pintados com um fungo verde, espesso e espumante. Naomi pressionou Teacake firmemente na parede, a poucos centímetros da linha de fogo, protegidos atrás do escudo quando a gosma voou.

Houve um segundo em que Teacake foi capaz de encarar de perto os olhos de Naomi sem parecer assustado, um segundo em que o gesto foi apenas de gratidão e conexão. A primeira metade daquele segundo foi emocionante — os olhos de Naomi eram o lar de Teacake, eram o único lugar em que ele queria estar, e as últimas linhas do único poema que Teacake conhecia passaram pela sua mente...

De uma alma cuja paz com todos transparece,
De um coração de amores inocentes.

Mas então veio a outra metade daquele segundo, e a mente dele não ficou mais em paz, ela sentia apenas tristeza. Porque Teacake sabia que não importava o que Naomi sentisse naquela noite, não importava a emoção, o perigo ou a empolgação da descoberta, inevitavelmente o amanhã chegaria, esses sentimentos se desvaneceriam, e ela perceberia que os dois não poderiam ficar juntos. Uma mãe solteira — não, uma mãe solteira *extraordinária* — não escolheria, não poderia escolher, ficar com um trabalhador que ganhava salário mínimo e que tinha ficha criminal.

Naomi não escolheria ficar com ele. Se fizesse isso, ela não seria quem ela era, e ele não a respeitaria por isso. Teacake lhe pouparia o constrangimento de contar para ele assim que os dois saíssem dessa situação; Teacake simplesmente iria embora. Naomi não saberia por quê, mas talvez soubesse que ele a poupou do trabalho.

Do outro lado da curva, eles ouviram as portas do elevador se abrirem novamente e o som de passos no piso de cimento.

O que *agora*? Naomi se afastou de Teacake, e os dois se entreolharam em confusão e temor. Ainda escondidos na curva, ficaram em silêncio, gesticulando um para o outro. A testa franzida e a cabeça de lado de Naomi perguntaram: *quem diabos está aí?*, e as palmas das mãos viradas para cima e a rápida sacudida da cabeça de Teacake responderam: *eu sei lá.*

Os passos foram se aproximando e ficando mais altos. Eram definitivamente humanos, mas não havia outros trabalhadores no local a essa hora, e nenhum dos dois tinha deixado alguém entrar.

— Olá? — chamou Teacake de trás da curva, tentando parecer autoritário, mas ficou onde estava, escondido da vista.

Os passos pararam e começaram novamente. Teacake e Naomi ouviram um esguicho suave quando os pés devem ter atingido a borda do tapete úmido de fungo no meio do corredor e continuaram vindo na direção deles.

Foi a vez de Naomi, mais alto:

— Quem está aí?

Os passos pararam de novo, mas apenas por um segundo antes de retomar, mais rápido, chapinhando no fungo. Eles estavam bem na virada da curva agora. Teacake e Naomi recuaram alguns metros no meio do corredor, a uma distância segura o suficiente para ainda dar meia-volta e correr se fosse necessário.

Um homem fez a curva e parou, olhando para os dois. Naomi levou um momento para compreender a estranheza do que estava vendo.

— *Mike?*

Ele afastou os lábios e mostrou os dentes, o que não era a mesma coisa que um sorriso, mas era o melhor que podia fazer.

— Oi, amor.

Teacake olhou de um para a outra, com três perguntas na mente. Ele optou por pular as duas mais mundanas — *Vocês se conhecem?* e *"Amor?"* — e passar para o problema mais misterioso.

— Você estava no elevador com aquela coisa? — perguntou Teacake para Mike.

Ele virou a cabeça, como se tivesse notado Teacake pela primeira vez.

— Eu estava no elevador com aquela coisa.

Teacake olhou para Mike e depois para Naomi. *Ele é o seu maluco.* Mas se voltou para Mike, a fim de continuar.

— Então, foi *você* que apertou os botões?

Mike piscou.

— Fui eu que apertei os botões. Um cervo não sabe apertar botões.

Teacake franziu os olhos. Esse cara tinha um estilo de conversa estranho e terminava cada frase com aquela boca esquisita e entreaberta, como se estivesse tentando sorrir, mas os lábios ficassem presos aos dentes.

— O que você está fazendo aqui, Mike? — falou Naomi. — O que diabos aconteceu com aquela *coisa*?

Ela apontou para a massa de gosma que Mike tinha acabado de atravessar e depois olhou para ele. Naomi observou que as mangas da camisa de Mike estavam encharcadas de vermelho por causa do sangue que escorria de uma série de cortes longos e irregulares que percorriam o comprimento de ambos os braços.

— E o que diabos aconteceu com os seus *braços*?

Esse era um interrogatório muito maior do que o que restava do cérebro de Mike podia lidar. Ele se sentiu muito bem do lado de fora, especialmente quando viu o carro de Naomi e percebeu que havia outro ser humano nas imediações. Não apenas qualquer humano, mas alguém que Mike conhecia e de quem podia se aproximar. *Isso é algo que devo fazer, certo?*, perguntou ele para a sensação dentro da cabeça. *Isso é algo que eu deveria fazer agora mesmo, não é?*

Ah, sim, respondeu a sensação. O *Cordyceps novus*, após o fracasso na Austrália e o sucesso limitado com o Senhor Scroggins, havia perdido o interesse em alturas como um pré-requisito para o contágio e agora tinha visto a utilidade da mobilidade *lateral*.

Sim, aproxime-se deles o mais rápido possível, sim, por favor.

Então Mike entrou em movimento. Ele estava confiante e tinha um propósito, que era mais do que podia dizer há muito tempo. A porta de entrada trancada da instalação de armazenamento não o dissuadiu; Mike encontrou uma porta lateral com uma vidraça, quebrou o vidro com uma pedra e se contorceu para entrar. O vidro quebrado não doeu tanto assim ao cortar os braços dele, e, quando Mike passou para o outro lado da porta e se levantou, ficou encantado ao ver o cervo através da vidraça quebrada, parado na beira do bosque a dez metros de distância, olhando para ele.

Mike ficou empolgado. Ele se sentiu mal pelo cervo por dois dias, mas lá estava o animal, vivo e — de alguma forma Mike sabia disso — do seu lado. Ele abriu a porta, a manteve escancarada e o cervo entrou trotando no prédio. Juntos, os dois andaram pelos corredores da Atchison Storage por uns bons vinte minutos, procurando por Naomi, mas não a encontraram — e nem mais ninguém, por falar nisso. Eles seguiram em frente, em silêncio, para o porão, e desceram um andar de elevador para continuar a busca. Naomi tinha que estar ali em algum lugar. Mike e o cervo tinham a mesma tarefa — *encontrar um humano e infectá-lo, repetir quantas vezes fosse possível até estar morto* — e, porra, eles iriam fazê-la. Mike seria *bom* em alguma coisa.

Foi quando eles chegaram ao SP-1 e as portas do elevador se abriram que Mike congelou. Porque lá ele ouviu a voz de Naomi, vindo detrás da curva, conversando com Teacake, e os 49 por centro de seu cérebro que ainda continham sentimentos humanos úteis como culpa e remorso começaram a disparar. Mike se lembrou do que havia feito e do que havia fugido e que tinha uma filha em algum lugar, com quem havia falhado como pai. Quando a voz de Naomi se aproximou, Mike pressionou o corpo contra a parede do elevador, sem ser visto ao lado do painel de controle, e rezou para estar em qualquer lugar menos ali. A oração era uma força psíquica poderosa, mais poderosa até do que *Cordyceps novus*, ou pelo menos foi por aqueles sessenta segundos. Mike se encolheu no elevador, sem ser visto, sendo capaz de conter por um tempo a vontade de ir pegá-los.

Quando o cervo voltou para o elevador e Mike conseguiu apertar o botão para fechar a porta, uma onda de alívio tomou conta dele. Não teria que vê-la, não teria que enfrentar o peso dos seus pecados. Eles chegaram ao térreo, e o cervo — *Deus te abençoe, sua criatura linda e intrépida!* — saiu do elevador em direção ao par de humanos, inchou e fez o melhor que podia para cobri-los de fungos.

Mas o animal falhou. E a rebelião religiosa no cérebro de Mike foi esmagada pela mão de ferro do *Cordyceps novus*, que disse *Próximo!* e empurrou Mike para a frente a fim de cumprir o seu dever biológico.

Agora Naomi esperava que ele respondesse às suas perguntas. A qualquer uma delas, na verdade.

Mike piscou e ficou apenas olhando para ela.

Teacake se esforçou para entender a situação.

— Você está bem, cara? — perguntou ele a Mike, mas o homem apenas abriu a boca e fechou de novo.

Teacake se virou para Naomi.

— Você conhece esse sujeito?

— Sim. — Ela hesitou, porque odiava dizer aquilo.

— E? — Teacake estava esperando.

— Ele é o pai da minha filha.

Mike abriu e fechou a boca três vezes, estalando os dentes.

Teacake absorveu a informação e depois se voltou para Naomi.

— Há... é verdade?

Mike se aproximou dela.

— Abra a boca.

Naomi deu um passo para trás.

— *Quê?*

Teacake entrou na frente dela, com a mão espalmada estendida para Mike.

— Opa, cara, que merda é essa que você está falando, qual é o seu problema?

Mike escancarou a própria boca, como se alongasse os músculos da mandíbula, depois estalou os dentes para Naomi.

— Abra a boca.

De todas as coisas desagradáveis que Naomi tinha visto e ouvido naquela noite, essa talvez tenha sido a pior. Que diabos havia de errado com ela para sequer ter dado atenção para esse babaca, quanto mais ter concebido uma criança com ele? Por que Mike estava estufando e encolhendo o estômago agora, como um gato tentando expelir uma bola de pelo? E por que estava levando a mão às costas?

Teacake conviveu com as armas no serviço militar e passou um bom tempo no estande de tiro, mas, acima de tudo, viu muitos filmes e sabia que só havia um motivo na vida para alguém fazer aquele gesto. Não era porque a pessoa sentiu uma coceira súbita no rego. Enquanto Mike estufava e encolhia a barriga e fechava a mão direita no cabo da pistola calibre .22 que havia enfiado na parte de trás da cintura das calças, Teacake estudou a geografia. O adversário estava entre os dois e a saída, mas logo atrás deles havia o corredor vazio que levava às unidades 201-249, e, no fim, havia a curva para a direita, e talvez isso lhes desse tempo suficiente, algumas unidades tinham ferrolhos por dentro, e ambos tinham telefones, então talvez...

Mike enfiou palavras entre as arfadas.

— Abra — *arfada* — a — *arfada* — boca — *arfada*.

A arma foi puxada, mas Teacake já havia girado e fugido, puxando Naomi junto. O vômito que Mike finalmente conseguiu puxar do estômago jorrou por quase três metros, mas ficou aquém e respingou no cimento no ponto que os dois tinham acabado de desocupar.

A dupla dobrou a curva quando Mike levantou a arma, disparou um tiro contra eles e arrancou um pedaço do bloco de cimento perto da cabeça dos dois.

Nenhum deles jamais havia levado um tiro. Não foi agradável. Teacake e Naomi dispararam pelo corredor, sem trocar palavras, apenas fugindo, e ouviram o grito angustiado e irritado de Mike ao serem perseguidos por ele. A única maneira de sair do prédio era voltar pelo caminho de onde vieram, onde o cara armado, o vômito e o cervo explodido estavam, então não era uma opção. A mente de Teacake fez a conta e não gostou do resultado, nem um pouco, aqueles corredores eram *compridos*, e não havia ninguém mais rápido do que uma bala. Ele estaria disposto a se arriscar se estivesse sozinho — quais eram as chances de o maluco do vômito ser capaz de acertar um alvo em movimento? Mas esse não era um risco que Teacake estava disposto a correr com a vida de Naomi.

Ele fez a próxima curva bem fechada puxando a amiga, e os dois pararam na frente da unidade 231-232, uma bela unidade combinada com dois metros e meio de largura e cinco metros de profundidade. Teacake puxou a chave mestra presa ao quadril, abriu a fechadura e levantou a porta a meio metro do chão.

Naomi reconheceu a única opção ao vê-la. Ela se jogou no chão, rolou por debaixo da porta e entrou na escuridão do outro lado. Teacake não levantou mais a porta; ele não queria erguê-la para o caso de ter que descê-la rapidamente e trancar Naomi lá dentro, o que Teacake estava preparado para fazer. Se Mike já estivesse virando a curva, ele teria descido a porta e lutado com o filho da puta cara a cara, com ou sem pistola, mas quando Teacake olhou para trás o corredor estava vazio, embora os gritos semi-humanos de raiva de Mike estivessem se aproximando rápido.

Teacake se jogou no chão. Deitado no piso, viu os pés de Mike dobrarem a curva, os dois estavam a apenas três metros de distância, e ouviu os estalidos agudos de três tiros a esmo e o som de balas atingindo metal. A visão que Teacake tinha dos pés girou de ponta-cabeça quando ele rolou por baixo da porta e entrou na unidade de armazenamento; logo depois, os pés surgiram bem do lado de fora da porta e as mãos de Mike se abaixaram para erguê-la por completo. Teacake percebeu que calculara mal, apenas por alguns segundos, mas foi o suficiente, ele tinha feito merda, não estava em posição física para se levantar e baixar a porta antes que Mike conseguisse levantá-la, *merda*, ótimo plano, seu babaca, ele os levou direto para um beco sem saída, uma unidade de armazenamento selada, estavam encurralados.

Mas Naomi já estava de pé, *é óbvio* que estava; ela tinha se levantado em um pulo assim que passou para dentro. Naomi estava preparada, com as duas mãos na maçaneta central da porta — *ela tem* vantagem *sobre você, filho da puta*, pensou Teacake —, e colocou toda a força que tinha nela e bateu a porta com tanta força que o barulho ecoou pelo corredor.

Mike uivou em agonia, com as mãos esmagadas embaixo da borda de metal da porta, e ficou preso ali por um momento. Naomi levantou a porta novamente por vinte centímetros, não por pena, mas apenas para deixá-lo tirar as mãos miseráveis de lá. Mike puxou-as de volta, Naomi bateu a porta de novo, e Teacake, agora de pé, enfiou o pino de metal para travá-la em uma extremidade, depois correu e enfiou o pino na outra ponta.

Os dois ficaram parados no breu total durante alguns segundos, respirando pesado, ouvindo enquanto Mike rugia e se enfurecia no corredor do lado de fora. Ele bateu no metal com os dois punhos; a porta sacudiu e retiniu. Deus mais meia dúzia de tiros na porta, e surgiram mossas no interior quando as balas atingiram o metal fino. Ele chutou a porta, depois tentou abri-la outra vez como um louco. A luz do lado de fora surgia por baixo quando a porta se erguia e caía, mas ela subia apenas um centímetro, e os pinos de aço em cada extremidade não tinham intenção de ceder mais do que isso.

Teacake falou primeiro, ainda sem fôlego.

— Então, esse é o pai, hein?

— Pois é, né?

Do lado de fora da porta, tudo ficou quieto. Os dois esperaram.

Depois de quase um minuto, ouviram passos do perseguidor se afastando. Esperaram mais trinta segundos, depois os dois pegaram os celulares, e as telas iluminaram os rostos.

Teacake olhou primeiro para o próprio telefone.

— O Griffin já me ligou onze vezes.

— Você realmente se importa agora? — perguntou ela.

— Sim, tipo, eu preciso desse emprego.

— Você mencionou isso. — Naomi franziu os olhos para o telefone, que ainda mostrava o site da DTRA. — Há um número de um lugar chamado forte Belvoir.

— Forte Belvoir? É uma base do exército.

— Devo ligar? Ou chamar a polícia?

Do lado de fora da porta, os dois ouviram o som fraco de passos se aproximando novamente, rápido. Alguém estava correndo em direção a eles. Os passos pararam de repente quando o homem se lançou no ar, houve uma fração de segundo de silêncio enquanto ele voava para a porta, e então o metal corrugado estremeceu com uma vibração tremenda quando Mike bateu no meio dele, amassando-o ligeiramente para dentro. Mas a porta se manteve firme.

Eles ouviram o som do corpo de Mike cair no piso de cimento do lado de fora, e ele soltou um grito de frustração animal, um berro agudo que soou diferente de qualquer coisa produzida por cordas vocais humanas.

Teacake olhou para Naomi.

— Sim. Ligue para a porra do exército.

VINTE

A pista de pouso foi se aproximando, e Roberto se espreguiçou pela última vez. Ele se mexeu o máximo possível no voo, mas, aos 68 anos, o corpo enrijecia bem mais rápido do que antes, e em áreas surpreendentes. *Peraí, eu distendi um músculo na* bunda? *Como isso foi acontecer?* Annie e ele conversavam sobre isso o tempo todo; os dois começaram a distender músculos em lugares estranhos ou a desencadear espasmos fazendo coisas que antes eram completamente banais, tipo, levantar-se ou abrir um pote de manteiga de amendoim. Essa era a última coisa que Roberto precisava, alguma enfermidade surpresa para atrasá-lo, pois 30 mil pessoas morreriam como resultado.

O avião pousou e taxiou em direção ao hangar distante, aquele que a pista de pouso de Leavenworth reservava para dignitários em visita e emergências. *Muito obrigado, Jerabek, que bela maneira de manter discreta toda essa situação.* Roberto mal podia esperar para sair do avião oficial, largar o celular em uma bolsa de Faraday para bloquear a detecção de sinais e deixar de se reportar por umas boas quatro ou cinco horas. Até que a situação estivesse arrumada. "Arrumada" — ele ouviu essa expressão em Londres também e sempre adorou. Arrumada. Acertada, resolvida. Tudo nos devidos lugares, silenciosa e eficientemente, como um escriturário. Bem, um escriturário não ficaria em silêncio, mas seria meticuloso para diabo, se tudo acontecesse de acordo com o planejado. Permanente. Arrumada.

Roberto olhou pela janela e viu as portas abertas do hangar distante. As luzes estavam acesas lá dentro, mas o espaço parecia vazio, apenas uma grande extensão de chão reluzente. Havia uma van estacionada na frente e uma figura de casaco escuro ao lado, uma nuvem de fumaça se enroscava acima da cabeça da pessoa, iluminada pelas lâmpadas fluorescentes no interior.

A caminhonete com escada de embarque alcançou o avião no momento em que a aeronave parou. Lá dentro, Roberto já estava na porta. O copiloto o encontrou ali com apenas um aceno de cabeça, sem papo furado. Essa era uma coisa que ele sentia falta a respeito do serviço militar. As amenidades eram mantidas a um mínimo absoluto, o que parecia sincero, e Deus sabe que economizava tempo. Os dois esperaram alguns segundos pela sequência de barulhos do lado de fora, depois o copiloto acionou alguns interruptores, puxou as maçanetas, e porta entrou no interior da aeronave e girou para ser aberta. O sujeito deu outro aceno de cabeça e um "boa noite, senhor" sério, e Roberto saiu para a névoa das quatro horas da manhã no Kansas.

Ele desceu apressado a escada de metal, devolveu a continência do aviador no pé da escada e atravessou a pista em direção ao furgão. Roberto diminuiu a distância entre ele e Trini, e cada um ficou impressionado como o outro parecia mais velho. Roberto não a via há quinze anos, o que significava que Trini já estava com 70 anos àquela altura. Os hábitos de saúde dela nunca foram bons e não melhoraram, a julgar pelo brilho vermelho intenso na ponta do Newport Menthol King que ela estava inalando. O cigarro não tinha a menor chance.

Roberto chegou até onde Trini estava e parou. Olhou ao redor da pista vazio.

— Nenhuma escolta de segurança da base?

— Mandei que caíssem fora e voltassem para a cama.

— E eles obedeceram?

Ela fez que sim com a cabeça.

— Eu sou persuasiva. — Trini começou a soltar uma tosse seca e levantou um dedo. — *Espere*.

Roberto esperou até ela terminar.

— Como é possível que você ainda não tenha morrido?

Trini deu de ombros.

— Vaso ruim. — Ela se virou, abriu a porta do motorista, entrou e a fechou.

Roberto deu a volta, olhando para a minivan branca Mazda de linhas retas com desdém, e entrou no lado do carona. Ele se instalou no banco de couro falso branco.

— Carro bacana. É o seu veículo particular, certo? Você não quer que eu dirija?

Trini balançou a cabeça e acionou o câmbio automático.

— Ah, você é mesmo uma figura.

Ela meteu o pé no acelerador, girou o volante, atravessou o hangar aberto e saiu do outro lado. Trini virou à esquerda e seguiu para a saída da base na avenida Pope.

— É sério, Trini, estou preocupado. Você não teve câncer de pulmão há dez anos?

— Eu não tenho câncer de pulmão, seu escroto sem consideração, e nunca tive. Tenho enfisema, que é completamente diferente e cem por cento possível de se sobreviver. — Ela deu outra tragada no cigarro.

— Você poderia ao menos abrir a janela?

Trini abriu a janela de Roberto, que sugou toda a fumaça passando bem na cara dele.

— Sério?

— Desculpe. — Trini fechou a janela dele e abriu a dela no lugar. — Aquela mocinha de Belvoir soou como se você a tivesse deixado morta de medo. O que falou para ela?

— Um pouquinho da verdade.

— Sim, bem, isso a deixaria assim. — Ela apontou para a traseira da minivan. — Está tudo aí.

Roberto se virou e olhou para a traseira. Os assentos de trás estavam dobrados e havia uma lona jogada em cima de vários caixotes de armazenamento que pareciam ser da quantidade e do tamanho corretos.

— Incluindo o número sete?

Trini fez que não com a cabeça.

— Vamos ter que parar para pegar esse.

Ele olhou para o relógio.

— Você está brincando? Sabe que a situação é crítica, certo?

Houve uma mudança na dinâmica de poder entre eles cerca de vinte anos antes, quando Trini parou de progredir na carreira e Roberto continuou a trajetória ascendente. Ele passou a dar ordens para ela depois disso, não que Trini realmente se importasse tanto assim.

Ela se virou para Roberto agora, ofendida.

— Meu Deus, você não para de reclamar. Duas horas atrás, eu estava dormindo. Agora estou levando você de carro às quatro horas da manhã com meia dúzia de itens de contrabando que poderiam me mandar para a prisão pelo resto da vida.

— E isso seria o quê, uns três ou quatro dias?

Trini riu até tossir com tanta força que quase teve que encostar o carro.

Ele sorriu para ela.

— Você sentia falta?

— Muito.

— De qual parte?

Trini gesticulou de um para o outro.

— Disso aqui. O papo furado.

Roberto também gostava e não tinha percebido o quanto havia sentido saudade dela.

— O Gordon morreu — disse ele.

— É, eu sei. Foi uma cerimônia linda.

Ele olhou para ela, irritado.

— Como todo mundo soube disso, menos eu? Por que não me ligou?

— Não é meu trabalho telefonar sempre que alguém morre. Eu nunca sairia da porra do telefone.

Bem, isso era verdade. Roberto olhou pela janela por um momento, tentando se lembrar da última vez que viu ou conversou com Gordon, mas não conseguiu trazer nada à memória. Ele voltou ao presente e se virou para Trini.

— Você realmente está muito bem, menina.

— Eu estou uma merda, seu filho da puta, e você sabe disso. *Você está muito bem.* Exageradamente bonito, como de costume. Parece um boneco Ken mexicano. Eu imagino você sem nada entre as pernas.

— Não imagine isso.

— O que eu deveria imaginar?

— Por que tem que imaginar alguma coisa?

Ela deu de ombros. Os dois chegaram ao portão principal, e Trini terminou de abrir a janela, lançando um olhar severo para Roberto.

— Veja se consegue calar a boca por um minuto.

Enquanto Trini assinava a saída da base e soltava uma onda de fumaça de cigarro Newport dentro da guarita, Roberto tirou a bolsa de Faraday do paletó e abriu o tecido militar reforçado. Assim que estava prestes a colocar o telefone lá dentro, o aparelho zumbiu. Ele olhou para a tela. O número tinha o DDD 703. Roberto tapou uma orelha, apertou a tecla para atender e escutou por um momento.

A voz de uma mulher falou.

— Alô?

Roberto escutou. Ele ouviu o som de pneus molhados no asfalto do outro lado da ligação.

— Dois minutos — disse ele ao telefone, depois desligou.

Abriu o aplicativo de meteorologia no telefone, digitou forte Belvoir, Virgínia, e viu que estava chovendo lá. Satisfeito que o telefonema veio de onde dizia que vinha e não tinha sido redirecionado, Roberto soltou o celular do governo dentro da bolsa de Faraday e fechou o zíper. Ele tirou o laptop da mochila, plugou um cartão em uma das portas USB disponíveis, colocou um fone de ouvido Bluetooth e abriu o site do DeepBeep que acessou no avião. Então, digitou o número de telefone que acabara de ligar para ele. Foi atendido no primeiro toque, mas ele falou primeiro.

— Você está do lado de fora agora?

— Sim. Na chuva — respondeu Abigail.

— A Trini estava aqui quando eu aterrissei, e cheia de coisas. Bom trabalho. Não preciso de mais nada.

Roberto estava prestes a desligar, mas Abigail falou.

— Houve uma mudança na situação.

Roberto ficou tenso.

— Que tipo de mudança?

— Em Atchison. Alguém ligou para Belvoir de dentro da instalação.

— Quem?

— Uma civil. Mulher de 23 anos de idade.

— Isso é péssimo. Como ela conseguiu o seu número?

— Ela pesquisou a DTRA no Google.

— Ok, ela não é idiota. O que você fez?

Abigail fez uma pausa, e Roberto ouviu vozes do outro lado enquanto as pessoas passavam apressadas por ela na chuva. Quando as vozes se foram, Abigail continuou.

— Eu desliguei, saí e liguei de volta para ela em um dos celulares descartáveis que tinha. Estou com a mulher na outra linha agora. Quer falar com ela?

Roberto continuou impressionado com Abigail, mas esse caso seria ainda mais complicado do que ele pensava, e Roberto sabia que precisaria dela de novo. Ele teve o cuidado de não elogiá-la demais.

— Sim. Qual é o nome da mulher?

— Naomi.

— Jogue o celular descartável na traseira de uma picape em movimento quando terminarmos e envie um novo número para mim por mensagem de texto.

— Farei isso. Um momento.

Roberto esperou. Trini olhou para ele e inclinou o queixo: *O que houve?* Roberto cobriu o telefone com o polegar.

— Uma civil. Dentro das minas.

Trini estremeceu.

— Espero que ela tenha tido uma vida plena.

A conexão piorou, e a voz assustada de uma jovem veio através do fone de ouvido de Roberto, tentando parecer autoritária.

— Ok, quem é *agora*?

— Olá, Naomi. Meu nome é Roberto. Eu gostaria de falar com você sobre o que está acontecendo.

— Ok, por que a primeira moça desligou na minha cara?

— Porque ela está preocupada com a sua situação e quer vê-la resolvida da maneira correta, assim como eu. — Ao fundo, Roberto ouviu gritos, uma voz de homem, algo como "pergunte a ele o que diabos está acontecendo!" ou algo parecido. — Estou ouvindo alguém aí com você. Qual o nome dele?

— Travis. Somos seguranças aqui.

— Ok. Poderia me fazer o favor de pedir para o Travis calar a boca enquanto eu falo com você?

A voz de Naomi ficou mais fraca quando ela virou a cabeça e falou:

— Ele disse que você deveria calar a boca. — A seguir uma pausa, alguns resmungos, e Naomi voltou ao telefone. — Temos um problema sério aqui. Tem esse vírus ou um fungo…

— Você acertou na segunda hipótese. Eu sei tudo sobre isso. Sei mais do que qualquer outra pessoa. Você está em algum lugar seguro?

— Estamos trancados em uma unidade de armazenamento.

— Ok. Poderia ser pior. Fique aí.

— Por quanto tempo? Você está enviando gente?

— Alguém entrou em contato físico direto com o fungo? Você saberia se alguém fez isso, porque a pessoa teria…

— Sim.

Roberto murmurou *merda* em silêncio. Trini olhava para ele o quanto dava para arriscar enquanto dirigia a 110 quilômetros por hora sobre a ponte Centennial.

— Alô? — perguntou Naomi.

— Sim, eu estava vendo outra coisa na minha tela — mentiu ele. — Quantas pessoas foram infectadas?

— Apenas uma, acho.

— E essa pessoa está dentro da instalação?

— Sim. Ele continua tentando entrar aqui. Onde estamos.

No fundo, Roberto ouviu mais gritos — o cara reclamão voltou à ativa.

— Ok, Ok, tudo bem — falou Naomi com o sujeito novamente, e depois voltou à linha. — Além disso, havia um cervo. Um cervo foi infectado.

— Onde está o cervo agora?

— Ele explodiu.

— Dentro ou fora?

— Você me escutou? Eu falei que ele *explodiu.*

— Sim, escutei. Você pode me dizer *onde* o cervo explodiu?

— No corredor. — O tom de voz dela disse *como se isso importasse,* mas Roberto deu um pequeno suspiro de alívio pelo fungo ainda estar dentro do prédio.

— Ok, preste atenção, Naomi — disse ele. — Você vai ficar bem. Você ligou exatamente para o lugar certo e está falando com a pessoa certa. Você tem instintos excelentes, e eles serviram bem a você até então. Agora é hora de confiar em outra pessoa. Estou a caminho e sei o que é preciso para resolver essa situação. Vários de nós já se depararam com isso antes e fizemos planos para uma situação em que poderíamos lidar com isso outra vez. Eu vou estar aí em...

Roberto olhou para Trini.

— Menos de uma hora — disse ela.

Ele voltou a falar ao telefone.

— Um pouco mais de uma hora. Fique bem onde está. Não abra a porta. Não ligue para mais ninguém. Nem mesmo para o forte Belvoir. A mulher que nos colocou em contato ligará para você a cada dez minutos. Fale apenas com ela ou comigo. Não pegue o seu telefone de novo, a menos que toque. Você entendeu?

— O que você vai fazer?

— Diga que você entendeu.

— Eu entendi.

— Para quem você deve ligar?

— Para ninguém. Vocês vão me ligar a cada dez minutos.

— Isso mesmo. Nota dez com louvor. Mantenha Travis calmo, ele parece o tipo de pessoa que pode querer tentar sair. Não permita isso.

— O cervo explodiu.

— Eu sei, que doido, não é? Vou explicar toda a situação quando encontrá-la. Você vai ficar bem. Uma hora. — Roberto fechou o computador, tirou o fone de ouvido e esfregou a cabeça.

Trini olhou para ele.

— Três pessoas e um cervo?

— Uma pessoa infectada, ainda no prédio. Os outros dois estão limpos, trancados em uma unidade de armazenamento. O cervo estourou, mas foi contido.

— Acho que é viável.

Roberto olhou para ela.

— Está de brincadeira? Isso é um presente de Deus. Espero que dure uma hora.

Trini concordou com a cabeça e manteve os olhos na estrada, ponderando a situação toda. Por fim, ela falou apenas algumas palavras.

— Eles estão mortos, não estão?

Ele pensou.

— Provavelmente.

Roberto não gostou da resposta, então pensou um pouco mais. Ele considerou a situação inteira, mas chegou à mesma conclusão.

— Provavelmente.

VINTE E UM

Os primeiros quinze minutos da hora correram muito bem. Mike se instalou do lado de fora, ficou sentado no chão do outro lado do corredor, diante da unidade 231-232, encarando fixamente a porta de metal. Ele não sabia muito mais do que isso, apenas que tinha que entrar lá.

eu tenho que entrar lá a porta está fechada eu tenho que entrar eu tenho que porta fechada

Quanto a uma solução para esse problema, seu raciocínio complexo e resolução de problemas não estavam funcionando a pleno vapor, mas, da melhor maneira possível, tinham desenvolvido algumas abordagens diferentes. A primeira estratégia foi baseada em um trecho de uma música que o pai de Mike costumava adorar e que estava quicando em algum lugar no subconsciente dele, algo sobre se jogar contra uma parede, mas essa estratégia não funcionara muito bem. Ele provavelmente deslocou o ombro quando bateu com o corpo na porta de metal, e com certeza quebrou dois dedos quando caiu no cimento. O dedo mindinho da mão direita estava em um ângulo que Mike nunca tinha visto antes, mas ele não pensou muito sobre isso. Não tinha raciocínio sobrando para isso.

tenho que entrar lá porta fechada entrar

A estratégia número dois envolvia mais vômito, dessa vez levantando um pouco a porta de garagem e tentando uma golfada bem mirada no alvo através do espaço de meio centímetro embaixo dela. Mas o apelo dessa abordagem foi diminuído pela lembrança sensorial dos dedos, que haviam sido esmagados quando Naomi desceu a porta, e ele nem tentou. A estratégia número três estava, como dizem, ainda em desenvolvimento.

Enquanto Mike esperava que a ideia chegasse, ficou sentado encarando a porta de metal corrugado com um olhar vazio. Ele esperaria.

Atrás da porta, Naomi e Teacake estavam muito mais confortáveis, mas as mentes não estavam tão à vontade assim. A unidade em que os dois se refugiaram foi uma escolha de sorte: parecia conter o excesso de móveis de alguém que teve que se mudar para uma casa menor. Talvez os locatários tivessem certeza de que a mudança seria apenas temporária, que dariam a volta por cima em breve e que precisariam de todas aquelas coisas de novo. Os sofás e as cadeiras sobressalentes estavam ali dentro há alguns anos, mas não fediam, pois os donos cobriram os móveis de qualquer maneira e encheram as almofadas com sachês de silício, do jeito que devia ser feito. Havia até mesmo um desumidificador ligado a uma das tomadas. Naomi e Teacake tiraram os lençóis baratos de cima de duas poltronas, empurraram os móveis para a parte de trás da unidade, a fim de ficar o mais longe possível da porta, e até encontraram um abajur com uma lâmpada que ainda funcionava. Os dois se sentaram ali, com as poltronas lado a lado e o abajur em cima de uma caixa no meio, e ficaram se encarando, imaginando como tudo havia chegado àquela situação.

Teacake, que abominava silêncio, foi o primeiro a falar.

— Então esse é o pai.

— Por favor, pare de dizer isso.

— Foi mal, é meio difícil de entender, só isso. Como *esse* cara teve uma chance com você?

Naomi olhou para Teacake.

— Ele nem sempre foi desse jeito.

— Bem, sim, é claro que isso eu entendo, não acho que ninguém no mundo algum dia tenha sido desse jeito. Mas, quero dizer, ele tinha que ser alguma versão daquilo, certo?

— Creio que sim.

— E você é, sabe, você.

— Obrigada. — Ela queira que ele parasse de falar.

— E ela é uma criança linda.

Ops.

Naomi inclinou a cabeça e olhou para Teacake, pensando.

Ai, Deus, como ele desejava que pudesse pegar as últimas seis palavras do ar antes que elas chegassem aos ouvidos de Naomi, como desejava poder voltar no tempo, três segundos já serviam. Mas era impossível, Teacake tinha dito, ela tinha ouvido e entendeu o significado.

A mente dele avaliou as opções. Seu instinto normal teria sido continuar falando, embrulhar a declaração com mais falatório, enterrar o deslize tão fundo em tagarelice que Naomi talvez não notasse ou se esquecesse de que ele tinha acabado de anunciar que não apenas sabia que ela tinha uma filha antes da noite de hoje, mas que, na verdade, vira a menina, um evento clandestino que Naomi com certeza desconhecia até agora.

Teacake estava prestes a ligar a mangueira de mentiras, mas algo o deteve. Aquela tinha sido uma noite longa e bizarra, e Naomi era diferente, e ele teve a noção de que talvez os seus instintos todos esses anos tivessem sido errados. Talvez esses instintos fossem a razão pela qual ele tinha um emprego de merda e nenhuma namorada. Talvez, pensou Teacake, ele devesse dizer a verdade para variar, admitir uma realidade desagradável antes que se tornasse impossível fazê-lo, falar com franqueza, autocrítica e retidão assim que fosse necessário. Teacake poderia demostrar um pouco de *educação*, porra, para variar, pensou ele, talvez pudesse falar com charme e graça, sagacidade e estilo, e, assim, esse momento, essa admissão, essa sinceridade, conseguisse conquistá-la em vez de afastá-la.

— Eu segui você até a sua casa em uma manhã, foi muito errado, desculpe.

Ou, sabe, ele poderia fazer isso de outro jeito.

O celular de Naomi tocou. Ela pegou o aparelho imediatamente, olhou para o número e atendeu.

— Alô? — Naomi fez uma pausa, ouvindo, encarando Teacake. Ela continuou a conversa mecânica, os olhos grudados no amigo na poltrona o tempo todo. — Sim. Sim. O mesmo que há dez minutos. Não, ele não tentou. Suponho que sim, nós não o ouvimos ir embora. Sim. Ok. — Naomi desligou.

Teacake empinou o queixo em busca de informações.

— Ela disse alguma novidade?

— Não.

— Então, tipo, eles estão chegando aqui em breve ou o quê? — Ele fez um gesto exagerado para verificar a hora no celular, muitíssimo grato pela mudança de assunto. Naomi esqueceria, talvez até já tivesse esquecido! Teacake continuou falando. — Tipo, 45 minutos a partir de agora? Então, beleza, foi por volta das quatro horas que você falou com o cara, então...

— Você é o cara do celular de *flip*.

Ela não tinha esquecido.

Ele suspirou.

— Eu peço desculpas, Naomi. Eu fico... eu faço coisas estúpidas às vezes. Eu não estava, não fiz... ah, merda.

— No estacionamento do meu prédio, certo? Há mais ou menos uma semana. Olhando para o seu celular de *flip*.

— Você me viu?

— Sim, eu vi. Eu sabia que você me parecia familiar hoje à noite, mas não consegui descobrir de onde. Eu deveria ter sacado quando você puxou o telefone. Ninguém mais tem esse modelo.

— Foi mal, eu...

— Você é um *stalker*, Travis?

— Não. Eu juro.

— Porque isso é assustador.

— Eu sei. Peço desculpas. Nunca fiz isso antes.

— Espero que não.

— Eu só queria falar com você. E então me enfiei... em uma enrascada, e não sabia como sair dela. Desculpe.

Naomi olhou para Teacake por um longo momento, como se estivesse avaliando cada pedaço dele, dissecando o caráter inteiro com base na expressão no rosto dele naquele momento. Finalmente...

— Ok. Não faça isso de novo.

E *acabou*. Ele ficou espantado. Não era assim que Teacake esperava que acontecesse. Ela estava limpando a barra dele. Naomi estava mesmo, de verdade, para valer deixando passar, ela não sentiu nojo ou qualquer coisa assim. Ele disse a verdade e *funcionou*. Teacake sorriu e, por quase um minuto inteiro, os dois esqueceram onde estavam e o que estava acontecendo.

Então eles ouviram o som. Era fraco e distante, mas tão grave e baixo que vibrou por todo o edifício de cimento e metal. A porta de garagem sacudiu um pouco nos trilhos. Os dois olharam para ela e depois um para o outro ao mesmo tempo. *É esse o som da chegada da cavalaria?*

Teacake ficou de pé, quase involuntariamente.

— Eles chegaram!

Naomi verificou a hora no telefone. Aquilo não parecia certo.

— Acho que não.

Do outro lado da porta de metal, Mike ouviu o som também. Seria impossível não ter escutado, era mais alto ali, os *brrrrap* ecoavam no bloco de concreto. O rugido surdo estava ficando mais alto e vindo de fora. Havia veículos se aproximando, Mike sabia, e veículos significavam que havia pessoas neles, e as pessoas significavam agrupamento, disseminação e migração. Isso era tudo de bom e muito mais fácil de lidar do que a porta de metal que fazia todo o corpo doer só de olhar para ela.

eu não tenho que entrar lá, afinal, não tenho que outras pessoas

Ele se virou e foi andando pelo corredor, na direção do som.

DO LADO DE FORA DA ENTRADA DO PRÉDIO, FARÓIS VARRERAM A entrada do estacionamento e iluminaram a fachada da frente. Havia nove luzes ao todo, um par da picape preta de meia tonelada e uma luz para cada uma das sete Harleys, que eram os veículos que estavam fazendo todo aquele barulho. A Fat Boy de Griffin, equipada com o escapamento sem silenciador, era a mais ruidosa de todas, tão ruidosa que até mesmo os colegas motoqueiros teriam lhe dito que aquilo era um pouco exagerado. Sabe, cara, *existem* outras pessoas no mundo.

Griffin inclinou a moto e fez um semicírculo ao lado da porta da frente, desceu, colocou os óculos de proteção sobre o guidão e cuspiu no cascalho. A essa altura, ele estava bêbado havia quase dez horas, o que não era grande coisa, mas, junto com a maconha que fumou e o meio burrito de carne que devorou por volta das duas horas da manhã, a sensação de enjoo estava começando. Até mesmo uma pança gorda tem seus limites. As outras Harleys pararam ao redor dele e os motoqueiros desceram um por um — Cedric, Cabeção, Chorão, Cuba, Entulho e o dr. Steven Friedman.

O dr. Friedman, como Griffin, era o tipo de pessoa impossível de apelidar. Nenhum apelido parecia pegar, nunca. Havia algo nele que era tão gritante como dr. Steven Friedman, que ele permaneceu sendo o dr. Steven Friedman, um dentista razoavelmente bom que gostava de andar de moto e usar couro. Nanica e o Reverendo saíram da picape. A maioria deles estava em vários estágios e tipos de embriaguez, com exceção do dr. Friedman, que tinha a medalha de dezoito meses de sobriedade dada pelos Alcóolicos Anônimos, e Nanica, que era totalmente careta.

A noite havia começado inocente o suficiente na casa alugada de Griffin, um imóvel pouco mobiliado de dois quartos, parecido com um sítio, perto do lago Cedar, que ficava no beco sem saída de uma rua comprida. Os vizinhos estavam longe o suficiente para não reclamar do barulho, e Griffin não se importava com o que acontecia com o lugar ou o que as visitas faziam nele. A pessoa podia estar bêbada, desmaiar ou usar a droga que quisesse, e Griffin tinha TVs com tela curva Samsung Ultra 4K Premium de 55 polegadas na sala de estar e em ambos os quartos, todas ligadas a um cabo pirata, o que significava que ninguém jamais precisava brigar sobre a que assistir.

Eles vieram ao local de armazenamento às quatro horas da manhã por causa dos televisores. Depois de passar cinco meses sem movimentar um estoque de 24 Samsungs roubadas, Griffin vendeu metade delas naquela noite. Não foi fácil; ele ficou investindo naquele grupo desde meia-noite, e foi só quando Griffin pegou o restinho de cocaína que tinha e ofereceu para eles que os sujeitos concordaram em dar cem dólares cada um para ele e levar para casa um televisor naquela mesma noite, na picape do Reverendo. Era um televisor para todo mundo e cinco para o Entulho, que achava que poderia passá-los para um amigo na seção de eletrônicos do Walmart, para colocá-los à venda. Isso seria hilário, uma vez que Griffin tinha certeza de que o depósito de reabastecimento do Walmart em Topeka era de onde os televisores tinham vindo originalmente. Mas ele sabia que era melhor não fazer perguntas.

Griffin havia concordado em armazenar e vender os televisores roubados em outubro e passou a odiar aqueles troços. O preço de mercado era 799 dólares e eles deveriam ter feito sucesso quando foram lançados, porém ninguém deu a mínima para a tela curva. Ou que era 4K, ou LED, ou Ultra, ou qualquer coisa assim, porque era possível comprar quase o mesmo televisor em qualquer lugar pela metade do preço e a imagem parecia exatamente a mesma. O acordo que Griffin e o cara fizeram era que os dois dividiriam meio a meio qualquer venda que Griffin conseguisse fazer, o que significava que, naquela noite, pelo incômodo, ele receberia seiscentos dólares. Era pouco mais do que o custo da unidade de armazenamento nos cinco meses em que Griffin guardava os aparelhos, mas pelo menos ele não ficaria mais devendo e estaria a meio caminho de se livrar do problema.

Ele chegou ao local de armazenamento com raiva. Griffin devia ter ligado para aquele merdinha de Teacake uma dezena de vezes na última hora, para dizer que estava a caminho com Pessoas Importantes, e se Teacake soubesse o que era bom para tosse, iria embora para o outro lado do complexo e não veria coisas que não gostaria de ver. Mas o moleque não atendeu ao telefone. O idiota aparentemente entendeu o recado porque, quando Griffin foi até a porta batendo os pés, ele viu que a recepção estava desocupada. Mas então ele travou, com o crachá em pleno ar, quando viu a parede. Os olhos já inchados se arregalaram ainda mais.

Tinha um *buraco* na parede atrás da mesa. *Dois* buracos, na verdade, grandes cortes irregulares de mais de um metro no *drywall*. A cabeça careca inteira de Griffin ficou corada com o sangue quente que correu para ela. "Que porra, aquele merdinha, que porra, que *porra*?", ele se perguntou. Griffin passou o crachá pelo leitor, a porta apitou e ele irrompeu pelo interior. Griffin se curvou como um boxeador pronto para dar um soco e foi até a mesa, olhando para os buracos, horrorizado.

Cabeção se aproximou ao lado dele.

— Uau, Griffin, sua parada aqui está zoada. Que tipo de lugar você gerencia aqui?

— Eu vou furar aquele desgraçado, que merda aquele filho da puta fez com *a porra do meu local de trabalho*?

Cedric e Entulho pareciam pensar que a situação era meio engraçada. Cabeção pulou por cima da mesa, atraído pelas luzes piscando atrás da parede.

— Tem um monte de eletrônicos e outras paradas aqui atrás. O que é isso?

O dr. Steven Friedman se aproximou de Griffin, sóbrio e solidário.

— Parece que você tem alguns problemas pessoais, Darryl.

Griffin odiava o dr. Friedman, em grande parte porque o sujeito era o único que usava o seu nome de batismo.

Ele pegou o telefone e meteu um dedo grosso no número de Teacake, mas a voz do Reverendo retumbou no saguão, impaciente.

— Vamos com isso ou não?

Griffin desligou. Ele mataria Teacake depois.

— Sim. Por aqui. — Griffin foi até o portão que levava às unidades de armazenamento e pegou o crachá novamente. O portão apitou, e todos passaram por ele, a caminho dos fundos.

Enquanto andavam pelo corredor fazendo barulho até as profundezas do depósito, Cuba ouviu um som à esquerda e se virou para olhar. Eles estavam passando pela boca aberta de outro corredor. Ela vislumbrou uma pessoa: não um guarda de segurança, mas um sujeito um pouco inchado com calças jeans bem justas e uma camisa social que estava manchada de verde e apertada nos botões, como se o homem tivesse ganhado muito peso recentemente e se recusado a comprar roupas novas. O sujeito estava olhando na direção deles ao passar por outro cruzamento a trinta metros de distância. Os dois fizeram contato visual e ela achou a aparência do homem desconcertante, o rosto estava tão inchado quanto o resto dele, e o olhar era intenso demais. Cuba o viu apenas por um segundo ou dois e então ele sumiu de vista, andando paralelo a eles na mesma direção, como se os seguisse a um corredor de distância.

Cuba — que não tinha um pingo de sangue latino, mas que gostava de pratos típicos da ilha — imaginou que tipo de maluco ficaria em um local de armazenamento às quatro horas da manhã.

Ela correu para alcançar os outros.

VINTE E DOIS

Trini apagou as luzes quando eles estavam a meio quarteirão de distância e entrou em uma rua residencial para estacionar tranquilamente. Roberto, que sabia que não devia fazer perguntas para Trini até que elas fossem imediatamente relevantes, fez a pergunta óbvia agora.

— Para onde estamos indo?

Trini desligou o motor, abriu o zíper da bolsa e vasculhou até encontrar uma bolsinha de couro enrolada.

— Para onde está o item sete.

Ela saiu do carro, olhou a rua deserta de um lado para o outro e se afastou, ficando um pouco além do alcance da luz intermitente dos postes.

Roberto saiu, fechou a porta suavemente e se aproximou. Ele não disse nada, apenas acompanhou Trini enquanto ela contava as casas. As luzes estavam apagadas em todas as moradias, nenhuma pessoa de respeito estaria de pé àquela hora. Trini parou diante de uma casa bonita de dois andares, saiu da rua e começou a atravessar a grama em direção à construção. Ela não perdeu tempo com a porta da frente; em vez disso, entrou no quintal estreito, com cerca de quinze metros de espaço entre a casa e a construção vizinha. Trini chegou a uma porta lateral, ajoelhou-se na laje de cimento do lado de fora e desenrolou a bolsa de couro no chão diante dela.

— Um pouco de luz, por favor?

Roberto puxou um chaveiro com uma lanterninha Maglite minúscula e se abaixou para conter o facho. Ele acendeu e apontou a luz na bolsinha. Quando ela se abriu, o facho reluziu em um conjunto de gazuas, formado por meia dúzia de ferramentas de metal de formas e tamanhos variados.

— Esqueceu as chaves? — sussurrou ele.

Trini não respondeu. Quanto menos Roberto soubesse, melhor, então ela não esclareceu nada. A parceira passou os dedos pela chave de torção e pela micha, olhou para o estilo da fechadura da porta e escolheu uma haste em L. Ela enfiou na fechadura e mexeu com cuidado, ouvindo.

Roberto olhou ao redor, depois de volta para Trini, meio aborrecido.

— Esse é realmente o melhor plano de armazenamento que você conseguiu inventar?

— Funcionou por trinta anos, não foi? — Trini continuou mexendo a haste em L, mas não obteve resultado algum, então puxou a ferramenta para fora, trocou por uma micha com ponta de diamante, e voltou a trabalhar com ela. — A única chateação foi quando eles se mudaram. Foram seis semanas de mentiras muito criativas para que me deixassem guardar coisas no porão sozi... lá vamos nós!

A fechadura emitiu um clique. Trini girou gentilmente, usando a gazua. A porta abriu uma fresta. Ela enfiou as ferramentas de volta no rolo de couro, amarrou rapidamente e meteu no bolso de trás das calças enquanto se levantava. Trini olhou para Roberto, esperando elogios, mas como não recebeu nenhum, deu de ombros. Não há como agradar determinadas pessoas. Ela abriu a porta e entrou. Roberto a seguiu.

Os dois estavam em uma cozinha, a cozinha de uma família ocupada, pelo que parecia. Mesmo no escuro, viram a bancada lotada de jarras de azeite, garrafas de temperos, livros meio lidos, o dever de casa de alguém e umas porcarias variadas de plástico. Trini acenou com a cabeça e Roberto foi atrás pela sala, silenciosamente, até um trecho da parede que estava coberto por um painel de cortiça repleto de desenhos e fitinhas de crianças, cronogramas e lembretes. Trini estendeu a mão para uma maçaneta meio oculta, girou e abriu a porta.

— Luz de novo?

Roberto apontou a minúscula Maglite à frente deles e revelou uma escada que conduzia a um porão. Os dois desceram. Ele manteve a luz acesa dessa vez e iluminou o caminho adiante de Trini enquanto ela se deslocava pelo espaço convertido lá embaixo, passando pelo sofá caindo aos pedaços e pela poltrona quebrada e, portanto, permanentemente reclinada, dando a volta da mesa de sinuca para chegar a uma outra porta no fim do cômodo.

Ela girou a maçaneta e entrou em um depósito inacabado. A família viveu ali por um bom tempo e devia ter havido um grande número de crianças, espalhadas por uma faixa etária bem ampla, porque havia tudo ali embaixo, desde triciclos antigos até uma armação com esquis mais usados. A metade dos fundos do depósito estava separada por uma cortina, e o que quer que estivesse empilhado atrás dela se avolumava e ameaçava atravessar a cortina, que Trini puxou para o lado.

O tipo das coisas na metade dos fundos do depósito era diferente. Não havia nenhuma parafernália infantil ali, apenas um monte de engradados velhos e caixas empilhadas umas sobre as outras, lembranças nada sentimentais como baús de campanha e um velho soprador de neve. Havia um caminho estreito entre as caixas, um método definido dentro da loucura de um acumulador, e Trini estendeu a mão pedindo a lanterna. Roberto passou a Maglite, e a mulher se virou de lado, avançando entre as caixas para chegar aos fundos.

Havia um grande baú ali, trancado em três pontos ao longo da borda da frente. Trini tirou um molho de chaves, devolveu a lanterna para Roberto e abriu os cadeados, depois a tampa. Dentro do baú havia uma bandeja grande de madeira com divisões de todas as formas e tamanhos, cheia de pedaços coloridos de papel. O primeiro pensamento de Roberto foi que eram cédulas — talvez Trini tivesse uma caixa de emergência ali embaixo —, mas um exame mais detalhado revelou que os papéis não eram dinheiro, pois eram muito pequenos e quadrados. Trini respirou fundo, como se tivesse esquecido o que havia na caixa, e ele subiu a luz para o rosto dela.

Trini estava sorrindo como uma criança de 6 anos.

— Minha coleção de selos!

Ela passou os dedos sobre as fileiras de selos impecavelmente montados, classificados por país e continente, cada um sobre um pedacinho de cartolina, a data e a origem escritas com letra caprichada ao lado. Trini pegou um selo, fascinada.

— Kampuchea! Esse é raro!

— Sério mesmo? Agora?

— Desculpe. Esqueci que isso estava aqui.

Ela abriu bem os braços, tocou nos dois lados de uma caixa de um metro e meio de comprimento e fechou as mãos em torno da moldura de madeira da bandeja superior. Trini mexeu um pouco e levantou, puxou a bandeja inteira para fora, do jeito que se faria no nível superior de um armário. Ela se virou, encontrou um lugar plano por perto e, enquanto pousava a bandeja, Roberto apontou a luz para o baú. Sob a prateleira de cima havia uma montanha de plástico-bolha. Ele começou a afastá-lo, Trini se virou e puxou o resto para fora, e, por fim, os dois encontraram o que vieram pegar.

O objeto era grande e tinha a forma de uma tina de água que havia sido cortada ao meio na vertical. A parte plana tinha uma série de tiras, cordas, fivelas e grampos, e eles envolviam a tina em si com três ou quatro tiras de couro. Como recipiente, era para ser leve, mas com esse tamanho não havia muita chance disso. O exterior estava coberto por uma lona de cor clara, com uma espécie de casca dura por baixo.

Aquilo estava exatamente como Roberto se lembrava havia trinta anos. Ele não sabia por que achou que seria diferente.

— Parece velho.

Trini deu de ombros.

— A gente também. E ainda funcionamos.

Era verdade, mas os dois eram corpos humanos, feitos para envelhecer, cair em decadência e dar defeito de vez em quando, e a mochila feita de meia tina era uma T-41 Cloudburst, uma arma nuclear portátil de potência selecionável. Se o corpo de Trini ou Roberto quebrasse, eles morreriam e algumas pessoas chorariam por um tempo. Se a T-41 quebrasse, todo mundo dentro de um raio de dezesseis quilômetros morreria.

A T-41 foi um produto dos testes da Operação Nougat no início dos anos 1960, depois que Eisenhower autorizou e implementou o conceito de armas nucleares de campo de batalha. Modelos subsequentes foram aperfeiçoados e implantados ao longo daquela década, a maioria deles em vários pontos críticos da Europa Ocidental. A ideia por trás das armas era que elas poderiam ser usadas para conter uma invasão russa. Deviam ser entregues quando necessário pelas Equipes Sinal Verde do exército americano, esquadrões de elite de soldados treinados no cuidado e na ativação de armas nucleares portáteis. As armas foram projetadas para que pudessem ser levadas atrás das linhas inimigas por esquadrões de um ou dois homens, armadas por um cronômetro ou detonador via rádio, e usadas para destruir locais estratégicos, como pontes, depósitos de munições ou acampamentos de tanques. Elas também poderiam ser entregues por paraquedas ou na água, ou enterradas até uma profundidade de seis metros, embora a detonação fosse significativamente menos confiável do que quando acompanhada por um técnico.

A T-41, como a maioria da série W54 de bombas especiais de demolição atômica, as SADMs, poderia ser ajustada para uma potência tão baixa quanto dez toneladas ou tão alta quanto um quiloton, que era o suficiente para destruir dois quarteirões de uma cidade ou o país de Lichtenstein por completo. Em última circunstância, era bastante duvidosa a fuga segura da Equipe do Sinal Verde, e os soldados que assumiram a função eram orientados a considerá-la uma missão suicida.

Esta T-41, em especial, foi construída e implantada em 1971, para uso na passagem de Fulda, na Alemanha Ocidental. Estrategicamente importante na maior parte da era moderna, a passagem de Fulda contém dois corredores de terras baixas através dos quais se temia que os tanques soviéticos pudessem conduzir um ataque surpresa ao vale do rio Reno, a entrada deles para a Europa Ocidental. Para evitar uma longa batalha de tanques, a ideia era que uma única T-41 removesse a ameaça em uma explosão controlada de destruição. As armas nucleares, naquele início, eram vistas por algumas pessoas no Pentágono apenas como versões maiores e mais eficazes de bombas convencionais. Em 1988, a opinião havia mudado, o Tratado de Forças Nucleares de Alcance Intermediário havia se firmado, e as últimas trezentas SADMs foram removidas da Europa Ocidental, desativadas e desmanteladas.

A não ser por aquela. Durante três anos após a confirmação do sucesso do bombardeio de Kiwirrkurra, Roberto, Trini, Gordon Gray e outros dois colegas da DTRA embarcaram em uma missão infrutífera e frustrante para alertar os superiores da necessidade de um plano de contingência caso o *Cordyceps novus* algum dia escapasse do confinamento sob as minas de Atchison. A natureza da instalação de armazenamento era ideal para uma detonação controlada de um dispositivo nuclear, argumentaram. Com planejamento e posicionamento adequados, era possível limitar a perda de vidas. Mesmo subterrânea, uma explosão nuclear seria impossível de esconder, eles disseram, mas, afinal de contas, esse era um cenário de emergência que provavelmente nunca teria que ser usado. Ainda assim, não deveriam estar prontos para isso?

Rechaçados ou ignorados a cada passo, eles resolveram a situação por conta própria. À medida que as atividades de desarmamento varriam a Europa Ocidental, o grupo falsificou registros de deslocamento dentro do Elemento de Coordenação de Eliminação Conjunta e, trinta anos depois, ali estava ele: o plano de contingência, dentro de uma caixa em um porão, embaixo da coleção de selos de Trini.

Roberto começou a tirar a unidade do caixote e imediatamente sentiu uma pontada nas costas. Ele parou na mesma hora — não force, seu débil mental —, dobrou os joelhos, endireitou o tronco e levantou. A T-41 pesava 26 quilos, mais pesado do que Roberto esperava ou se lembrava. Ele colocou na borda da caixa e olhou para Trini.

— Segure isso por um segundo, pode ser?

Trini estendeu a mão e firmou a bomba. Roberto se virou e se agachou, de costas para a T-41. Ele passou os braços pelas correias, apertou o máximo que pôde, soltou o ar e se levantou. Roberto já sentia a bomba nas coxas. Aquele troço era *pesado*, e ele não era o mesmo homem de outrora.

— Pronto.

Ela se virou, jogou a luz da lanterna em Roberto e riu.

— O que foi? — perguntou ele.

— A merda em que nos metemos.

— Mantém a aposentadoria interessante — disse Roberto. — Primeiro você.

Eles se dirigiram para o outro lado da cortina, no depósito inacabado, deram a volta pela mesa de sinuca, passaram pela poltrona quebrada e subiram as escadas que levavam à cozinha. Ela estava no quarto degrau quando Roberto colocou o pé no primeiro, e então todas as lâmpadas fluorescentes do porão foram ligadas.

Eles travaram, cegos por um momento. Olharam para cima, fazendo uma careta para a luz, e conseguiram distinguir a silhueta de um homem no topo da escada, um cara de cueca samba-canção e uma camiseta do Kansas City Chiefs, apontando um escopeta para eles.

A mente de Roberto procurou por opções e não encontrou nenhuma, não com aquela *geladeira* presa às costas, e não naquela posição, em segundo lugar no pé de um lance de escadas de frente para um cara que já estava com uma calibre .12 apontada para ele. Pela primeira vez em muito tempo, Roberto vasculhou a mente, os instintos e as experiências e não encontrou resposta.

— Há — disse ele.

O cara no topo da escada suspirou. Ele recolheu a arma, olhando para Trini.

— Mãe. É *sério* isso?

Trini sorriu.

— Oi, querido. — Ela olhou o homem de cima a baixo. — Você parece ter ganhado algum peso.

Era verdade, Roberto notou; aquela camiseta estava um pouco justa na barriga.

O homem desceu alguns degraus, cauteloso com a escopeta e ainda mais cuidadoso com a voz, que manteve baixa.

— O que você está *fazendo*?

Trini continuou subindo as escadas em direção a ele, e Roberto a seguiu.

— Ah, apenas pegando uma coisa — respondeu ela. — Vou parar de incomodar você em dois segundos.

Lembrando que não estava sozinha, Trini se virou.

— Desculpe, Anthony, este é meu amigo Roberto…

O parceiro subiu outro degrau e passou a mão por ela para cumprimentá-lo.

— Nós nos conhecemos. Eu acho que você tinha cerca de 3 anos de idade.

Anthony pegou a mão dele por reflexo.

— A-há. — Ele se virou para Trini. — Janet mataria você. E me mataria também.

Trini fez um movimento de zíper nos lábios, gesticulou para subir as escadas, e Anthony se virou. Ele subiu pesadamente as escadas, chegou à cozinha e saiu do caminho para deixar os dois passarem. Anthony não pôde deixar de ver a coisa enorme com aspecto militar que Roberto tinha preso às costas, mas apenas revirou os olhos. Ele foi até a porta da cozinha, abriu e acompanhou a saída dos dois sem dizer uma palavra. Trini dirigiu-se ao filho quando eles chegaram lá fora.

— Talvez no Dia de Ação de Graças?

— Talvez. Vou ver se consigo.

— Amo você, querido.

— Também te amo, mãe.

A porta se fechou. Enquanto eles retornavam para a minivan pelo gramado às escuras, Roberto não conseguiu aguentar o silêncio.

— Parece que ele virou um cara legal.

— Sim, é um bom menino.

Ele olhou para Trini ao se aproximarem da van.

— Estava só pensando…

— Sim?

— Bem, a, há, localização. Que você escolheu para armazenar esse troço.

— O que tem?

— Há… as crianças?

Trini revirou os olhos.

— Ora. Não é como se soubessem como ativá-la. Cruzes, você é cauteloso demais.

Roberto deixou o assunto de lado. Trini era Trini, e era disso que ele gostava nela.

DEZ MINUTOS DEPOIS, OS DOIS ESTAVAM ESTACIONADOS DO LADO de fora da casa de Trini, pois o trabalho dela havia terminado. Roberto estava atrás do volante agora, com o item número sete na traseira do veículo. Ele havia pousado no Kansas há 32 minutos.

Trini gesticulou e apontou para a rua.

— Vire à direita aqui, depois pegue a segunda à esquerda, e você chegará ao viaduto em mais ou menos quinhentos metros. É uma subida direta para a 73.

— Quanto tempo até Atchison?

— Vinte e cinco minutos. Tem certeza de que você não quer que eu… — Trini parou de falar e teve um acesso de tosse seca que pareceu doloroso.

Roberto olhou para ela. A noite tinha esgotado Trini quase completamente, e ambos sabiam que ela não podia nem deveria ir com ele.

— Eu vou ficar bem — disse Roberto. — Você ainda conseguiu, sabe?

Ela sacudiu o maço, tirou outro cigarro e acendeu.

— Você vai tentar tirar aqueles dois de lá, não vai?

Ele pensou por um momento.

— Não sei se consigo.

— Tenta. Ok?

Roberto olhou para Trini.

— Você está ficando sensível no fim da vida.

Ela sorriu.

— A vida já acabou, *guapo*.

Trini deu uma tragada forte no cigarro e soltou uma nuvem grande e ondulante, que rodou e envolveu a cabeça dela no ar noturno parado. Roberto estendeu a mão pela janela e colocou no ombro de Trini. Ela inclinou a cabeça na direção da mão dele, grata pelo toque humano.

— Ligue para mim quando quiser — falou Roberto. — Eu falo todas as besteiras que você aguentar.

Ela sorriu.

— Isso seria bom.

VINTE E TRÊS

Mary Rooney tinha adormecido no sofá-cama dentro da sua unidade de armazenamento horas atrás e poderia ter passado a noite toda ali, se não fosse pelos tiros de Mike. Não teria sido a primeira vez que ela teria passado a noite na boa e velha SS-211; na verdade, Mary descobriu que ultimamente era o único lugar onde dormia bem. Ela começou tirando sonecas curtas de vez em quando, apenas passando alguns minutos a mais ao lado das memórias da sua vida. Porém, assim que tirou o sofá-cama do quarto de hóspedes na casa dela e trouxe para o depósito, as coisas ficaram muitíssimo confortáveis ali dentro. Os cochilos se tornaram cada vez mais longos. Onde mais era completamente tranquilo, onde mais Mary podia estar cercada pelas posses dos entes queridos, e onde mais ela se sentia segura? Não no apartamento, com certeza, com a colega inconveniente com quem Mary dividia a casa por insistência dos filhos, que estavam preocupados com o fato de a mãe morar sozinha. Ela tinha chegado naquele dia com as últimas coisas de Tom, algumas caixas de sapato cheias de lembranças e certificados de honra ao mérito no serviço militar. Enquanto colocava tudo no devido lugar, o passeio pela nostalgia se tornou cansativo, e Mary se deitou e apagou.

Ela estava bem acordada agora, sem sombra de dúvida. O primeiro estampido da .22 deu conta do recado. Aquele lugar era uma câmara de eco e não havia como confundir um tiro. Mary se sentou, bem acordada durante a próxima meia dúzia de disparos, que responderam plenamente à pergunta: *Será que eu sonhei aquilo?* Não, ela não sonhou. Alguém estava atirando lá fora de algum lugar acima dela. Quem diabos estava assaltando uma instalação de armazenamento no meio da noite, e por que estavam matando pessoas para fazer isso? Aquilo não fazia sentido nenhum para ela.

Talvez, pensou Mary, fosse um daqueles atiradores loucos que se vê o tempo todo, mas isso fazia ainda menos sentido — eles não queriam matar um *monte* de gente? Não era esse o objetivo? Ela nunca viu mais de duas pessoas nesse lugar de uma só vez. Mary ficou sentada imóvel por cerca de quinze minutos, não se atrevendo a abandonar a unidade trancada, mas também sem encontrar jeito de voltar a dormir.

Quando o rugido das motocicletas ecoou do lado de fora, ela ouviu vozes no corredor, muitas vozes e começou a tentar elaborar um plano. Ficar ali a noite inteira até que a situação fosse resolvida era provavelmente a melhor ideia, mas e se houvesse pessoas em perigo? O que ela poderia fazer sobre isso? Uma pergunta melhor: o que Tom faria? Mary olhou para os pertences do marido, organizados e empilhados de forma tão meticulosa e carinhosa nas prateleiras de armazenamento de metal e compensado que ela tinha encomendado na Amazon e montou sozinha. Mary tentou se colocar no lugar de Tom.

Porque Tom certamente faria *alguma coisa.*

VINTE E QUATRO

Perto dali, Teacake e Naomi estavam analisando os próprios planos desde que ouviram o barulho das Harleys. Eles escutaram os passos de Mike enquanto ele descia o corredor, aparentemente atraído pelo som. Teacake tinha chegado a uma conclusão sobre toda aquela situação que não estava disposto a abandonar.

— Isso é parecido demais com aquelas histórias de zumbi.

Naomi estava se sentindo mais sensata.

— Ok, antes de mais nada, zumbis não existem.

— Zumbis existem. Zumbis são cem por cento reais.

— Não, não são, Travis. Isso é coisa de TV e de cinema.

— Sim, e são uns filmes e séries realmente excelentes, eu gostaria de destacar, mas não é sobre isso que estou falando. Zumbis são totalmente reais, eles são baseados em um lance no Haiti, tipo todo mundo sabe ou algo assim. São cadáveres que transformam em escravos com magia. Eu não posso *acreditar* que você não saiba disso. E quer ser veterinária?

Ela olhou para Teacake.

— Você acha mesmo que é isso que está acontecendo aqui? Magia haitiana?

— O quê? Claro que não, porra. Não sou um idiota. — Ele estava ficando impaciente.

— Então, qual é o seu argumento?

— Eu disse que isso *parece* com aquelas histórias de zumbi, ao contrário de ser *exatamente* igual às histórias de zumbi, que, pelo que sei, não acontecem no Kansas, ok? Dado que, na realidade, na noite de hoje, há um fungo verde crescendo e um Rei Rato e um cervo explodindo e um cara que quer vomitar na porra da sua boca. — Ele fez um gesto que dizia que o argumento foi provado.

— Certo. E?

— A *coisa*, seja o que for, está se espalhando. Ela *quer* se espalhar. Chame do que quiser, mas a coisa está aqui, nesse prédio, e quer sair para o mundo. Então, o que vamos fazer a respeito? Daqui a vinte anos, quando você e eu estivermos sentados ao redor da lareira e nossos bisnetos nos perguntarem o que fizemos na grande guerra de zumbis, o que diremos a eles? — Naomi abriu a boca para falar, mas ele levantou a mão para impedi-la e continuou. — E sim, eu sei, minha matemática não está certa com o lance dos bisnetos, então nem comece.

Naomi não ia criticar a matemática dele; ela estava prestes a chamar atenção para o fato de que ele tinha acabado de presumir que eles teriam filhos juntos. Mas isso parecia irrelevante e, de certa maneira fofo, então Naomi deixou que Teacake fosse em frente.

— Temos que ir até lá e deter aquele cara antes que ele vomite na boca de *outra* pessoa.

— Por que temos que fazer isso? O cara no telefone disse que vai estar aqui em vinte minutos.

— Sim, mas quem é esse cara, exatamente? — perguntou ele. — Um sujeito ao telefone tirando uma tremenda onda? Uma moça no forte Belvoir que teve que desligar na sua cara e ligar de volta pelo celular dela? Por que ela faria isso? São uns amadores do caralho, cara, tão assustados quanto nós. Não sei por quê, mas eles estão, sim. Agora, se você tivesse conversado com o coronel Pica das Galáxias ou sei lá quem, e ele tivesse dito que havia meia dúzia de Sikorskys voando até aqui com mísseis armados e tocando "Don't Fear the Reaper" em alto-falantes grandes, eu talvez esperasse e deixasse isso acontecer. Mas não acho que temos tempo para ficar sentados aqui esperando que alguns mercenários apareçam e não sejam devorados antes de saírem dos próprios carros. Temos que ir lá e *fazer* alguma coisa.

O debate ficou indo de um para o outro por mais um ou dois minutos. Àquela altura, Teacake já tinha escutado as mensagens de Griffin e sabia que era ele e os seus motoqueiros marginais que tinham chegado, provavelmente para pegar as mercadorias roubadas. Era tudo culpa de Teacake, pois ele não estivera disposto a desobedecer às regras, mais um exemplo de fazer a coisa certa e mesmo assim se ferrar por causa disso. Mas Teacake e Naomi finalmente concordaram que Griffin e seus amigos, embora detestáveis, eram seres humanos e não mereciam morrer. E, caso morressem, seria ótimo se não espalhassem um fungo letal para o resto do mundo na saída. Os dois concordaram que começar com um telefonema fazia sentido.

Teacake apertou o botão de retornar a ligação na última chamada de Griffin para ele e esperou. O telefone tocou duas vezes antes de Griffin responder. Ele já estava falando antes de o celular chegar à boca, por isso o aparelho pegou no meio da frase.

—... seu retardado, se você ignorar as minhas ligações de novo, vou acabar com você, está achando que essa porra é um jogo, eu prometo que... — E então a voz de Griffin desapareceu novamente quando ele abaixou o telefone e desligou, também no meio da frase.

Teacake olhou para o celular.

— Uau.

— O que foi?

— Ele é um babaca tão grande. Eu sempre fico meio surpreso.

— Ele desligou?

Teacake concordou com a cabeça e ligou de novo. A chamada foi direto para a caixa postal. Ele abaixou o celular, perplexo.

— Tenho que admitir que por essa eu não esperava.

— Ele parecia bem?

— Ele parecia um idiota. Então acho que está bem. Vamos chegar até ele antes do seu amigo.

— Ele não é meu amigo — disse Naomi, indignada.

— Tanto faz. O cara com quem você teve um bebê. Vamos detê-lo.

Teacake foi até a porta e soltou o ferrolho em uma das extremidades. Ela parou na frente do ferrolho do outro lado, ainda sem ter terminado a discussão.

— Ele está armado.

— Com uma .22. Sim, uma .22 pode acabar com você, mas o pente só tem dez balas, e acho que ele usou todas.

— Como sabe disso? — perguntou Naomi.

— Porque enquanto ficamos sentados aqui nos últimos quinze minutos, eu contei os disparos na cabeça. Um no corredor, quando a gente estava fugindo dele. Três do lado de fora da porta, quando eu estava rolando por baixo. E seis tiros que ele deu na porta depois de termos trancado. Olha, você pode ver onde cada um deles acertou.

Ela olhou para cima e, de fato, havia seis pequenas mossas, espalhadas por uma área de um metro na porta de metal, onde as balas tinham amassado o lado de fora. Naomi ficou impressionada.

— Assim sendo, ele não pode atirar na gente, certo? — falou Teacake.

— Ele só pode vomitar ou explodir em cima da gente, mas se ficarmos longe o suficiente, isso não vai ser problema. Nós pegamos o Griffin e qualquer merdinha que veio com ele e saímos, mantemos o paizão da sua filha aqui dentro...

— Por favor, pare com isso.

— ... e esperamos a cavalaria chegar. Se eles sabem o que estão fazendo, então pronto. Nós salvamos o mundo. Ou pelo menos o leste do Kansas.

Teacake fez uma pausa. Quando um bom vendedor sabia que tinha uma carta na manga, ele sempre deixava para o fim e usava o mínimo de palavras possível para expressá-la. Como sabia que tinha uma carta na manga, ele fez uma pausa adequada e depois lançou mão dela.

— E a sua filha também.

Naomi olhou para ele, emocionada.

Teacake continuou, e essa era a parte mais importante para ele do que todo o resto. Era a parte que ele não tinha percebido até ter feito quase todo o discurso e compreendido por que estava argumentando tanto, por que estava fazendo campanha pelo direito de abrir a porta e arriscar a vida quando não tinha absolutamente nenhuma necessidade de fazer aquilo. Esta parte veio do fundo do coração.

— Olha, eu sei que eles nos pagam uma merreca, mas esse lugar me contratou direto da cadeia, e ninguém mais teria feito isso. Eu deveria tomar conta dessa instalação, e, pela primeira vez na minha vida, seria legal não fazer merda. Este é o meu único emprego, e sim, é uma bosta, mas é o único que tenho ou que vou arrumar. Você não precisa vir junto. Eu saio, você tranca a porta, eu volto e pego você quando estiver liberado.

Naomi olhou para Teacake e pensou: *Que engraçado, algumas coisas melhoram com um exame mais detalhado. Ele com certeza melhorou.*

Ela tirou o ferrolho do outro lado da porta e, juntos, os dois a puxaram para cima e saíram para o corredor.

De imediato, Teacake provou estar correto sobre uma coisa — a arma devia estar vazia, porque Mike havia deixado a pistola para trás, no chão onde esteve sentado. Eles começaram a descer o corredor. Os dois deram apenas três ou quatro passos quando o telefone de Naomi vibrou.

Naomi fez sinal para Teacake, parou e respondeu, sussurrando:

— Ainda aqui.

Era Abigail, precisamente dez minutos depois que ligou pela última vez.

— Ótimo. Só verificando. Sua situação permanece a mesma?

Naomi hesitou.

— Não exatamente.

— O que quer dizer?

— Nós saímos da unidade.

Abigail fez uma pausa, pensando.

— Não consigo compreender por que fariam isso.

— Há mais pessoas aqui agora. Temos que avisá-las.

— Quantas pessoas?

— Não sei. Ligue de volta. — Naomi desligou e olhou para Teacake.

— Ela não ficou contente.

Teacake deu de ombros.

— E alguém está?

OS ÚLTIMOS 34 MINUTOS

VINTE E CINCO

A retirada das caixas da Samsung tinha ido muito bem até aquele momento, mas estava demorando mais do que Griffin queria. A renegociação atrasou tudo. Depois de todo o trabalho de finalmente convencer aqueles palhaços sobre os televisores, o babaca do Cabeção tentou baixar o preço para 75 dólares no último minuto. E não foi como se ele tivesse feito aquilo discretamente — todos ouviram e, então, todos queriam a mesma coisa. Cabeção era bom nisso; eles não o chamavam de Cabeção só por causa do capacete que ele usava. Como trabalhava em vendas na IRT e negociar era instintivo para ele, Cabeção esperou até que todos estivessem na unidade, deu uma olhada no estoque excedente, e percebeu que tinha Griffin nas mãos. Eles pechincharam por alguns minutos, mas a cabeça do vendedor estava latejando àquela altura, e a ideia de todo mundo indo embora dali e *deixando* os televisores para trás era impensável. Então, 75 dólares foi preço, a grande soma que ele levaria para casa seria de 450 dólares em vez de seiscentos, mas paciência, Griffin topou.

Os televisores eram pesados e desajeitados, de modo que foram necessárias duas pessoas para retirá-los, um de cada vez. Cedric e Chorão retiraram o primeiro, Cuba e Entulho, o segundo, Nanica e o Reverendo, o terceiro, e Griffin e o dr. Steven Friedman já haviam feito duas viagens.

De alguma forma, Cabeção conseguiu se escalar como supervisor e estava encostado na parede interna da unidade dando um trago rápido em um cigarro eletrônico quando Mike apareceu na porta.

Mike ficou parado ali por um longo momento, com a respiração ofegante entrando e saindo. Ele olhou para Cabeção, que devolveu o olhar.

— O que foi, porra?

Mike não respondeu, apenas olhou fixamente. Cabeção soltou uma nuvem de fumaça.

— Eu te fiz uma pergunta, idiota.

Ainda assim, Mike não respondeu. Cabeção deu um passo à frente.

— Você está prestes a arrumar um problema sério, cara. Me dá um pouco de privacidade, filho da puta. Ou você dá dois passos para trás e olha para longe de mim imediatamente, ou vou bater com a sua cabeça na parede até ela estourar. Sacou?

Mike se virou e olhou para o corredor, não porque Cabeção mandou, mas porque ouviu vozes. Cedric, Chorão, Cuba e Entulho estavam voltando da primeira remessa para o caminhão, vindo pegar mais caixas, e se aproximavam. Eles viram Mike, mas ele deu alguns passos para trás, dando-lhes bastante espaço. Cabeção presumiu que tinha conseguido intimidar o maluco que ficou olhando para ele.

— É assim que eu gosto — disse ele para Mike, enquanto os outros voltavam para a unidade a fim de pegar outro televisor.

Cuba olhou para trás e reconheceu o maluco que observou o grupo antes. A camisa dele estava ainda mais apertada do que antes, dois dos botões já tinham estourado sobre a barriga inchada e alguns outros pareciam prestes a ceder.

— O que esse cara quer? — perguntou ela para Cabeção. — Eu vi ele antes.

— E eu lá sei? Foda-se! Não se preocupe com ele. Apenas continue, não temos a noite toda.

Cedric tinha visto o suficiente do comportamento mandão de Cabeção ao longo dos anos para se cansar daquilo.

— Quando você vai pegar um, seu preguiçoso de merda?

— Ei, eu estou *coordenando*. Você deveria me agradecer. Eu deveria cobrar uma comissão pelo dinheiro que economizei para você.

Do lado de fora, eles ouviram gritos, duas vozes em algum lugar distante, e olharam de novo, passando por aquele cara estranho, mas não viram ninguém. Cabeção se voltou para os outros e gesticulou, cobrando urgência.

— Peguem uma televisão e *andem*, vamos dar o fora daqui.

Houve um som dilacerante, como um lençol sendo rasgado ao meio, e todos se viraram ao mesmo tempo. Mike tinha retornado à porta, e o som veio do abdômen dele. O revestimento do estômago, estendido além da capacidade elástica, finalmente se separou da parede do órgão e agora era uma massa flutuante de geleia viscosa dentro do abdômen.

Ele tinha menos de noventa segundos de vida.

Queixos caíram, mas apenas Cabeção conseguiu falar algumas palavras.

— Mas que por...

Ele se interrompeu porque, de repente, o estômago de Mike entrou em colapso enquanto o corpo forçava as estranhas para fora, através da garganta, pela boca e para o ar a quarenta quilômetros por hora. Isso não é muito rápido para um carro, mas para vômito é bem rápido, e a golfada cobriu a distância entre Mike e os demais em menos de um segundo. Foi menos tempo do que qualquer um deles teve para reagir, e como o jato das gotículas foi largo, todos foram atingidos e contaminados pela explosão. Eles gritaram, cambaleando para trás, e Mike ergueu a mão, fechou a porta de garagem e colocou o cadeado de volta no buraco — ele não sabia exatamente por quê, mas sabia que tinha mais trabalho a fazer e precisava que eles não atrapalhassem.

A forma evoluída do *Cordyceps novus* dentro de Mike estava angariando experiências positivas de crescimento uma após a outra, e agora aprendeu o valor de *não* detonar o corpo de um hospedeiro na primeiríssima oportunidade. A disseminação da massa fúngica de Mike havia se provado tão eficaz através do vômito quanto teria sido pela explosão de frutificação do corpo inteiro dele, além de ter a vantagem adicional de deixá-lo relativamente intacto e móvel por pelo menos mais sessenta segundos.

O fungo era um excelente aluno. Ele aprendeu.

De dentro da unidade, Mike ouviu berros e gritos, mas eles estavam contidos. Eles só precisavam ficar assim por um minuto ou dois. Mike não tinha muito mais coisas sobrando dentro dele; estava se consumindo e se expelindo rapidamente, e tinha que ter certeza de que o pouco que restava de si foi investido em uma boa causa.

Os outros humanos.

Ele se virou para a direção de onde os gritos tinham vindo.

HÁ MENOS DE DOIS MINUTOS, NAOMI E TEACAKE TINHAM SAÍDO DA unidade de armazenamento. Naomi havia atendido ao telefonema de Abigail, desligado, e eles seguiram em frente com cuidado pelo corredor. O celular de Naomi tocou de novo, mas ela o ignorou desta vez, apertou o botão lateral e mandou o telefonema para a caixa postal. Lá da frente, os dois ouviram vozes. Teacake foi até um cruzamento e espiou pela borda o corredor seguinte, onde ele sabia que Griffin mantinha a unidade de armazenamento com os televisores roubados.

A unidade se encontrava a mais ou menos quinze metros de distância, e ele viu que a porta estava escancarada. Mike estava parado diante da porta aberta, olhando para dentro, e Teacake notou as silhuetas de quatro ou cinco pessoas ali. Elas estavam fazendo alguma coisa, mas com certeza não prestavam atenção em Mike, que era o que deveriam estar fazendo. Naomi virou a curva quando Mike começou a encolher e estufar a barriga. Ambos sabiam o que viria a seguir e gritaram ao mesmo tempo para os pobres miseráveis dentro da unidade — *cuidado, fujam, dêem o fora* —, mas era tarde demais. Teacake e Naomi só puderam ver o estômago de Mike se esvaziando e o fungo se espalhando na unidade de armazenamento. Os dois observaram quando ele estendeu a mão, desceu a porta, trancou-a e se virou para eles.

Mike olhou para Teacake e Naomi por um momento.

Então correu na direção dos dois.

Pela aparência do corpo em decomposição de Mike, não parecia que ele fosse capaz de correr, mas ele correu, de um jeito meio rápido e trôpego, e foi para cima deles de maneira implacável. Mike já estava perto demais para que os dois conseguissem se virar e correr, e Teacake percebeu, com algum pesar, que o seu grande plano heróico consistia em ideias reais quase nulas. Sair da unidade, avisar aos outros, salvar o planeta? Honestamente, aquele era um plano de *merda*, não merecia a palavra *plano*, não merecia ser mencionado no contexto de planos de verdade. Ele tinha convencido Naomi, essa mulher totalmente respeitável e mãe incrível que era importante de verdade no mundo, a deixar a segurança do esconderijo e entrar em uma situação perigosa sem estratégia concreta e ninguém além dele, o Prodígio Sem Plano, para protegê-la. Teacake ouviu a voz do pai na cabeça, dizendo para o filho idiota a mesma coisa que ele havia dito nos últimos quinze anos.

"Se você não tivesse merda na cabeça, não teria nada dentro dela."

Mike estava a apenas um segundo deles e Teacake se agachou para se lançar contra o agressor, a fim de pelo menos bloqueá-lo por tempo suficiente para que Naomi tivesse tempo de correr. Ele tensionou as pernas, pronto para saltar para a frente.

Naomi ouviu os tiros primeiro porque eles vieram de meio metro atrás da orelha esquerda. Os disparos foram tão altos que estouraram o tímpano esquerdo e a ensurdeceram temporariamente no ouvido direito.

A Glock 21SF .45 automática tem sido a arma padrão da Patrulha Rodoviária do Kansas desde 2009. Ninguém realmente fazia ideia por que eles achavam que precisavam de tamanho poder de fogo, mas as últimas pessoas que se queixariam disso naquela noite seriam Teacake e Naomi. Seis balaços da .45 passaram assobiando pela cabeça de Naomi, por cima do ombro de Teacake, e acertaram o peito de Mike com tanta força que inverteram a direção do movimento dele. As balas levantaram Mike, jogaram-no dois metros para trás em pleno ar e ele caiu no piso de cimento, morto. O corpo cheio de fungos estava em tamanho estado de abandono e desordem que ele quase se desintegrou no impacto.

Naomi, completamente surda na orelha esquerda e dominada por um forte zumbido na direita, se virou e viu a mulher parada atrás dela, segurando a arma fumegante.

Teacake se levantou e encarou a mulher com olhos arregalados.

— Sra. Rooney?

Mary Rooney abaixou a arma de serviço do marido morto, a que ela relatou estar perdida em vez de entregar quando ele morreu, a que ela trouxe para a unidade de armazenamento na caixa de sapatos naquele mesmo dia.

Mary tirou os olhos dos restos mortais de Mike que estavam espalhados e se voltou para Naomi e Teacake.

— Aquele rapaz não estava bem.

OS TIROS AINDA ECOAVAM NO SAGUÃO QUANDO NANICA E O REVErendo deram meia-volta e correram para a picape. Não era o tipo de situação que era necessário ficar perto para tentar entender. Seis tiros — foram como disparos de *canhão* — vindo do que soava como uma arma semiautomática em algum lugar trinta metros à frente, em pleno processo de colocar mercadorias roubadas em uma picape no meio da noite? Sim, era para dar o fora dali o mais rápido possível.

Eles pularam na picape, Nanica deu marcha a ré e meteu o pé no acelerador, e o cascalho voou tão forte e tão longe que deixou marcas nas portas de entrada de vidro. Ela girou o volante, o veículo deu um belo cavalo de pau, e eles subiram pela entrada do estacionamento sem olhar para trás.

Griffin e o dr. Steven Friedman não tiveram a mesma vantagem de posicionamento, no entanto. Os dois já estavam voltando para a unidade de armazenamento a fim de pegar outro lote de televisores e ouviram os tiros bem na curva. O dr. Friedman se abaixou e ergueu as mãos para cobrir as orelhas, uma resposta biologicamente inútil que o deixou como um alvo fácil no meio do corredor, mas os anos na faculdade de odontologia não incluíram nenhum treinamento para esse tipo de situação.

Griffin era diferente. Griffin já tinha zerado esse tipo de cenário uma centena de vezes enquanto jogava *School Shooter: North American Tour 2012*, uma modificação para *Half-Life 2* que ele baixou da internet. Griffin respondeu instintivamente e com alegria, encostando-se na parede, e sacou o Smith & Wesson M&P 40C do coldre debaixo do casaco. Antes de os tiros desaparecerem, ele fez um reconhecimento rápido, esquerda-direita-esquerda, e viu que o corredor estava livre, exceto pelo dr. Friedman, que ainda estava agachado no meio da passagem. Griffin deu um passo à frente, agarrou o dentista pelo colarinho com um gesto exagerado da mão esquerda e arrastou o homem contra a parede.

O dr. Friedman olhou para ele, ainda agachado, aterrorizado.

— O que diabos está acontecendo? — perguntou ele em um sussurro trêmulo.

— Atirador à solta — respondeu Griffin.

Ele não se sentia tão bem havia anos.

VINTE E SEIS

Roberto estava na rodovia 73, a apenas treze quilômetros de Atchison, quando recebeu o telefonema de Abigail. Como o celular ainda estava lacrado na bolsinha, ele tinha deixado o laptop aberto no banco do passageiro, com um cartão da AT&T para permanecer conectado à internet. Ele colocou o fone Bluetooth, apertou a barra de espaço para responder e ouviu enquanto ela explicava o acontecimento mais recente de dentro do local de armazenamento.

Roberto não sabia dizer se realmente compreendeu.

— Eles saíram? O que quer dizer com eles saíram?

— Eles não estão dentro da unidade.

— Por que diabos não?

— Ela disse que havia outras pessoas dentro da instalação e eles tiveram que avisá-las.

— Ótimo. Eles são magnânimos. Quantas pessoas?

— Ela não disse.

— Você consegue ligar para ela?

— Já tentei quatro vezes. Ela não atende.

— Há quanto tempo foi isso?

— Há menos de dois minutos.

— E a outra pessoa? — perguntou ele. — O infectado, do lado de fora da porta deles.

— Ela não informou.

— Você não perguntou?

— Foi uma conversa muito curta. Ela desligou na minha cara. O senhor sabe tudo o que eu sei.

— Tudo bem — disse Roberto, pensando. — Ok. — Ele repetiu tudo que Abigail tinha acabado de dizer, porque foi o que aprendeu a fazer há quarenta anos. — Naomi disse que ela e o outro corpo saudável estavam saindo da unidade de armazenamento porque ouviram outras pessoas chegando. Ela não informou o número. Você não teve contato com ela desde então. Isso foi há cerca de dois minutos. Estou correto?

— Sim, senhor.

— Você sabe os nomes deles? — indagou ele.

— Sim.

Roberto pensou rápido. Avaliação de danos, rendimento decrescente, relação risco-recompensa, estudando a situação complicada e decidindo tomar a atitude menos ruim. Ele tinha uma ideia, mas significava ampliar o círculo. Talvez ajudasse, mas teria que ser uma noite sem nuvens. Roberto baixou a janela, enfiou a cabeça para fora e olhou para cima. O céu acima estava limpo, um brilhante dossel de estrelas. Eles tiveram sorte com o clima. Ele fechou a janela.

— Vou precisar de ajuda aérea — disse Roberto ao telefone.

Houve uma pausa do outro lado.

— Não vejo como isso seria possível.

— Tudo é possível, Abigail. Algumas coisas apenas são mais possíveis que outras.

— Eu não tenho esse tipo de recurso.

— Eu sei exatamente que tipo de recurso você tem e não tem. — Ele não queria ser grosso com ela e suavizou o tom de voz. Roberto tinha uma única aliada no momento e não podia perdê-la.

— Você quer reconhecimento por satélite — falou ela do jeito que alguém diria: "Você quer um bilhão de dólares."

— Eu *quero* um drone Global Hawk diretamente acima a 10 mil pés, mas nunca conseguiríamos um que chegasse aqui da Base Edwards a tempo. Vou me contentar com um satélite espião Keyhole. Um redirecionamento de dez minutos faria isso.

— Isso exigiria aprovação do procurador-geral.

— Sim, se a gente fosse por esse caminho. Mas estamos sendo um pouco mais informais em relação a tudo.

— O senhor está maluco. Em termos de operação, quero dizer. Está quase delirando.

— Não, eu sou ambicioso, Abigail, e você também. Quem você conhece no NRO?

O NRO, o Departamento Nacional de Reconhecimento, lidava com a coordenação dos satélites de vigilância e a disseminação de informações dentro e entre a NSA, a CIA, o FBI e o Departamento de Segurança Nacional.

— Eu não conheço ninguém lá — respondeu ela, irritada.

— Você pode, por favor, mudar a sua postura? Estarei no local em nove minutos.

Roberto olhou para a velocidade e viu que estava indo a mais 130 quilômetros. Ele pegou leve no acelerador.

Houve mais uma pausa do outro lado da linha, então a voz de Abigail voltou, ainda hesitante, mas ele quase sentiu a mente dela enfrentando o problema.

— Minha amiga Stephanie namora um cara no ADF-E.

O ADF-E, o Centro de Dados Aeroespaciais da Costa Leste, ficava localizado bem do outro lado do forte Belvoir e era o centro operacional dos satélites de reconhecimento espalhados pelo mundo todo.

— Viu só? — disse Roberto. — Viu do que você é capaz?

— Mas eu teria que acordá-la... ele teria que estar de serviço...

— Vamos precisar que algumas coisas estejam a nosso favor, sem dúvida.

— Eu volto a ligar para o senhor.

— Espere — falou ele. — Você conhece esse cara?

— Não. Só vi uma foto, uma vez.

— Quem é mais bonito, a Stephanie ou ele?

— Eu sei lá. Nós temos tempo para isso mesmo?

— Stephanie, quero dizer, Abigail... merda! — Roberto estava ficando cansado e irritado. — Por favor, apenas responda à pergunta. Quem é mais bonito?

— A Stephanie é linda. Ela é muita areia para o caminhãozinho dele.

— Essa é a primeira coisa a nosso favor. Acorde-a. Você já tem as coordenadas. Preciso de vigilância área em cinco minutos. Se qualquer pessoa infectada sair daquele lugar, preciso saber quantas são e para onde vão. Sacou?

— Saquei.

— E me passe algumas informações pessoais sobre as pessoas dentro daquele lugar. As saudáveis. Histórico profissional, sabor de sorvete favorito, o que você conseguir. Talvez seja necessário. Entendido?

— Entendido. — Abigail desligou para começar a trabalhar.

Roberto tirou o fone de ouvido e fechou o laptop. Ele se permitiu um pequeno suspiro. Isso até certo ponto, talvez, quem sabe, funcionasse. Roberto tinha esquecido quantas pessoas ele conhecia e como era bom em tirar o melhor proveito daquelas que não conhecia. Os vincos apareciam, e ele retirava passando ferro quente. Simplesmente não havia substituto para essa experiência. Pegue uma vida inteira de habilidades adquiridas, tempere com a sabedoria da idade, jogue dentro bons instintos e reflexos — isso não dá para aprender, tem que vir com a pessoa — e eis um agente extremamente eficaz. Diabos, talvez ele nunca deveria ter se aposentado. Roberto estaria lá em oito minutos e resolveria a questão dentro de uma hora. Ele sorriu.

Então o policial ligou o giroflex.

Roberto olhou pelo espelho retrovisor e teve um pressentimento horrível que ele conhecia bem no fundo do estômago. O policial estava tão perto atrás de Roberto, e as luzes vermelhas piscavam tão brilhantes que incomodaram a vista. Ele olhou para o velocímetro. O ponteiro estava quase nos 150. Excesso de velocidade? Ele estava *acima do limite de velocidade? Sim, você é um grande gênio, Roberto.*

Ele deu um soco ao lado do volante e seguiu em frente por um momento, enquanto a mente disparava em dezoito direções diferentes, cada uma delas um beco sem saída. O policial tocou duas vezes a sirene, e o apito duplo quase fez Roberto ter um sobressalto.

Ele não tinha escolha. Parou o carro.

O cascalho do acostamento rangeu sob os pneus, e ele parou a minivan de maneira tranquila e responsável. Roberto olhou pelo retrovisor interno para ver se havia algo que ele pudesse tomar conhecimento. A viatura era um sedã padrão de quatro portas, provavelmente um Chevy Impala. Tinha um giroflex vermelho no teto, faróis quadrados com luzes altas piscando alternadamente e uma luz azul na grade frontal. Essas informações, como um todo, não tinham serventia alguma.

Como olhar para trás seria muita admissão de culpa, Roberto usou o retrovisor externo, onde o ângulo significava que ele estaria enxergando um pouco melhor. A viatura não tinha parado tão dentro do acostamento quanto Roberto, de modo que ele conseguiu distinguir a silhueta do policial pelo para-brisa. O homem olhava para baixo, com o rádio na mão, provavelmente havia apenas consultado a placa e estava esperando por uma resposta. Roberto controlou a respiração e considerou as opções. Nenhuma delas era boa. Dar no pé era pior — não dá para fugir das ondas de rádio. Ele acabaria em uma perseguição em alta velocidade que perderia.

Roberto pensou em dar marcha a ré na minivan e colidir com a frente da viatura, na esperança de ter sorte e estourar um pneu, mas ele tinha a mesma chance de estourar um dos próprios pneus, o que daria em uma perseguição bem curta. E mesmo que tivesse sorte e incapacitasse a viatura sem danificar o próprio veículo, veja a seção sobre as ondas de rádio.

Relutantemente, Roberto pensou em matar o policial. Mesmo que pudesse se convencer sobre o assassinato de um agente inocente da lei que estava apenas fazendo o seu trabalho, Roberto não tinha arma com ele. A arma mais próxima seria uma M9 descarregada em um dos baús lá atrás. Trini teria deixado um pente carregado na proteção de espuma ao lado da pistola que ele poderia colocar na arma em um segundo, mas chegar lá seria um problema. Se Roberto fizesse o menor movimento em direção à traseira do carro, o policial estaria fora do próprio veículo e agachado atrás da porta com a arma sacada em segundos.

E ainda havia aquela parte sobre matar um policial inocente. Ele nunca tinha feito uma coisa assim antes.

A porta da viatura se abriu e o policial saiu. Ele era alto, talvez tivesse 1,95 metro, e segurava o quepe de aba redonda na mão. O policial fez uma pausa, fechou a porta e levou um bom tempo colocando e ajustando o quepe. Ótimo, era um babaca, ainda por cima.

O policial começou a andar em direção ao carro. Ele observou pelo retrovisor externo, ainda pensando. Parecia improvável que um suborno surtiria algum efeito, e Roberto só tinha algumas centenas de dólares no bolso, de qualquer maneira. Quando o policial chegou à janela, um último pensamento desesperado surgiu na mente dele. Talvez tentar dizer a verdade?

Nem em um milhão de anos aquilo daria certo.

Roberto abriu a janela. O policial olhou para ele, abaixou um pouquinho só o corpo e conferiu para confirmar que Roberto era o único passageiro.

— Carteira de motorista e documentos do carro, por favor.

— Eu estava correndo? — Meu Deus, só isso? Um profissional qualificado como ele, e foi isso que ele inventou, exatamente a mesma coisa que todos os motoristas que já foram parados na história do sistema rodoviário interestadual disseram? *Eu estava correndo?*

— Estava. Carteira e documentos?

— Vou abrir o porta-luvas — disse Roberto. *Viu só? Eu sou um bom cidadão. Sou um cara sensato como você. Você pode confiar em mim. Viu só?*

— Vá em frente — respondeu o policial.

Roberto se inclinou e abriu o porta-luvas, não tendo ideia do que veria lá dentro. Ao apertar o botão na tampa, ele pensou que poderia muito bem haver uma arma ali. Trini era meticulosa e teria despachado Roberto para aquela noite agradável totalmente preparado para qualquer situação que pudesse surgir, incluindo uma necessidade súbita de se armar. Ele hesitou, com o dedo no botão do porta-luvas, e pensou em como os erros viram uma bola de neve. Roberto ficou com a mão parada por um segundo enquanto pensava. Revelar uma arma dentro do porta-luvas ia deteriorar aquela situação muito rapidamente.

— Seu guarda?

Como a cabeça de Roberto estava virada para o porta-luvas, ele não podia ver o policial, mas sentiu a sua presença e ouviu o farfalhar da camisa do homem enquanto o braço dele se movia. Houve um rangido muito sutil de couro, e Roberto sabia que a mão direita do policial agora estava apoiada no cabo da arma, movendo-a minimamente no coldre para ter certeza de que não estava presa.

A situação estava degringolando. Repetindo, ele não tinha escolha. Roberto precisava abrir o porta-luvas e torcer. Ele soltou o botão, a tampa fez um clique e se abriu.

Não havia arma. Roberto fechou os olhos e se obrigou a respirar. Tudo ainda estava bem. Não apenas não havia arma, como havia um belo porta-documentos amarelo de carros alugados, e a papelada estava exatamente onde deveria estar. Roberto o pegou, virou-se e ofereceu pela janela para o policial.

— É alugado.

O policial pegou a papelada.

— Sua carteira de motorista?

— Dentro do meu casaco. — Ele ergueu a mão, bem do lado de fora do casaco. — Posso?

— Vá em frente.

Roberto enfiou a mão no casaco, tirou a carteira de dinheiro, retirou a habilitação e também entregou pela janela. O policial pegou.

Roberto esperou enquanto o policial inspecionava os documentos. Se Trini tivesse alugado o carro no próprio nome, ele teria algumas explicações a dar, mas esse era o menor dos problemas no momento. Roberto conseguiria se livrar usando a lábia. Ele olhou para o relógio do painel. Perdera três minutos. Ele precisava estar em movimento em outros dois ou o tempo de satélite que ele pediu, que Roberto não tinha motivo para sequer pensar que Abigail seria capaz de abrir, estaria fechada no momento em que fosse necessária.

Como tudo poderia estar tão pior agora do que há apenas 180 segundos?

— Obrigado, sr. Diaz.

Roberto ouviu uma pequena pausa e o minúsculo tom que o policial usou ao dizer o sobrenome dele, tentou pensar se aquele racismo casual ajudaria ou prejudicaria as coisas, e concluiu que não fazia diferença. O policial devolveu os documentos, sem dizer nada sobre o registro do carro alugado. Porra, a Trini era foda mesmo, ela até colocou o carro no nome dele. Roberto pegou a papelada.

Quando o policial tirou a atenção dos documentos e se voltou para o interior do carro, o olhar parou abruptamente na parte de trás. A lona que Trini tinha jogado sobre os caixotes militares não era grande o suficiente para escondê-los por completo, não com o acréscimo do T-41 em forma de meia tina. Para qualquer um que tivesse alguma experiência, ou mesmo assistisse ao tipo certo de seriado de TV, as coisas ali atrás pareciam exatamente o que eram — armas em caixas.

O policial puxou uma lanterna do cinto e acendeu. Ele não podia olhar dentro de um porta-malas sem permissão ou motivo, mas podia, com toda a certeza do mundo, examinar o interior de um carro através de uma janela aberta. Roberto olhou para o policial, aproveitando a distração momentânea para avaliar o oponente. Ele considerou abrir a porta do motorista, batê-la no policial com força suficiente para derrubá-lo ou deixá-lo sem fôlego ou dar a sorte de a maçaneta acertar no saco do sujeito. Se isso funcionasse, Roberto manteria o ímpeto, sairia do carro, desarmaria o policial e meteria duas balas na cabeça do homem com a própria arma dele. Era um monte de hipóteses, e provavelmente a cena acabaria com Roberto morto no acostamento ou preso em uma cela de prisão do Kansas enquanto um fungo devastava a terra como uma praga.

Então, não era uma ideia tão boa assim.

Mas aí ele viu a tatuagem. Como o policial tinha que manter a mão direita perto da arma o tempo todo, ele sacou a lanterna com a esquerda e teve que atravessar o corpo para iluminar a parte de trás do carro. O clima quente significava que o policial estava vestindo o uniforme de verão, uma camisa azul-claro de manga curta que parava logo abaixo do bíceps. Os braços eram grandes, malhados, e quando o policial moveu a lâmpada com o braço, a manga subiu pela curva do músculo e revelou mais dez centímetros de pele.

Roberto viu o X preto tatuado ali com traços grossos, feito para ficar logo acima da linha do uniforme, mantido discretamente sob o tecido. Mas naquela noite, naquele momento, naquela posição, a tatuagem foi revelada, iluminada pelas luzes vermelhas do próprio giroflex do policial.

O X era composto apenas por duas barras grossas com as pontas em formato de triângulos. Nada extravagante, nada colorido, apenas uma tatuagem preta, mas Roberto tinha certeza de que era um símbolo da bandeira nacionalista do sul. As barras tinham a intenção de evocar a cruz de Santo André e o X da bandeira confederada, azul e estrelada. Mas as cores e as estrelas tinham sido removidas para aqueles que queriam ou precisavam manter escondidas as opiniões políticas de extrema-direita em certas situações. Tipo no ambiente de trabalho, tipo quando se é um policial.

O policial virou a luz de volta para o banco da frente, momentaneamente iluminando o rosto de Roberto enquanto guardava a lanterna.

— O que você tem aí atrás, senhor... Diaz?

A-há! A pausa foi maior desta vez, e a pequena ênfase no sobrenome de Roberto confirmou quaisquer suspeitas que perdurassem. *A-há, seu filho da puta racista, eu entendi agora. Você é um nacionalista branco.* Ok. Aquilo era alguma coisa. Roberto poderia trabalhar com aquilo.

— Você me pegou, irmão.

O policial olhou para ele. Irmão? Foi um começo um extremamente forte, mas, quando se tem uma única carta na manga, você precisa apostar tudo nela.

— Eu peguei o senhor fazendo o quê, sr. Diaz? — O rosto do policial era impassível. Ele não revelava nada.

— Me preparado.

— Para o quê, senhor?

— Para quando o dia chegar.

O policial olhou para ele fixamente por um longo momento. O homem não deu motivos para que Roberto se sentisse encorajado, mas também não pediu para ele sair do carro. Roberto considerou isso como licença para continuar. Ele empurrou o resto das fichas para o meio da mesa.

— Vi a sua tatuagem. Se vivêssemos em um país livre, acho que você colocaria o símbolo dos III% lá, estou certo?

O policial apenas manteve contato visual e ficou pensando.

Nos últimos sete ou oito anos em que Roberto esteve no DTRA, houve um aumento grande nos relatórios sobre aquisições de armas feitas por milícias nacionais. Ele tinha lido aquelas seções dos relatórios diários de segurança apenas superficialmente, já que o seu campo de atuação era quase sempre no exterior, mas Roberto sabia o suficiente para saber os nomes de alguns dos movimentos nacionalistas mais proeminentes, que incluíam os Três Percentuais. Era um movimento paramilitar americano cujos integrantes prometiam resistência armada contra qualquer tentativa de limitar a posse de armas por um governo tirânico. O nome era derivado da afirmação de que apenas três por cento da população das treze colônias originais lutaram contra e derrotaram a Grã-Bretanha na Guerra Revolucionária. Na verdade, o número estava mais perto de quinze por cento, mas quem está interessado na conta certa quanto há um argumento retórico a ser feito?

Os Três Percentuais contavam com uma boa quantidade de agentes da lei dentro das suas fileiras, e, na verdade, um grupo de policiais de Jersey City havia sido suspenso em 2013 por usar adesivos que diziam UM DOS 3%. Desde então, os integrantes em cargos públicos passaram a ter bom senso e manter as convicções no sigilo. A bandeira nacionalista do sul era um símbolo popular e sutil.

Roberto não tinha dúvida de que o policial estava dentro. A única questão era até que ponto.

O policial manteve contato visual com ele por uns bons dez segundos. Roberto olhou para trás com seriedade.

— O dia está chegando, meu amigo. O país que amamos e honramos precisa da nossa prontidão.

O policial ligou a lanterna novamente, jogou a luz sobre os caixotes militares na parte de trás e deu mais uma olhada.

Ele se virou para Roberto. A única pergunta era: Roberto parecia branco o bastante para esse babaca superar o seu sobrenome? O policial pensou por um longo momento.

— Dirija com cuidado, patriota.

Aparentemente, sim. O policial desligou a lanterna, deu meia-volta e retornou para a viatura, com os sapatos esmagando o cascalho.

Roberto não ficou por perto para confirmação. Ele colocou a minivan em movimento e se afastou, não muito rápido e nem muito devagar, levantou a mão para o facho do giroflex do policial e deu um pequeno aceno de agradecimento enquanto abria distância entre eles.

Na sua mente, Roberto voltou à posição original. *Eu sou* muito *bom no meu trabalho.*

Ele estaria em Atchison em sete minutos.

VINTE E SETE

Trinta segundos após Mary Rooney ter disparado seis tiros no peito do sujeito estranho que explodiu, um pensamento lhe ocorreu. Ela havia acabado de matar um homem. O fato irreal de que ele explodiu em uma névoa de gosma verde era menos relevante para Mary do que a realidade objetiva da situação. Ela havia cometido homicídio — tudo bem, homicídio culposo, dependendo de como a pessoa encarasse a questão, e o homem avançava contra eles na hora. Mas também estava claramente desarmado, e Mary segurava uma arma que, aos olhos da lei, havia sido roubada do governo do Kansas. Ninguém precisava ser especialista em direito para saber que isso não se sustentaria bem em um tribunal.

Naomi estava com o corpo dobrado, segurando as orelhas doloridos, e um pouco de sangue escorria entre os dedos. Teacake se virou para a sra. Rooney, de olhos arregalados.

— Sra. Rooney, meu Jesus, obrigado, onde diabos a senhora conseguiu isso? — perguntou ele, falando tudo de uma vez só, os olhos fixos no canhão fumegante na mão dela.

— Eu tenho que sair daqui — disse Mary Rooney.

— Não, não, não, a senhora está bem, tudo na boa, você tinha que, esse cara, ele está infectado com uma parada horrível de zumbi, tinha um cervo que explodiu e coisas estranhas no porão, e ele foi... o cara estava tentando vomitar na gente e... — Ela estava apenas olhando espantada para Teacake. Ele parou de falar ao ouvir como deveria estar soando. — A senhora está certa. Precisa sair daqui.

Do outro lado da curva, eles ouviram vozes baixas e murmurantes. Teacake achou que reconhecera o resmungo gutural de Griffin. Ele se voltou para a sra. Rooney, segurou a mulher pelos ombros e falou depressa.

— Não saia pela frente, volte por ali, vire à direita duas vezes, saia pela porta lateral. — Ele apontou para a arma, ainda na mão dela. — Jogue isso no rio.

Mary Rooney não se mexeu.

Na virada da curva, Griffin levantou a voz.

— Eu estou armado, filho da puta!

Ele estava sendo fanfarrão, mas Teacake notou o tremor na voz de Griffin. Ele se voltou para a sra. Rooney.

— Vai!

— Obrigada — disse ela, que saiu na direção que Teacake indicou.

— Você me ouviu? — berrou Griffin. — Estou armado! Vou mandar bala!

Teacake se virou e gritou de volta:

— Griffin! Fica frio, cara, sou eu! Teacake!

— Eu estou armado, babaca!

Teacake se abaixou ao lado de Naomi e afastou gentilmente as mãos dela das orelhas. Naomi ergueu o olhar para ele. A cabeça inteira doía, mas o lado esquerdo tinha um estranho entorpecimento, um silêncio total e desorientador que parecia um peso. O zumbido alto e agudo no ouvido direito mais do que anulou qualquer efeito calmante que o silêncio pudesse ter, e a cabeça inteira latejava. A visão estava normal; Naomi enxergou o amigo diante de si, os olhos cheios de preocupação. A boca estava se movendo — ele estava dizendo alguma coisa para ela. Naomi não conseguia ouvir uma palavra, mas interpretou o rosto dele, cada expressão aumentada e mais facilmente compreendida com a atenção dela focada em Teacake.

Talvez não ouvi-lo fosse a coisa certa para ela naquele momento. Naomi observou os lábios de Teacake; ela olhou nos olhos dele e registrou cada mudança minúscula das feições. Naomi não sabia o que Teacake estava dizendo, mas, melhor que isso, sabia o que ele *queria dizer*. Que ela ia ficar bem. Que ele não a decepcionaria.

Naomi viu Teacake se virar e gritar com raiva para trás, com alguém na curva — talvez a polícia? Ela viu a mancha no chão que tinha sido Mike, e aquilo estava se movendo, fervendo, como se ainda estivesse vivo. A mancha avançava na direção deles.

Teacake tentava colocar Naomi de pé, insistindo para que ela fizesse alguma coisa. Ir embora? Sim, era isso, ele queria que ela fosse na outra direção. Seja qual fosse o perigo ou o que quer que tivesse que ser feito, Teacake não queria que ela participasse daquilo. Naomi ficou comovida, talvez porque só pudesse senti-lo e os sentimentos de Teacake eram tão poderosos. Ele estava repetindo uma coisa sem parar; ela não sabia ler lábios, mas reconheceu o nome da filha — Teacake estava dizendo para Naomi sair dali *imediatamente* porque talvez ele não fosse importante e talvez ela também não, mas a filha dela sim, e Naomi tinha que cuidar da menina.

Teacake se virou e gritou algo para trás de novo. Naomi não conseguiu compreender, mas quem estava na outra ponta do corredor se aproximava, e havia perigo. O amigo virou o corpo e empurrou Naomi para atrás dele, pelo corredor na outra direção. Pela força do empurrão, ela notou que não haveria como discutir com Teacake. Naomi cambaleou e fez a curva, ficando apenas fora da vista de quem viesse pelo corredor.

Ela permaneceu ali por um momento, escondida, sem saber o que fazer a seguir. Não conseguia ouvir, a cabeça parecia que ia se partir ao meio pela dor que chacoalhava dentro dela, não fazia ideia de quem estava vindo, e a única pessoa que poderia explicar a situação para ela tinha dito de maneira categórica para dar o fora dali. Naomi travou.

Um segundo depois, Griffin virou a curva da outra extremidade do corredor de Teacake, com a arma diante de si. O corpo estava curvado, encolhido na pose agachada de uma equipe da SWAT. Griffin virava a arma de um lado para o outro, como se esperasse que alguém saísse de uma das unidades e fosse atrás dele.

— Griffin, seu idiota, guarde essa porra! — gritou Teacake da sua ponta do corredor.

Em vez disso, Griffin colocou as duas mãos no punho e estendeu a arma na frente do corpo, apontando para a cabeça de Teacake enquanto avançava.

— Mãos ao alto!

Teacake levantou as mãos.

— Sou *eu*, ok?

Griffin continuou avançando com as pernas dobradas, ambas as mãos na arma, imitando os movimentos e postura do seu avatar no jogo *School Shooter*.

— Largue a arma!

Teacake olhou para as próprias mãos, que estavam vazias.

— Que arma?

— Largue!

— *Griffin, eu não estou armado!*

Atrás de Griffin, o dr. Friedman espiou e avaliou a situação.

— É verdade, Darryl, ele não parece armado.

Teacake tentava manter as mãos ao alto, apontando para a sujeira no chão que havia sido Mike pouco tempo atrás.

— Não chegue perto disso, cara.

Griffin parou e olhou para os restos mortais. Revoltado, olhou de volta para Teacake e apontou a arma para ele de novo.

— No chão!

— Por quê?

— Contra a parede!

Teacake, que estava prestes a se deitar no chão, parou.

— Qual?

— Vai!

— Sério, você quer que eu deite no chão ou fique contra a parede?

Ao ouvir algo por trás, Griffin girou com a arma. O dr. Friedman, cuja bota direita tinha rangido no chão, mal conseguiu afastar a cabeça quando o cano da pistola se virou na direção dele, mirando descontroladamente no corredor vazio, e depois a arma girou de volta para Teacake.

— Onde está o atirador? — berrou Griffin, trazendo algum foco para a sua lista de exigências em constante mudança.

— Ele fugiu — respondeu Teacake, mentindo apenas no sentido de que usou o pronome errado. — Deu no pé assim que atirou.

Griffin olhou para o corpo de Mike.

— Quem é esse?

— É isso que eu estou tentando dizer — falou Teacake, dando um passo adiante.

— Não se aproxime!

Teacake suspirou e parou. A noite tinha sido estranha, depois empolgante, então aterrorizante, e agora com Griffin na mistura ficou apenas irritante.

— Eu não sei. Ele tinha algum tipo de doença ou algo assim. É contagioso. Vai te matar. A porra do exército está chegando, ou, pelo menos, um cara que conhece o exército ou... posso baixar as minhas mãos ou não?

— Você chamou a polícia?

— Sim. Mais ou menos. A DTRA.

— Que diabo é isso?

Antes que Teacake pudesse responder, um baque agudo vindo da direita surpreendeu Griffin e ele girou a arma novamente. O dr. Friedman saiu do caminho mais rápido desta vez, para garantir que não levaria um tiro na cabeça, e Griffin apontou a arma para a unidade de armazenamento bem ao lado dos dois.

— O que é isso?

Vozes gritavam do interior da unidade, mais punhos batiam na porta. Griffin os reconheceu.

— Cabeção? Que porra você está fazendo, cara?

As vozes berraram mais um pouco, a porta sacudiu e bateu, e Griffin notou o cadeado pendurado aberto na fechadura. Era o suficiente para manter a porta fechada, mas o cadeado não estava trancado e, se a porta fosse sacudida por tempo suficiente, ele acabaria saindo.

Griffin voltou a arma para Teacake.

— Por que você trancou eles?

— Eu não fiz isso. Foi esse cara.

Ele apontou para o que sobrava de Mike. Griffin franziu a testa, o cérebro reptiliano tentando processar toda aquela situação. Mantendo a arma apontada para o funcionário, foi em direção à unidade.

Teacake deu um passo à frente.

— Não, cara.

Griffin parou e apontou a arma de volta para ele.

— Por que não?

— Eles estão infectados.

O dr. Friedman saiu da sombra de Griffin, reconhecendo que poderia ter um papel nessa conversa, afinal.

— Infectados? Com o quê?

— Não sei, porra! — exclamou Teacake, a paciência se aproximando do fim. — Uma merda ruim qualquer! Pela última vez, quer baixar a porra da arma?

Griffin olhou para ele. Havia um morto no chão, seus amigos estavam todos trancados em uma unidade de armazenamento, e Teacake era a única pessoa no corredor. Não, ele não baixaria a porra da arma, de jeito nenhum, caralho. Griffin deu dois passos para trás e se afastou da unidade de armazenamento, fazendo um gesto com a arma para a porta.

— Abra — disse ele.

Teacake olhou para ele. Não havia como argumentar com aquela anta. Ele olhou para a porta. Viu o cadeado, pendurado na fechadura, retinindo nas laterais do anel de metal enquanto as pessoas dentro da unidade de armazenamento continuavam a bater na porta, exigindo que fossem soltas.

— Nem pensar — falou Teacake.

— Agora! — berrou Griffin, enquanto dava um passo à frente com a arma.

Ao andar, o dedo indicador suado escorregou no gatilho, que ele tinha ajustado para a máxima sensibilidade. Sem querer, Griffin disparou uma bala, que saltou do cano e varou a borda da orelha esquerda de Teacake, arrancou um jato de sangue antes de voar pelo resto do corredor, ricocheteou em duas portas de metal, até enfim se enterrar em uma parede de cimento.

Teacake gritou e agarrou a orelha, sentindo dor.

— Que *porra*, cara? — berrou ele.

Teacake puxou a mão de volta com espanto e viu que agora estava manchada de sangue. Não era lá um grande ferimento de bala, parecia mais um corte de navalha, mas era um *ferimento de bala*. Griffin tinha claramente atirado nele, aquela anta tinha *atirado* nele.

— Você *atirou* em mim! — enfatizou Teacake.

— Você *atirou* nele! — confirmou o dr. Friedman.

Griffin fez tudo o que pôde para esconder o fato de que não tinha pretendido fazer aquilo. Ele demorou um segundo para apagar a expressão atordoada do rosto, depois se empertigou e apontou a arma para Teacake.

— E vou fazer isso de novo se não abrir essa maldita porta! Os meus amigos estão lá dentro!

Eles também eram os seus clientes, mas Griffin não perdeu tempo com esse detalhe. Na mente dele, havia uma chance — remota, era bem verdade —, mas pelo menos uma possibilidade pequena de que o resto dos televisores roubados ainda pudesse ser retirado dali antes que a polícia, o exército ou sabe-se lá quem aparecesse. Ainda havia 450 dólares em jogo, e Griffin pretendia levá-los para casa.

Teacake precisava de tempo para pensar. Ele limpou o sangue da orelha nas calças e caminhou em direção à porta o mais devagar que pôde. Ficou de olho em Griffin, que o seguia com a arma e uma expressão cada vez mais desequilibrada no rosto — ele nunca havia atirado em alguém — e no dr. Steven Friedman, que estava recuando, colocando um pouco mais de distância entre si e Griffin. Teacake olhou para o cadeado, pendurado ali, destrancado. Os sons vindos lá de dentro, que pararam por alguns instantes após o tiro, foram retomados, vozes frenéticas chamando, mãos batendo na porta, pessoas exigindo serem soltas. O tom de pânico aumentava.

Teacake chegou mais perto. Estendeu a mão para o cadeado. Fechou os dedos em volta.

Da outra ponta do corredor, a voz de uma mulher gritou:

— Ei, Griffin!

O homem se virou e tudo aconteceu de uma vez só. Espuma explodiu do bocal do extintor de incêndio que Naomi segurava a cerca de dez metros de distância, e a rajada acertou Griffin e o dr. Friedman no rosto e deixou os dois momentaneamente cegos. Griffin balançou a arma como um louco e outro tiro foi disparado, mais uma vez por acaso.

Teacake estendeu a mão para o cadeado e trancou a unidade, e o dr. Friedman, que já estava farto das palhaçadas imprudentes de Griffin, pegou a mão dele e tentou arrancar a arma antes que o comparsa matasse alguém.

Essa foi toda a abertura que Teacake precisava. Ele se virou e disparou pelo corredor em direção a Naomi. Ela estava se virando quando Teacake chegou até ela, soltou o extintor de incêndio com um baque barulhento, pegou a mão dele, e os dois dispararam pelo outro corredor. Eles foram para a porta lateral por onde Mary Rooney acabara de escapar.

Na área das unidades, Griffin soltou a mão armada e deu um empurrão violento no dr. Friedman, que caiu de bunda no chão.

— Qual é o seu problema, porra? — gritou ele para o dentista, enquanto tirava a espuma dos olhos.

Ele se virou de volta para a porta da unidade e agarrou com força o cadeado. Houve mais batidas no interior da unidade, frenéticas agora, e as vozes estavam mudando, aumentando de tom e intensidade. Havia pânico dentro do armário, a situação lá no interior estava mudando, algo tinha acontecido, e não era coisa boa.

Griffin gritou para a porta.

— Cabeção! Você está com a minha chave! Você está com a minha chave, seu merda!

De dentro da unidade, havia sons de luta e um corpo se jogou na porta com força. Griffin tropeçou para trás. Outra coisa qualquer bateu na porta, algo pesado, talvez outro corpo, e a porta se amassou para fora. A briga pareceu se intensificar, os gritos e berros foram acompanhados por sons desconhecidos agora: um gorgolejo baixo, um tapa molhado, o som de uma Samsung Premium Ultra 4K quebrando em um milhão de pedacinhos.

E então a unidade ficou em silêncio.

Griffin e o dr. Friedman apenas ficaram olhando espantados para a porta por um longo momento.

— Cabeção? — perguntou Griffin, em voz baixa.

Não houve resposta.

— Cedric?

Nada.

Mas então a porta se levantou uns três centímetros. Uma sombra se moveu lá dentro. E com o raspar suave de metal no cimento, uma chave deslizou para fora. A voz de Cabeção veio do outro lado, calma agora.

— Griffin?

Ele não respondeu.

— Você está aí?

Griffin pegou a chave e olhou para o dr. Friedman. A voz de Cabeção veio do outro lado da porta de novo, com uma risadinha.

— Tudo beleza, cara. A situação ficou apenas um pouco cabeluda por um instante.

Os dois não responderam.

— Olá? Griffin?

Griffin hesitou.

— Você está aí?

Griffin e o dr. Friedman apenas se entreolharam, sem saber o que fazer.

— Griffin? *Griff?* — disse Cabeção, de novo.

Griffin se voltou para a porta. Ele havia esperado 31 anos até que alguém usasse o apelido que ele escolheu para si mesmo. Ouvi-lo foi um bálsamo para a alma.

Ele enfiou a chave no cadeado.

VINTE E OITO

Roberto atendeu ao telefone no primeiro toque.

— Estou chegando em um minuto e meio.

— Eu achei que o senhor já estivesse lá há seis — respondeu Abigail, intrigada.

— Tive um probleminha. Dei um jeito. Estou a oeste do rio Missouri e prestes a entrar na estrada White Clay. O que você conseguiu?

— Entrei em contato com a Stephanie.

— E?

— O nome do cara no ADF-E é Ozgur Onder. Ele não está de serviço agora.

— Merda.

Mas Abigail não tinha terminado.

— Melhor do que isso. Ele está na cama com Stephanie, na casa dela. E pode redirecionar um KH-11 do laptop.

Roberto fechou os olhos e prometeu a Deus que, se isso desse certo, ele nunca mais diria Seu nome em vão.

— Meu *Deus* do céu! — Bem, só se desse certo. — Isso é ótimo. Ele vai fazer?

— Ele não está contente, mas está fazendo. Aparentemente, é algo que já fez antes, para impressioná-la. No terceiro encontro, ele capturou um vídeo dos dois na frente da casa dela, acenando para o céu.

— A segurança desse país está em ótimas mãos. Espero que ele tenha transado.

— Parece que sim.

Roberto diminuiu a velocidade, e os faróis revelaram uma longa entrada de estacionamento coberta de cascalho no meio de um buraco na fileira de árvores à frente.

— Já temos imagens?

— Sim. Temos nove minutos sobrando de uma ângulo de cima antes de perdermos a visão orbital e o controle passar para Camberra.

— Alguém foi embora do lugar?

— Há pouco mais de um minuto. Uma mulher, de quase 70 anos, dirigindo um modelo Subaru Outback recente. O senhor quer o número da placa?

— Se ela foi capaz de dirigir um carro, não estou preocupado com ela. Deixe a mulher ir. Se houver qualquer pessoa a pé, eu preciso saber de imediato.

Roberto virou na entrada do estacionamento e se aproximou do topo de uma colina. Viu as luzes da instalação de armazenamento brilhando por cima do terreno elevado. Diminuiu a velocidade.

— Estou entrando no estacionamento agora. Você está ao vivo com o Ozgur?

— Sim, senhor.

— Fique na linha com ele. Qualquer coisa que descobrir, eu preciso saber, no momento em que souber. — Ele levou a mão ao fone de ouvido para terminar a ligação, mas depois teve outra ideia. — Ei, Abigail?

— Sim, senhor?

— Você sabe o que eu tenho que fazer, certo?

— Sim, sei, senhor.

— Você concorda com isso?

Ela fez uma pausa.

— Eu li o relatório técnico, senhor.

Havia jovens bons e inteligentes por aí. Roberto esperava que eles permanecessem vivos até se tornarem velhos bons. Não era tão ruim ser velho. Desde que a pessoa estivesse com a companhia certa. Mas era melhor não pensar em Annie agora. Não puxe esse fio, ou o suéter inteiro vai se desmanchar e você não fará o que precisa ser feito.

— Conte rapidamente o que você descobriu sobre as pessoas lá dentro — pediu Roberto.

Abigail contou o que sabia, ele fez anotações mentais do que podia lembrar e encerrou a conversa.

— Vou ter que usar o meu celular. Isso significa que Jerabek saberá que estou aqui e poderá ficar curioso. Tome cuidado.

— Eu sempre tomo, senhor.

Roberto desligou. No topo da colina, viu a entrada da frente do local saindo da encosta como um lábio inchado. No topo do morro, logo à direita, viu um carro estacionado ao lado do caminho, com o porta-malas aberto. Não era um bom sinal. No porta-malas, achou que havia detectado um tênue brilho fosforescente e vestígios de mais material brilhante espalhados na encosta atrás do veículo. Era fraco, muito fraco, e Roberto poderia facilmente estar errado sobre aquilo, mas tinha a sensação de que não estava.

No final do caminho, um Honda Civic e meia dúzia de Harleys estavam estacionados em frente à entrada principal. Ele desligou os faróis e parou a trinta metros dos veículos. Roberto estava a meio caminho entre a entrada e o carro com o porta-malas aberto.

Ele respirou fundo, soltou o ar devagar e saiu da minivan.

VINTE E NOVE

Teacake e Naomi atravessaram a porta lateral quebrada do prédio, fizeram uma curva acentuada para a direita e correram em direção ao estacionamento.

— Meu carro está bem ali! — gritou Teacake.

Naomi mal conseguiu ouvir a voz dele acima do zumbido no ouvido direito, mas o esquerdo continuava morto. Os dois dispararam ao longo da lateral do prédio e acionaram as luzes do detector de movimento na parte superior da parede enquanto corriam. Eles deram a volta pela frente, passaram pelas Harleys e estavam chegando ao Honda de Teacake quando o facho de uma lâmpada de halogêneo foi ligado e uma voz imponente gritou a quinze metros de distância.

— Parem.

A ordem era clara, e a voz era do tipo com que a pessoa não discute, então, sem nem pensar a respeito, os dois pararam. Eles se viraram para a voz e levaram as mãos ao alto.

O facho da lanterna era brilhante, penetrante, e ambos se encolheram, sem conseguir enxergar quem estava por trás. Havia outra luz vindo do mesmo lugar, um intenso facho vermelho. Teacake olhou para baixo e viu o ponto laser bem acima do seu coração. Enquanto ele observava, o ponto se deslocou para Naomi e mirou no peito dela.

Sapatos rangeram no cascalho enquanto a figura caminhava em direção aos dois, com cautela. Ao se aproximar e entrar na luz, o homem colocou a lanterna no cinto, mas ainda manteve a arma apontada. Ele tinha óculos verdes de proteção parecidos com uma coruja na cabeça, mas não sobre os olhos. Segurava um M16 com mira a laser.

Naomi falou primeiro. A voz saiu mais como um grito, pois ela mal podia ouvir a si mesma.

— Roberto?

Roberto parou.

— Naomi?

Teacake limpou mais o ouvido ferido que gotejava sangue.

— Com *licença?* — disse ele, apontando para o peito, onde o ponto vermelho tinha retornado ao coração. — Já não aguento mais ter armas apontadas para mim, ok, caralho?!

Roberto abaixou o fuzil.

— Você deve ser o outro sujeito.

Teacake olhou em volta do estacionamento, do caminho de entrada, da encosta.

— Onde está o resto da sua equipe, cara?

Roberto demorou um momento.

— Sou só eu.

— *Só* você? — berrou Naomi.

Roberto olhou para Teacake.

— Por que ela está gritando?

— Tiros. Um de .45, ao lado do ouvido. Acho que ela consegue ouvir um pouco com o direito.

Roberto olhou para o prédio.

— Quem está armado lá dentro?

— Pelo que parece, todo mundo, menos a gente.

Roberto assentiu com a cabeça e torceu para que Trini ainda soubesse como fazer as malas.

O QUE ERA BACANA A RESPEITO DA MINIVAN ERA QUE AMBAS AS portas laterais podiam ser abertas eletronicamente, assim como o porta--malas. Teacake não tinha ficado impressionado com o Mazda branco quando Roberto levou os dois em direção ao veículo — "você deve estar de brincadeira comigo, eles mandaram um único cara, e ele veio na porra de um Hyundai ou algo assim?" — mas mudou de opinião assim que as portas se abriram e ele viu o conjunto de caixotes militares no interior. O primeiro que Roberto abriu continha uma das vestimentas de proteção biológica, muito bem dobradas, com o capacete de rosto inexpressivo olhando para eles como a máscara do assassino do filme *Pânico*. Os vários caixotes a seguir continham equipamentos padrão dos fuzileiros navais: um colete tático, faca Ka-Bar, pistola-metralhadora Heckler & Koch, rifle de precisão, meia dúzia de cargas explosivas para remover portas de ferro que possam atrapalhar e um número surpreendente de rações operacionais. Trini era mãe e não queria que as pessoas ficassem com fome.

Mas não há nada que chame a atenção de alguém como uma arma nuclear. Os olhos de Naomi foram imediatamente para a mochila do tamanho de uma meia tina, e a idade, origem militar e forma estranha evidentes a revelaram como o curinga no baralho.

— Que diabos é isso? — perguntou ela, mas Roberto se recusou a responder e continuou se preparando.

Dado tudo o que havia acontecido nas últimas quatro ou cinco horas, Naomi e Teacake precisaram de poucas informações para se atualizar. Roberto contou o que sabia sobre o fungo, e os dois já estavam perfeitamente cientes da sua letalidade. Depois que Roberto se deu por satisfeito por eles não estarem infectados, houve um breve período de debate, durante o qual ele, sem sucesso, ofereceu aos dois a chance de ir embora. Mas aquele argumento desmoronou sob o peso da realidade — havia naquele momento ao menos sete humanos infectados dentro da instalação de armazenamento. Os três que estavam ali, três das únicas pessoas no planeta que viram o *Cordyceps novus* em ação, eram as que entendiam de verdade a necessidade de erradicá-lo ali e agora. E Roberto não poderia estar em dois lugares ao mesmo tempo. A única maneira de conseguir executar o plano dele era ter alguém no andar de cima, para garantir que nenhum corpo infectado saísse do prédio, enquanto os outros retornavam ao subporão quatro.

— *Voltar* lá para baixo? — perguntou Teacake. — Está maluco? Para fazer o quê?

Roberto estendeu a mão e puxou a mochila para a frente, sentindo uma pontada de dor nas costas mais uma vez. Quanto tempo levaria para ele aprender que dobrar o corpo em ângulos bizarros e tentar mover objetos pesados era uma má ideia do ponto de vista ortopédico? Desta vez, Roberto sentiu a dor sair da articulação sacroilíaca e se espalhar pela perna direita, uma sensação quente e abrasadora que atingiu o dedão do pé. Os músculos da lombar, tendo expressado a sua objeção, soltaram a espinha depois de alguns segundos. Mas o argumento deles tinha sido exposto. Roberto dobrou os joelhos e arrastou a mochila até a borda da doca de carga e descarga. Ele parou e pensou por um longo momento. Não havia como escapar da realidade. Roberto podia desviar a cabeça o quanto quisesse, mas a realidade acabaria lhe dando um soco na cara. Ele decidiu parar de luta contra ela.

Roberto se virou e olhou para Teacake e Naomi.

— Vocês vão ter que posicionar o dispositivo.

Naomi, que havia recuperado a maior parte da audição no ouvido direito, captou aquela parte com clareza. Ela olhou para a meia tina.

— Que tipo de dispositivo? — perguntou Naomi.

— Pense nisso como uma grande bomba.

— Grande como? — indagou Teacake.

Roberto não fez rodeios.

— Zero vírgula três, cinco, dez ou oitenta quilotons. Ela tem potência selecionável.

Naomi fechou os olhos ao ver os medos confirmados, mas Teacake continuou fingindo que não previu que aquilo fosse acontecer.

— É uma *bomba nuclear*? A porra de maleta nuclear?

— Não, não é uma maleta nuclear — disse Roberto, irritado, enquanto colocava o colete tático. — Não existe esse negócio de maleta nuclear. Que tipo de força terrestre invasora carrega maletas?

— Cara, você entendeu o que quero dizer. É uma...

— Sim. É. — interrompeu Roberto, e se virou para Naomi. — Você perguntou se tínhamos um plano de contingência. É isso aqui. Vocês viram como esse fungo se espalha. Como é rápido, como vai longe e como é letal. Um grupo nosso passou trinta anos pensando sobre isso. Precauções foram tomadas. Preparativos foram feitos. Essa é a única maneira.

Teacake olhou para Naomi, que parecia calma, mas ele não podia acreditar no que estava ouvindo.

— Você vai matar todo mundo no leste do Kansas.

— Nós não vamos matar ninguém. A detonação ocorrerá a centenas de metros abaixo do solo. Essa área próxima será banhada pela radiação, e muita água mineral vai ser vendida por aqui pelos próximos vinte anos, mas não haverá nenhuma precipitação radioativa, e o problema será solucionado. Assim que tudo estiver resolvido, nós receberemos prêmios. Vamos apenas esperar que eles não sejam póstumos.

— Você perdeu o juízo — falou Teacake.

— Não. Ele tem razão.

Roberto sorriu para Naomi enquanto prendia a faca Ka-Bar à coxa. Ela pareceu inteligente quando falou com ela ao telefone; Roberto estava feliz que fosse verdade. Ele se virou para o rapaz e o olhou de cima a baixo.

— Qual peso você consegue levantar?

— Sei lá. Noventa quilos?

Roberto pareceu incrédulo.

— O que foi? É muito?

— Vamos descobrir — disse Roberto. — Vocês dois vão levar isso aqui para o subporão quatro e ativar o mecanismo de detonação. Vou mostrar como se faz. Vou ficar no topo e remover quaisquer organismos infectados que tentem escapar da área antes da detonação.

— "Remover"? — perguntou Naomi. Ela sabia o significado, mas indagou de qualquer maneira.

— Eu vou matá-los — respondeu ele. — Vou executar pessoas cujo único crime é terem sido expostas a um fungo mortal. Vocês preferem fazer a minha parte do serviço ou a sua?

Os dois não responderam.

— Depois de iniciar o cronômetro — falou Roberto —, vocês terão entre oito e treze minutos para voltar para cá, entrar na minivan e chegar a, pelo menos, oitocentos metros de distância.

— Oito a treze? — perguntou Naomi.

— A duração do cronômetro é instável sem um fio mecânico.

Teacake ficou espantado.

— Então, a bomba pode explodir a qualquer momento?

Roberto olhou para ele e repetiu o que disse, mantendo o tom de voz neutro.

— A duração do cronômetro é instável.

Teacake olhou para a mochila, incrédulo.

— O que costumavam dizer para os pobres soldados que eram despachados com esse troço?

— "Digam aos seus pais que os amam."

— E eles ainda assim fizeram isso? Eles se explodiram?

— Não, Travis, ninguém fez isso. Essas bombas nunca foram usadas. Você teria ouvido falar sobre isso na escola. Mas havia pessoas *dispostas* a detoná-las porque achavam que o futuro do mundo dependia disso. E depende. Agora mesmo. — Ele pegou a Heckler & Koch, colocou um novo pente de balas nela, e se empertigou, usando cada centímetro de ser mais alto do que Teacake para tentar inspirá-lo. — Marinheiro Meacham, você é o que eu tenho agora, e é mais do que esperava. Você serviu em um submarino balístico, então não é bobo, e conhece, pelo menos, os fundamentos, se não esteve muito chapado durante o treinamento de recrutas. Suspeito que seja um soldado bem melhor do que a "baixa normal, condições honrosas" que eles lhe deram. Vamos lá, marujo, por que não dá provas disso hoje à noite?

Travis olhou para ele, atordoado.

— Como você sabe…?

— Nós obtivemos os seus nomes e local de trabalho, estes não são segredos de estado. — Roberto se virou para Naomi. — Eu sei que você tem uma filha em casa, srta. Williams. Mas essa mochila pesa 25 quilos, e o Travis não consegue descer sozinho a escada de tubo, não em segurança. Sabe atirar?

Naomi meio que concordou com a cabeça. Roberto tirou uma Glock 19 de um estojo aberto, carregou a arma, virou e ofereceu a pistola com o cabo virado para ela.

— Como Travis vai estar com as mãos ocupadas, você vai ter que proteger vocês dois. Tem aí um carregador com doze balas, uma trava de segurança aqui e uma trava de polegar ali. É preciso virar as duas para puxar o gatilho. Depois que fizer isso, cada tiro exigirá outra puxada, mas as travas não voltarão a ser acionadas a menos que tire o dedo do gatilho. Sacou?

Ela concordou com a cabeça enquanto pegava a pistola. Naomi nunca tinha segurado uma e sempre odiou armas, segundo os seus princípios. Ela continuava odiando.

— Eu não vou atirar — disse Naomi.

— Você vai, se precisar — respondeu Roberto.

— Duvido — falou ela.

— Quando se quer matar alguém — disse ele —, é preciso apontar para o peito, que é o maior alvo. Espere até que a pessoa chegue perto o suficiente e você não vai errar. Dois tiros no peito, e a seguir, assim que ela estiver no chão, outro na cabeça. Não mais do que isso. São quatro pessoas por pente. Conte os tiros. Se tiver menos do que três tiros sobrando, troque o pente. Entendido?

Naomi concordou com a cabeça.

Roberto olhou para os dois.

— Vocês podem ter começado a noite como seguranças ganhando salário mínimo, mas estão terminando como uma Equipe Sinal Verde. Os melhores do país. Agora coloquem as vestimentas.

TRINTA

Naquele momento, existiam na Terra quatro colônias distintas de *Cordyceps novus*, cada uma com as próprias características cromossômicas, taxa de crescimento e ambições de expansão. Nas profundezas subterrâneas, no subporão quatro, a colônia original, ou mais precisamente a colônia *americana* original, permaneceu em uma fase de multiplicação, embora o crescimento tivesse se estabilizado desde a expansão para o corredor fora da cela em que escapara pela primeira vez do biotubo. Em termos de nutrientes orgânicos, os ratos que o fungo infestou e fundiu foram, de longe, a fonte mais abundante de combustível, mas ela tinha sido esgotada. A massa do Rei Rato já estava em estase, o estado precursor da decadência e desintegração. Um filete de crescimento atravessava o piso de cimento seco, em direção a uma poça d'água sob um dos canos de água suados que compunham o sistema de resfriamento, mas ainda não tinha chegado a ela. No momento em que isso acontecesse, seria difícil prever a reação do fungo, uma vez que nunca havia encontrado água em estado puro antes, mas apenas como um componente de um corpo humano. Era seguro dizer que o fungo ia gostar, mas ainda não estava lá.

Essa colônia de *Cordyceps novus* era um pouco como Reno, Nevada — foi popular no passado, mas era limitada pela localização e pelo clima, e não era um lugar que uma pessoa séria quisesse ir.

Na superfície, na encosta atrás da minivan de Roberto, estava a segunda colônia, a que C-nBarata1 havia fundado há pouco mais de quinze horas. Esta colônia tinha começado no porta-malas do carro de Mike, onde ainda mantinha uma forte presença. Mas depois que o cervo e o Senhor Scroggins foram embora, o fungo teve que se contentar em se alimentar de toalhas velhas, aço, borracha e outros combustíveis sem *sex appeal*.

Mais bem-sucedido foi o posto avançado iniciado pelo Senhor Scroggins quando ele explodiu no topo da árvore. O fungo respingou em todas as direções e caiu na terra, a mais de vinte metros da própria árvore. Atualmente, a colônia prosperava no chão úmido da floresta e estava se espalhando a uma velocidade de mais ou menos um metro por hora. Era um ambiente quase ideal para o fungo, mas a expansão era mantida sob um controle tênue pela falta de hospedeiros com locomoção rápida e independente. A área inteira estava a apenas um coiote perdido ou um pobre esquilo de distância para ser considerada de grande crescimento populacional, mas, no momento, o fungo precisava se contentar em continuar o crescimento vagaroso, mas constante, ali mesmo. Ainda assim, com tempo suficiente, não havia como saber até onde a expansão se alastraria.

Essa colônia era semelhante a Los Angeles — lenta, inevitável e completamente inútil.

No primeiro andar da instalação de armazenamento, a terceira colônia estava obtendo o menor sucesso. Espalhada pelas paredes e pelo piso de cimento, a pintura de Jackson Pollock que um dia foi Mike Snyder estava agora em grande parte inerte, pelo menos segundo os padrões humanos de contagem de tempo. O fungo não estava morto ou sequer adormecido, mas o crescimento havia diminuído para uma taxa quase imperceptível. O piso e as paredes eram feitos de cimento Portland, o padrão da indústria, e compostos sobretudo de cal, sílica e alumina — quase tão nutritivos para um fungo em crescimento quanto um sanduíche de areia. Ainda assim, o *Cordyceps novus* estava acostumado a condições adversas — ele havia saído de um biotubo; com certeza poderia lidar com um corredor. O fungo aflorou, cavou e se transformou da melhor forma que pôde, mas o tipo de crescimento estrondoso que ele teve quando entrou no corpo de Mike acabou há muito tempo. Se tivesse sorte, talvez o *Cordyceps novus* atingisse um veio de ferro em algum lugar no piso de cimento em dez anos ou mais e fizesse um retorno, mas, até que isso acontecesse, ele não iria a lugar algum.

Em termos urbanos, essa terceira colônia era Atlantic City. Costumava ser importante, mas estava morta agora.

Quanto à quarta colônia, a história era bem diferente.

Em 1950, Shenzhen, na China, era uma vila de pescadores com 3 mil habitantes. Até 2025, 12 milhões de pessoas viverão lá. Em termos de crescimento galopante, descontrolado e perigoso, não havia lugar na terra como Shenzhen. A não ser pelo que estava acontecendo dentro da unidade G-413 da Atchison Storage.

Desde o momento em que projétil de vômito de amplo alcance foi lançado por Mike na frente da porta aberta, o fungo havia encontrado nutrientes orgânicos abundantes. O jato acertou todos os cinco ocupantes da unidade, mas Cedric, Chorão e Entulho foram pegos de boca aberta. A infecção foi imediata no caso deles, e o fungo penetrou no substrato complexo dos seus sistemas biológicos com zelo e aptidão. O *Cordyceps novus* produziu crescimento imediato e exponencial. Cabeção e Cuba, que não tinham cortes, fendas ou orifícios através dos quais as moléculas pudessem penetrá-los sem esforço, estavam alguns minutos atrasados. O fungo teve que implantar o *benzeno-X* para primeiro abrir um caminho através dos poros de ambos, o que levou um pouco mais de tempo.

Em poucos minutos houve uma festa fúngica em todos os cinco organismos que não podia ser interrompida ou encerrada por um toque de recolher. O fungo entrou na fase mais produtiva da sua história, aumentando a biomassa alegremente, através da taxa de carbono-nitrogênio humano perfeitamente balanceada de doze por um. O *Cordyceps novus* começou com um padrão conhecido, ainda que acelerado, de expulsão-expansão- -crescimento dentro de Chorão, cujo teor de álcool no sangue forneceu glicose adicional. Enquanto Griffin estava do lado de fora da porta da unidade, ordenando que Teacake retirasse o cadeado, Chorão estava inchando, gritando e explodindo dentro do armário, o que provocou uma consternação extrema nos outros. Cedric e Entulho entraram nos trinta segundos seguintes, inchando e se rompendo um atrás do outro. Cabeção e Cuba, com os organismos atrasados, foram abandonados para gritar de horror.

Mas então algo extraordinário aconteceu. O crescimento nos últimos dois hospedeiros humanos *diminuiu*. De propósito. Talvez o fungo tivesse reconhecido o suprimento limitado de tecido humano e o espaço confinado da unidade de armazenamento. Ou talvez tivesse percebido que as paredes da unidade, às quais estava agora preso em grande parte, tinham um valor alimentar limitado, ou talvez o *Cordyceps novus* tivesse até algum tipo de memória celular do resultado bem-sucedido do processo de frutificação retardado e do estouro que passou com Mike. Seja qual fosse o motivo, ele reduziu a onda de crescimento antes desenfreada. Os processos que consumiam os corpos e as mentes de Cuba e Cabeção, os últimos seres humanos dentro da unidade, desaceleraram. Isso indicava, se não uma vontade própria, pelo menos uma sinalização endócrina aérea — a capacidade de uma célula transmitir informações e instruções além das próprias paredes. O *Cordyceps novus* havia, pela primeira vez desde os primeiros contatos humanos no interior australiano, modificado o seu mecanismo de controle.

O fungo que percorria os cérebros de Cabeção e Cuba captou a mensagem e reduziu o seu desenvolvimento. Os cérebros dos dois foram autorizados a manter um pouco de controle autônomo, mas o fungo destruiu porções enormes das amígdalas, onde ficavam as centrais de medo e pânico. Como resultado, Cabeção e Cuba achavam que tudo estava bem. Eles achavam que ainda estavam no comando.

— Tudo beleza, cara. — disse Cabeção através da porta, para Griffin. — A situação ficou apenas um pouco cabeluda por um instante.

Griffin virou a chave no cadeado e destrancou a porta.

TRINTA E UM

Uma vestimenta de proteção biológica completa pesava cerca de 4,5 quilos, o tanque de oxigênio e aparelho de respiração, outros 9,5 quilos, e a unidade T-41 que Teacake prendeu às costas tinha quase 27 quilos. Isso significava que a cada passo que dava, ele carregava mais quarenta quilos além do próprio peso corporal. Os ombros doeram quase imediatamente quando as alças fizeram pressão nele por cima da vestimenta, as coxas começaram a arder depois dos primeiros dez passos e, quando Naomi e ele chegaram à porta da frente do prédio, o suor escorria do pescoço até o interior da vestimenta. Ela carregava menos peso nas costas, mas o fardo de ser a única vigia e guarda, juntamente com a quantidade de esforço necessário para ficar virando de um lado para o outro dentro da vestimenta volumosa, significava que Naomi estava fazendo tanto esforço quanto Teacake. A arma na mão dela parecia uma pedra.

Os dois entraram logo nas vestimentas com a ajuda de Roberto. A ideia de descer a escada dentro daqueles troços volumosos era difícil de imaginar, mas eles tentaram não pensar tanto assim no futuro. Roberto vedou as vestimentas ao redor dos pulsos, tornozelos, rostos, pescoços e cinturas de Naomi e Teacake e mostrou como usar os rádios bidirecionais nos fones de ouvido. Ele flertou brevemente com a noção de que poderia, de alguma forma, conectar o celular via Bluetooth com os fones dos dois, mas desistiu da ideia. Não havia muita coisa que Roberto poderia fazer para ajudá-los a partir daquele ponto. Ele mostrou a ambos como armar e ativar a T-41, que era bastante simples. A bomba tinha sido projetada para ser operada por soldados sob pressão durante uma missão, e a simplicidade era a parte mais importante. A simplicidade e também o fato que o material físsil que poderia sustentar uma reação nuclear em cadeia.

Não havia uma terceira vestimenta para Roberto. Teacake perguntou por que ele havia trazido duas, e Roberto olhou com perplexidade para ele.

— Pela mesma razão que eu trouxe duas unidades de todo o resto. E se uma delas quebrar?

Roberto nunca entenderia certas pessoas.

Dito isso, desejou boa sorte aos dois, mandou que se apressassem e que entrassem no prédio. Ele observou Naomi e Teacake caminharem em direção às portas da frente como um pai vê o filho entrar em um dormitório de calouros pela primeira vez, pensando em mil coisas que deveria ter dito, um milhão de conselhos que poderia ter dado, e sabendo que era tarde demais para tudo aquilo. Roberto tinha noção de que deveria ser ele com o explosivo nas costas. Sabia que deveria ser ele levando a bomba até o subporão quatro e, caso necessário, aguardar com ela para garantir uma detonação bem-sucedida, da forma como ele, Trini e Gordon haviam planejado e discutido trinta anos atrás. E Roberto também sabia com certeza absoluta que não podia fazer isso. Aceitar aquela realidade e confiar em dois jovens de 20 e poucos anos que ele tinha conhecido há quinze minutos foi a decisão mais difícil que Roberto já havia tomado na vida. Mas não havia escolha.

É claro que ele reservou uma garantia para si. Uma contingência para a contingência. Roberto não compartilhou essa parte com Teacake e Naomi. Eles já tinham muita informação, mais do que provavelmente poderiam lidar, e o resto seria revelado no exato momento em que os dois precisassem saber.

Ele os observou abrindo as portas e entrando no prédio, depois voltou a atenção para a área de estacionamento em frente. Próxima prioridade da lista: garantir que ninguém fosse a lugar nenhum. Roberto sacou a faca

Ka-Bar da bainha na coxa e começou com o Honda Civic de Teacake, estacionado no lado direito. Ele enfiou a lâmina bem fundo na borda do pneu traseiro direito e fez um rasgo de quinze centímetros. Um furo levaria muito tempo para drenar o ar e não era garantia de que o carro não conseguisse sair aos trancos e barrancos do estacionamento, mas um talho fez o serviço na hora. O pneu esvaziou, e Roberto foi para a outra roda traseira e fez a mesma coisa. O chassi do carro baixou alguns centímetros. Qualquer um que tentasse dirigi-lo agora rodaria sobre os aros das rodas ao manobrar, e o eixo se romperia antes de pegar a saída do estacionamento.

As Harleys foram mais fáceis; ele só teve que furar e rasgar um pneu em cada moto. Eles talvez conseguissem sair do estacionamento com um pneu traseiro arriado, mas o pneu dianteiro arriado quebraria o garfo. Ninguém sairia daquele lugar a menos que usassem o Mazda de Roberto, e só seria possível pegar as chaves da minivan se a pessoa passasse por cima do cadáver dele.

Roberto rasgou o pneu de quatro motos e ainda faltavam três para terminar quando o celular dele tocou. Ele tocou o Bluetooth no ouvido para responder.

— O senhor vai ter companhia — disse Abigail.

Roberto endireitou o corpo bruscamente e olhou em volta.

— Onde?

— Na virada da esquina do prédio. Dez segundos. Homem, andando rápido, imagem térmica intensa.

Roberto se virou e deu alguns passos rápidos para a esquerda, em direção à porta da frente, longe o suficiente para limpar o campo de visão entre ele e a borda leste do prédio. Ele puxou a pistola-metralhadora do coldre no quadril e a destravou com o polegar direito. Com a mão esquerda, abaixou os óculos de termovisão que se ativaram com um zumbido e um chiado e mostraram a paisagem em imagens roxas e alaranjadas vívidas. Roberto não precisava dos óculos para ver no escuro; havia bastante claridade para enxergar, e mais luzes se espalhavam pela esquina do prédio à medida que as lâmpadas de sensor de movimento se acendiam, ativadas por quem quer que estivesse correndo na direção dele.

O que Roberto precisava era de detecção de calor. Quando ele colocou os óculos de proteção pela primeira vez e olhou para a encosta, os pedaços de fungo espalhados por ali tinham um brilho vermelho quente, e sinais desse mesmo tom de vermelho eram visíveis no porta-malas aberto do carro abandonado de Mike. Havia crescimento vivo naquelas áreas, e as reações químicas do fungo em crescimento liberavam calor. Se pudesse enxergar o calor, Roberto poderia evitar o contato com o fungo e interpretar rápido se um ser humano estava infectado. Seria agradável evitar matar pessoas inocentes. Se possível.

Os olhos de Roberto arderam com uma explosão repentina de amarelo intenso dentro dos óculos de proteção, cada um dos cones das retinas recebeu um alarme para despertar ao mesmo tempo. Ele ainda não tinha se adaptado completamente quando a figura veio correndo pela esquina do prédio, parecendo mais com um pedaço ardente de ferro derretido do que um ser humano, pela visão dos óculos de proteção.

Aquilo respondeu à questão sobre a infecção.

— Tire essa merda de mim! — gritou a figura.

Roberto não parou para pensar como o homem de jaqueta de couro de motociclista tinha ficado completamente coberto na frente e atrás pelo fungo em mutação, e ainda assim mantinha posse das faculdades mentais. Ele apenas apontou a pistola-metralhadora, puxou o gatilho e meteu cinco balas no meio do peito do dr. Steven Friedman.

Uma pistola-metralhadora Heckler & Koch tem uma ação de recuo curto, o que significa que o cano se move para trás bruscamente, gira o elo e faz com que a parte traseira do tubo se incline para baixo e se desprenda do ferrolho. É um movimento violento e repentino, e o efeito sobre o atirador em geral é mitigado colocando uma mão estabilizadora na parte da frente do cabo. Como ele teve pouco tempo de reação e precisou da mão esquerda para puxar os óculos de proteção para baixo e ativá-los, Roberto foi forçado a disparar a arma com uma única mão. Isso em si não era grande coisa, apenas significava que o cotovelo direito precisava ser apoiado contra o quadril direito para reduzir o movimento descontrolado. Ele executou aquela manobra dezenas de vezes no campo e no estande de tiro.

Mas nunca aos 68 anos de idade.

O corpo de Roberto absorveu os três primeiros recuos sem incidentes, mas, no quarto, as costas se rebelaram. O espasmo foi repentino e feroz, os tecidos da lombar se contraíram e enviaram um alerta vermelho por todo o sistema nervoso. O recuo do quinto tiro, que o cérebro de Roberto já havia encomendado antes que ele pudesse cancelar o pedido e remover o dedo do gatilho, terminou o serviço.

Uma dor lancinante nas costas e nas extremidades inferiores, e as pernas de Roberto cederam. Ele desmoronou, caiu no chão apenas um segundo depois que o dr. Friedman — a diferença era que os problemas do dentista acabaram de vez e os de Roberto estavam apenas começando. Ele caiu de lado e rolou desamparado sobre as costas, olhando para as estrelas no céu. Roberto soube na mesma hora, do jeito que qualquer pessoa sabe, que não tinha simplesmente acabado de torcer alguma coisa, mas, sim, rasgado ao meio. Era possível que fossem ligamentos, tendões ou, talvez, tivesse rompido um disco. O que quer que fosse, não importava.

O que importava era que ele não conseguia se mexer.

TRINTA E DOIS

Poucos minutos atrás, fora da unidade G-413, Griffin havia retirado o cadeado do ferrolho da porta, girara a maçaneta e abrira a porta basculante. O dr. Friedman e ele tiveram um sobressalto e recuaram involuntariamente alguns passos. A imagem já era ruim o suficiente — havia três cadáveres ali, ou pelo menos restos mortais quase irreconhecíveis —, mas o que abalou os dois foi o fedor. Reações químicas intensas emitem odores intensos, nuvens abarrotadas de moléculas fétidas que invadem as vias aéreas e se agarram aos sensores olfativos. As ondas rançosas de mau cheiro que saíam da unidade de armazenamento eram densas e vivas. Eles dominaram todos os outros sentidos por um instante.

O agora altamente móvel *Cordyceps novus*, pegando carona nos corpos das pessoas anteriormente conhecidas como Cabeção e Cuba, saiu com calma da unidade e sorriu.

— E aí, Griff? — perguntou Cabeção.

Cuba piscou para o dr. Friedman.

Os não infectados encararam os infectados com horror. Embora as expressões nos rostos de Cuba e Cabeção fossem calmas e até mesmo amigáveis, não havia dúvidas de que estavam doentes. Uma cor estranha tinha se infiltrado nas faces, e o inchaço revelador nos abdômenes havia começado, embora mais devagar e menor, uma vez que o fungo havia modificado a abordagem de dominação. Ainda assim, mudanças amplas e rápidas ocorriam na química do corpo das vítimas, e sob a pele dos rostos, pescoços e mãos, havia movimento — uma ebulição, um vislumbre de uma corrente sanguínea que era visível a olho nu.

O dr. Friedman, que já tinha visto muitas gengivas podres e molares estragados na vida, nunca se deparara com algo assim. Ele cambaleou para trás, gritando. Com medo de virar as costas para Cabeção e Cuba, o dentista não percebeu que estava se dirigindo para os restos mortais de Mike Snyder, que agora eram um revestimento viscoso e escorregadio no chão e na parede do corredor atrás dele. O doutor pisou na borda da mancha, e os pés perderam o equilíbrio. Ele desabou, girou o corpo e caiu de cara no meio da gosma verde. Gritou de novo, ergueu as mãos e olhou aterrorizado para o resíduo fúngico que estava grudado nele. Ele sacudiu as mãos no ar, tentando afastar a substância pegajosa, mas ela se manteve firme. O dr. Friedman apoiou as mãos no chão, bem no meio da gosma, para tomar impulso e se levantar. A mão direita escorregou, ele caiu de novo, de lado, rolou de costas e ficou de pé.

Coberto pelo fungo, o dr. Friedman olhou para Griffin e os outros, os olhos arregalados, boquiaberto, emudecido.

Griffin, que ainda segurava a arma na mão direita, virou a pistola e apontou para o dentista, depois entrou em pânico ao perceber que estava deixando Cabeção e Cuba fora da sua mira e virou a arma de novo para os dois.

— Que porra é essa porra que porra é essa? — Foi tudo que ele conseguiu vociferar.

Cego pelo pânico, o dr. Friedman se virou e correu. Os outros estavam parados entre ele e a saída principal, mas o dentista viu Teacake e Naomi correndo na outra direção, o que significava que, provavelmente, havia uma entrada lateral em algum lugar. Ele disparou pelo corredor, fez a curva e viu um sinal vermelho escrito SAÍDA aceso no outro extremo. O dr. Friedman correu na direção do sinal o mais rápido que pôde. Ele ergueu a mão direita e olhou para o fungo enquanto corria.

O *Cordyceps novus* estava em movimento também, envolvendo os dedos do humano e penetrando nos poros, escancarando as aberturas na pele cada vez mais, penetrando no organismo.

Pela visão titubeante, o dr. Friedman viu uma porta à frente, aquela com o buraco no vidro que Mike havia quebrado antes. Ele correu em direção à passagem, sabendo apenas que, se conseguisse chegar até a Harley dele, poderia ir a algum lugar seguro, em algum lugar onde pudesse se lavar daquela coisa e descobrir o que diabos estava acontecendo. Talvez fosse direto para o hospital.

O dr. Friedman passou pela porta, entrou no ar da noite e se sentiu um pouquinho melhor. Ainda se movendo o mais rápido que podia, virou à direita e correu ao longo da borda exterior do edifício. As luzes do sensor de movimento acenderam quando o dr. Friedman passou por elas. Havia um calor estranho se espalhando pelo peito — talvez fosse apenas o esforço, mas, então, ele teve uma sensação nítida e inquietante de que o couro cabeludo estava rastejando. Era como se ele usasse uma peruca e ela tivesse ganhado vida, se movendo pela cabeça à vontade. *Sim, com certeza o hospital*, disse para si mesmo enquanto se aproximava da esquina do prédio, *eu definitivamente estou indo para o hospital — onde estou mesmo, qual é o mais próximo? — ah, é, o Memorial Waukesha na rodovia 18, é isso aí, vou direto para lá, mas, merda, será que ainda consigo pilotar a moto*, pensou ele, quando uma névoa estonteante começou a tomar conta do cérebro.

O dr. Friedman contornou a esquina do prédio, agora certo de que não poderia pilotar uma Harley naquelas condições — diabos, ele mal podia pilotar uma quando era senhor das próprias faculdades mentais. Então, quando viu o cara parado ali, o cara com os óculos engraçados e um troço na mão direita, o dr. Friedman ficou aliviado — *esse cara pode me ajudar, esse cara pode fazer alguma coisa.*

— Tire essa merda de mim! — gritou ele para o homem com os óculos de proteção.

Então o troço na mão direita do cara cuspiu fogo algumas vezes, uma coisa pesada e quente penetrou no peito do dentista, e ele começou a cair. *Que estranho*, pensou o dr. Friedman enquanto o chão se aproximava dele. *Eu sei que acabei de ser baleado, mas por que o cara armado também está caindo?*

O doutor caiu no chão, ainda vivo por mais alguns segundos, e viu a mão direita explodir no que pareciam cogumelos verdes. O dentista sabia que estava morrendo.

Provavelmente foi melhor assim, pensou ele.

TRINTA E TRÊS

Teacake e Naomi estavam na metade da escada tubular quando ele percebeu que teria que descer o restante do caminho quase às cegas. Foi uma pena, porque a entrada no prédio e a caminhada até o elevador foram mais tranquilas do que eles previram. Ao ouvirem os gritos vindo do corredor perto da unidade de armazenamento de Griffin, os dois dobraram à esquerda, desceram por um corredor paralelo e chegaram ao elevador sem incidentes.

Teacake insistiu em descer a escada primeiro, porque o T-41 estava incomodando para cacete as costas dele, e as pernas tremiam com ácido lático antes de chegarem ao primeiro degrau. Ele não estava confiante de forma alguma de que conseguiria descer até lá embaixo sem escorregar e cair, e a mochila era tão grande que estava encostada com firmeza na parede do tubo. Se Teacake caísse e Naomi estivesse abaixo dele, ela seria levada até lá embaixo também. Ele não podia deixar que isso acontecesse.

Tudo em relação à vestimenta tornou a descida difícil. As luvas eram desajeitadas, e as mãos sambavam dentro delas, o que fazia com que a pegada na escada fosse vacilante. Trocar de pé de um degrau para o próximo requeria total concentração e um pouco de sorte. A mochila raspou pela parede enquanto ele descia, produzindo uma fricção que atrasava Teacake e tornava cada movimento mais difícil do que precisava ser. Mas o pior de tudo era o visor embaçado.

O esforço de arrastar os quarenta quilos a mais até então tinha sido cansativo, e ele estava suando em bicas no momento em que dois começaram a descer a escada. O suor não era o problema — era apenas desconfortável —, mas o interior da viseira de plástico estava embaçado pela respiração ofegante. O sistema de reaproveitamento de oxigênio do traje foi projetado tendo uma determinada quantidade de condensação em mente, mas não tanta assim. Os projetistas nunca haviam previsto um exercício completo usando a vestimenta, e o calor e CO_2 que Teacake estava gerando eram em maior quantidade do que o traje podia compensar.

— Eu não consigo enxergar — disse ele para Naomi, pelo rádio.

— O quê? — respondeu ela.

— Eu não consigo enxergar! — berrou Teacake, dentro do visor.

Ótimo, pensou ele, *um de nós está cego e a outra está surda. Vai ser moleza.*

Naomi, na verdade, tinha seus próprios problemas. Descer com as duas mãos fora difícil o bastante sem nenhuma vestimenta, mas agora ela enfrentava os mesmos obstáculos que Teacake, além de estar segurando uma Glock 19. Naomi precisava subir todos os degraus com a mão esquerda, enquanto a direita segurava a arma. Isso significava que o braço esquerdo, o braço mais fraco, estava fazendo todo o trabalho, e ele já ardia tanto que ela quase não conseguia senti-lo.

Havia a questão da audição de Naomi. Ela ainda estava surda do ouvido esquerdo, e o zumbido no direito, embora tivesse diminuído, se intensificava sempre que a frequência de rádio era ativada. Era como se a vestimenta estivesse tentando abafar de propósito tudo que Teacake dizia, elevando o nível do zumbido para obscurecer as palavras, depois recuando quando ele ficava em silêncio.

Mas o segundo grito de "Eu não consigo enxergar!" tinha conseguido passar — de forma audível o suficiente, de qualquer maneira —, e ela berrou de volta:

— Por que não?

— Suor. Embaçado. Você consegue?

— Sim. Na maior parte do tempo.

— Quanto falta? — perguntou Teacake.

Naomi fez uma pausa, passou o braço esquerdo pelos degraus da escada, dobrou o tronco para trás e para a direita o máximo que podia, e forçou os olhos até a borda do visor.

— Mais ou menos cinquenta degraus. Talvez menos.

— Ok. — Ele continuou descendo.

O braço esquerdo de Naomi tremeu violentamente, e ela soube que teria que se arriscar e trocar a mão que segurava a arma. Naomi ergueu o braço direito e enfiou por trás dos degraus, a fim de passar a arma para a mão esquerda. A pistola bateu nos degraus, e ela perdeu o controle da arma. A mão atacou e prendeu a pistola contra a parede. Naomi não a estava mais segurando; apenas a prendia ali sob pressão.

Teacake devia ter ouvido a batida e perguntou a ela alguma coisa pelo fone de ouvido, mas o que ele disse se perdeu sob o som do zumbido. Ela o ignorou e manteve os olhos focados na arma, ainda presa tenuemente contra a parede de cimento do tubo. Ela esticou os dedos da mão esquerda, passou um deles pelo guarda-mato do gatilho e soltou o braço direito. A arma girou, de cabeça para baixo, sustentada apenas pelo dedo indicador esquerdo. Naomi reajustou a pegada na escada, agora com o braço direito livre, e devagar retirou o esquerdo de trás da escada.

Ela fechou a mão esquerda em torno do cabo da pistola e soltou o braço da escada. O sangue fluiu pelo bíceps esquerdo e levou embora uma quantidade suficiente de ácido acumulado para lhe dar algum alívio. Naomi fechou os olhos, agradecida. Ela olhou para baixo. Teacake estava mais ou menos a dez degraus de distância. Naomi continuou a descida.

TRINTA E QUATRO

Caído de costas, Roberto olhou para o céu. *É por isso*, pensou ele. *É por isso que não levei a mochila. Para o caso de isso acontecer. Jesus, eu odeio estar certo o tempo todo.*

Não havia tantas estrelas como antes; nuvens pesadas foram trazidas pelo vento e as obscureceram, tornando a noite mais escura. Roberto olhou para o céu e se perguntou se a janela de observação do satélite ainda estava aberta, se o troço estava em algum lugar lá em cima. Será que ele estava sendo observado por Ozgur Onder e pela namorada, Stephanie, naquele exato momento por um laptop, com os dois sentados na cama, imaginando por que diabos o cara que disparou a arma estava deitado de costas, sem fazer nada?

Estar certo foi de pouco conforto para Roberto, dada a posição atual. A princípio, ele pensou que estivesse paralisado da cintura para baixo, mas depois de um ou dois minutos, um pouco do formigamento diminuiu, substituído por uma intensa dor paralisante na metade inferior do corpo. Ficar de pé estava fora de cogitação, assim como rastejar, rolar e qualquer outra forma de locomoção em que ele pudesse pensar. Roberto estava deitado de costas com a cabeça perto da porta da frente do edifício, e se virasse para o rosto para a esquerda — o que só era possível com uma dor lancinante e infernal —, conseguia ver o corpo do dr. Friedman no chão a pouco mais de um metro e meio de distância.

Ok, pensou Roberto. *Ok*. Ele contou a respiração para se controlar. *Eu estou aqui agora. Eu estou aqui agora.*

Roberto ainda usava os óculos de termovisão e viu que a quantidade densa de fungos no corpo do morto estava muito viva e bastante ativa. A gosma agitada já saía do cadáver para explorar o ambiente, mas parecia ter diminuído a velocidade tão logo chegou ao cascalho no chão abaixo dele. Diminuiu, mas não parou.

Roberto ouviu um zunido vindo das proximidades, e os olhos vasculharam a área ao redor. O Bluetooth tinha sido derrubado quando ele caiu no chão e estava a cerca de um metro e meio dele, acendendo um brilho azul suave ao tocar. Será que era Abigail, ligando para dizer: "O que você está fazendo, cara? Por que não se levanta?" Mas transpor um metro e meio de cascalho para atender a um telefonema estava além da sua capacidade.

Roberto olhou para o chão e viu a pistola-metralhadora a apenas trinta centímetros da mão direita. Trinta centímetros. Isso talvez fosse possível. Ele cravou os dedos no cascalho, convocou forças e se arrastou na direção da direção da arma. A parte superior do corpo se moveu quatro centímetros, e Roberto gritou em agonia. A visão ficou turva e dobrada, e ele sentiu que ia desmaiar.

Mas então a visão ficou clara, e Roberto estava quatro centímetros mais perto.

Ele ergueu os olhos, viu as três Harleys ainda funcionais, apoiadas nos descansos, aguardando os motociclistas.

Ninguém vai embora.

Roberto cravou os dedos no cascalho de novo, repetiu o movimento, gritou de novo e sentiu a escuridão quase decair sobre ele.

Quase. Mas ainda não. Faltavam vinte centímetros.

Ele alcançaria a arma ou desmaiaria tentando.

DE VOLTA AO CORREDOR DO LADO DE FORA DA UNIDADE G-413, Griffin tinha dado as costas para o dr. Friedman assim que o dentista fez a curva e desapareceu. Ele apontou a arma para Cabeção e Cuba, indo com a pistola de um para o outro.

— Fiquem longe de mim, caralho, longe de mim, caralho! — vociferou Griffin, embora os dois não estivessem fazendo alguma tentativa de avançar contra ele.

Cuba levantou as mãos e falou primeiro.

— Calma, cara.

— É, Griff — falou Cabeção, em tom tranquilizador. — Estamos todos no mesmo barco aqui.

Griffin olhou para a unidade atrás deles, as paredes, o teto, o chão, as caixas de televisores: tudo coberto por massas pulsantes de fungos.

— Que barco, que tipo de barco, caralho, de que porra de barco você está falando? Que merda é essa que está acontecendo?

Cabeção deu um passo à frente com as mãos para cima, palmas viradas para fora, e falou em tom de voz calmo.

— Com certeza tem um sei-lá-o-quê estranho acontecendo aqui, meu amigo, eu sei. Você nem estava lá, cara.

— Foi horrível — acrescentou Cuba, falando com sinceridade.

Tudo bem, disse o cérebro para ela. *Está tudo bem. É melhor que todos vocês saiam daqui.*

— Que tal todos nós sairmos daqui? — sugeriu Cuba.

— Sim, não brinca, claro que estamos saindo! Você primeiro! — disse Griffin, gesticulando com a arma. — Vai na minha frente!

— Claro, cara, sem problemas — falou Cabeção.

Ele se virou e olhou para Cuba, acenou com a cabeça em direção à entrada e começou a andar naquele caminho. Ela seguiu Cabeção, que estava bem. Melhor do que se sentia há muito tempo. *Aquele cara atrás de você é louco*, o cérebro disse para ele. *Não faça nada para perturbá-lo. Ele está confuso. Vamos apenas sair.*

Os três continuaram andando. Quando chegaram à curva, Griffin olhou pra trás, para a sujeira no corredor e a que escorria da unidade. Não queria mais descobrir o que estava acontecendo, nada daquilo fazia sentido, ele só queria ir embora. Griffin se virou para a frente e observou Cabeção e Cuba enquanto eles caminhavam. Havia algo na nuca dos dois ou talvez *dentro* da cabeça deles. A pele estava manchada e em movimento, pulsando por baixo. Griffin não se importava com o que Cabeção e Cuba fizessem quando saíssem, mas ele pegaria a Fat Boy e se distanciaria o máximo possível daquele lugar. Se alguém ficasse no caminho, morreria.

À frente de Griffin, o dois estavam calmos. Eles não pensavam muito, mas os pensamentos que tinham eram precisos e concentrados. O *Cordyceps novus* era um aluno aplicado e tinha modulado a técnica com enorme sucesso nas últimas 24 horas. O desejo peculiar de escalar, que tinha sido eficaz como meio de fuga do subporão quatro, provou ser menos útil no caso do Senhor Scroggins, que explodiu as tripas no topo de uma árvore e obteve um resultado relativamente pequeno. Mike Snyder, por outro lado, tinha provado as possibilidades imensamente superiores de dispersão via movimento lateral, e as minicolônias do fungo que surgiram nos seres humanos só precisavam encontrar outros como eles para garantir o máximo de disseminação e reprodução.

Embora não conseguisse pensar nesses termos, ou pensar de modo algum, um fungo sabe o que funciona e o que não funciona, e vai atrás do que quer de maneira tão vigorosa e completa quanto desconsidera o que não necessita. Escalar casas e árvores, não. Espalhar-se mais entre a população humana, sim.

Cabeção e Cuba estavam em paz, concentrados em um objetivo: ir embora.

Vá para a cidade, diziam os seus cérebros. *Saia daqui de moto e vá para a cidade. Onde mais pessoas estão.*

Eles fizeram outra curva. À frente, as luzes fluorescentes do saguão estavam visíveis. Cabeção e Cuba se dirigiram para elas.

TRINTA E CINCO

O piso do subsolo bateu na sola da bota de Teacake. Ele também não viu o último degrau desta vez. Teacake saiu da escada e se enfiou o máximo que pôde na parede do tubo, mas não foi o suficiente para liberar espaço a fim de que Naomi se juntasse a ele.

— Espere — disse Teacake, dentro do capacete.

Naomi fez uma careta diante do guincho e do estalo no ouvido e não conseguiu distinguir as palavras, mas entendeu o significado. Ela parou e se virou, olhando para baixo. Deu para ver o amigo no fundo, mas a mochila em forma de meia tina era tão grande que ele mal conseguia se virar, muito menos se mover o suficiente para dar lugar a Naomi. Abrir a mochila e ativar o dispositivo naquele espaço minúsculo era impraticável.

— Você vai ter que abrir a porta — berrou ela no microfone.

Um guincho furioso e indizível foi a resposta de Teacake, mas Naomi entendeu bem o que significava: em hipótese alguma ele abriria aquela porta. Ela levou essa suposição adiante e respondeu:

— Não há espaço para tirar essa coisa!

Teacake olhou para ela através do visor muito embaçado. Deu para ver o borrão branco da vestimenta e do braço estendido de Naomi, apontando para a porta pesada de metal. Ele se virou, tentou sacudir a cabeça na esperança de que algumas gotas de suor saíssem voando do rosto, batessem no visor e escorressem abrindo trilhas na condensação. Aquilo funcionou, de certa forma, e foi aberta uma pequena faixa no visor, de tamanho suficiente para Teacake ter noção de onde estava a grande maçaneta que liberaria o mecanismo da porta. Ele estendeu a mão e a agarrou. Se não estivesse usando luvas de proteção, Teacake teria sentido o calor na mesma hora, e de jeito nenhum teria aberto a porta. Porém, através da camada de plástico grosso, não foi possível dizer que havia alguma diferença.

Do outro lado da porta, a situação havia mudado radicalmente nos últimos dez minutos. A trilha de fungos que vinha rastejando pelo chão saindo da massa desgastada do Rei Rato chegara a uma pequena poça de água, embaixo de um dos canos de resfriamento suados. Ao longo de toda a história como espécie, o *Cordyceps novus*, em todas as formas com mutações, nunca tinha encontrado H_2O pura. Desde o nascimento dentro de um tanque de oxigênio selado, depois na breve infância no interior árido da Austrália, e até mesmo nas experiências recentes dentro da corrente sanguínea de corpos humanos, a água tinha sido uma substância rara e muitíssimo diluída. Mesmo em abundância, dentro de um mamífero, o H_2O era corrompido por outros elementos, e o seu poder essencial era limitado.

No momento em que o fungo rompeu a tensão superficial das moléculas de água na borda da poça, passou por um florescimento profundo e espetacular. O *Cordyceps novus* floresceu na poça como um filme acelerado de uma flor se abrindo na primavera, subiu pelo filete que escorria pela parede em questão de segundos, e atacou com entusiasmo a parte externa do tubo suado no teto. O fungo cresceu ao longo do comprimento do duto em ambas as direções, brotando e pingando no chão em grandes massas de organismos vivos. Em todos os pontos em que entrou em contato com a tubulação, o *Cordyceps novus* começou a trabalhar com grande diligência, soltando quantidades copiosas de *benzeno-X*, agora uma substância ácida devoradora de aço, determinada a varar o cano e libertar as águas que fluíam lá dentro. Assim que penetrasse, o *benzeno-X* abriria caminho para o fungo se espalhar como fogo na mata pelo cano, entrando no lençol freático e, depois, no rio Missouri mais à frente.

Conforme as reações químicas se intensificaram, a temperatura no corredor aumentou. Chegou a 27ºC quando Teacake girou a maçaneta da porta. Os ferrolhos de metal saíram das guias, e a porta abriu para dentro.

— Meu santo Deus — disse ele, olhando para a estufa, agora repleta com crescimento ativo e visível. Pedacinhos e esporos aerossolizados pairavam e giravam em grande quantidade no ar ao redor de Teacake.

Pelo fone de ouvido, tudo que Naomi ouviu da voz de Teacake foi um guincho incômodo. Mas ela viu a mesma coisa que ele e não teve interesse em parar para admirar a cena. Naomi girou Teacake e gritou pelo microfone:

— Solte as alças da frente!

Ele começou a trabalhar com mãos desajeitadas para desfazer as alças de couro e tirar a T-41 das costas, a fim de que os dois pudessem ativá-la e dar o fora dali. As fivelas no fundo saíram facilmente, e os ombros pareceram flutuar quando Naomi levantou o peso por trás. Teacake caiu para a frente, a parte superior do corpo sentiu uma onda de alívio e, por um momento, a sensação era de que ele estava voando. Deu para ouvir o baque da mochila no piso de cimento atrás dele, e Teacake cambaleou adiante contra a parede do tubo, olhando incrédulo para a massa gorgolejante de fungo que cobria as paredes e o chão do corredor. Ele ouviu o estalo do couro e o farfalhar da lona quando Naomi abriu a mochila da maneira que Roberto tinha demonstrado.

— Filho da *puta*! — disse ela.

Teacake se apoiou na parede e se virou. Naomi estava de joelhos, debruçada sobre a mochila. A tampa estava aberta, e um emaranhado de cintos, cordas e fivelas escorria pelas laterais. Havia adesivos de advertência suficientes colados no interior da tampa para assustar qualquer um, menos o soldado suicida mais dedicado. Um par de tubos de metal antiquados estava aninhado lado a lado no fundo acolchoado da mochila. Havia uma pequena caixa quadrada ao lado de cada tubo, um gerador de nêutrons e uma tampinha vermelha na ponta dos tubos, a "bala" que dispararia dentro do núcleo físsil do tubo. Um emaranhado de fios saía das tampas explosivas e entrava em uma coisa que parecia estranhamente com um interruptor de liga/desliga, regulado na posição apontada para baixo. Parecia que poderia ser acionado manualmente, se necessário, mas também estava conectado por uma teia de fios a um cronômetro digital pequeno e quadrado.

O cronômetro era o problema. Estava indicando quatro minutos e 47 segundos.

E já estava em contagem regressiva.

Naomi olhou para Teacake.

— O filho da puta *acionou a bomba*!

TRINTA E SEIS

Na superfície, o filho da puta esperava que Naomi e Teacake tivessem chegado ao fundo, aberto a mochila, e visto o cronômetro àquela altura. Ele odiou ter feito aquilo com eles, mas não havia outra escolha. Os dois pareciam fortes e em boa forma, e se tinham chegado até aquele ponto na noite sem ter morrido, Roberto considerou que era razoável imaginar que seriam engenhosos o suficiente para sair a tempo. Ele acreditava naquilo de verdade.

Ou talvez simplesmente tenha *decidido* acreditar.

Em relação a si mesmo, a situação não parecia promissora. Roberto enfim estava com os dedos no cabo da pistola, mas a escuridão continuava avançando sorrateiramente pelos cantos da consciência toda vez que ele se movia. O tipo de dor que Roberto sentiu ao mover o corpo sobre trinta centímetros de cascalho fora novo para ele, uma intensidade de incômodo que Roberto não imaginou ser possível. Ainda assim, ele conseguiu colocar a mão na arma, e com um último esforço sobre-humano, tirou a pistola do chão, apontou tremendo para as três últimas motocicletas e apertou o gatilho. A Heckler & Koch poderia ser municiada com cartuchos de quinze, trinta ou quarenta balas, mas Roberto não sabia qual estava na arma naquele momento. Como não havia como Trini tê-lo deixado com apenas quinze tiros, e o pente de quarenta tinha cinco centímetros a mais que tornava a pistola difícil de manobrar, ele então estava apostando no carregador com trinta.

A primeira rajada de dois tiros derrubou a frente da primeira moto, que desabou sobre a segunda. Quando a segunda moto caiu, Roberto fechou um olho e apontou para o pneu traseiro, mas como agora o alvo estava de lado, o ângulo era menor. Foram precisos três tiros para ele ter certeza de que a moto estava avariada. Quando ela caiu, deixou o caminho aberto para a terceira motocicleta. Aquela estava mais distante, e como os óculos de termovisão não serviam para nada, pois a moto não emitia calor, Roberto meteu quatro tiros de ponta a ponta da Harley para ter certeza de que ela estava mesmo inutilizada. Se a contagem estivesse correta, ele tinha disparado catorze tiros, o que o deixava com dezesseis para qualquer um que saísse pela porta.

Atrás dele, Roberto ouviu vozes. Ele arqueou a cabeça para trás, metendo a parte anterior do crânio no cascalho, e olhou para a porta do saguão, de cabeça para baixo através dos óculos de termovisão. Roberto piscou para tirar o suor dos olhos e conseguiu distinguir figuras vindo naquela direção: um homem e uma mulher na frente e alguém atrás deles. Eles ouviram os tiros e estavam correndo.

O homem e a mulher estavam infectados. Os dois emitiam um tom vermelho incandescente, não tão intenso quanto o dr. Friedman, mas claramente cheios de fungos em mutação. A figura atrás deles parecia normal, mas o ângulo do braço sugeria que ele estava armado. Roberto respirou fundo e, com um grande gemido de dor, virou a pistola-metralhadora de maneira desajeitada sobre o peito. Rangendo os dentes com tanta força que pensou que poderia quebrar um molar, passou a arma ao longo do corpo e por cima do ombro esquerdo, tentando afastar o cano o mais longe possível da orelha. Mas não conseguiu ir muito longe, talvez quinze centímetros no máximo.

A porta do saguão abriu para dentro. O homem estava na frente da mulher, um alvo vermelho incandescente e borrado, quase impossível de errar. Roberto sabia que, assim que disparasse, os outros começariam a se dispersar, de modo que seriam necessárias três rajadas de fogo muito curtas e precisas, em vez de uma longa. Ele apertou o gatilho quando o primeiro homem saiu pela porta.

O peito de Cabeção explodiu, e ele cambaleou para cima de Cuba. Isso foi um pouco de má sorte para Roberto, uma vez que a mira ficou tapada e ele precisaria esperar para ter outra oportunidade clara de tiro. A chance surgiu rapidamente, quando Cuba se moveu para o lado, contra o batente da porta, sobrecarregada pelo peso de Cabeção, que estava caindo sobre ela, morto. Três tiros foram gastos em Cabeção, e outros quatro deveriam acabar com Cuba.

Dois disparos atingiram a mulher, mas o recuo da arma provocou um espasmo de dor hedionda nas costas de Roberto. Sua mão se contraiu, e a pistola-metralhadora saltou para o lado. Os outros dois tiros atingiram o batente da porta, quebraram a dobradiça inferior e ricochetearam na superfície de metal. Uma das balas voltou para Roberto e atingiu a terra a poucos centímetros do rosto dele.

Cabeção e Cuba caíram para trás, fora da linha de fogo, mas os poucos segundos que ele usou para ajustar a pontaria deram tempo ao terceiro sujeito para fugir. Griffin estava em movimento, indo para a recepção, e já estava quase lá. Roberto respirou fundo, prendeu o fôlego e disparou em Griffin com insegurança enquanto ele saltava por cima do balcão. Roberto contou sete tiros, e todos passaram longe, vararam o *drywall* quebrado atrás do balcão, mas erraram o alvo. De alguma forma, o sortudo tinha escapado por um fio; ele passou por cima do balcão e aterrissou do outro lado, fora de perigo.

Merda. Roberto acabara de usar, até onde contou, 28 tiros, e sobravam apenas dois no pente. Havia um homem armado escondido atrás de um balcão de madeira que o protegia completamente. E Roberto ainda não conseguia sair do chão.

A situação era horrível.

Roberto piscou quando algo bateu na lente dos óculos de proteção. Ele olhou para o céu, e algumas gotas de água apareceram no campo de visão, acompanhadas por um estrondo baixo em algum lugar ao longe.

Estava começando a chover.

Ouvindo um som à esquerda, Roberto se virou e olhou para o corpo do dr. Steven Friedman. Os glóbulos verdes de fungo estavam inchando para fora na carne morta, inflando enquanto eram atingidos pelas gotas de chuva, como se tivessem sido ativados. O *Cordyceps novus* cumprimentou a chuva com uma alegria desenfreada. A massa fúngica, reenergizada, pingou do dentista e se moveu, expandiu-se pelo caminho de cascalho por cima do tapete fino de água que a chuva estava colocando ali.

E foi na direção de Roberto.

TRINTA E SETE

Teacake e Naomi tinham pisado em colônias de fungos ativos quando estavam no corredor principal do subnível quatro. Teria sido impossível não ter pisado, mesmo sabendo que o *benzeno-X* possuía a capacidade adaptativa de penetrar nas solas de borracha sólida das botas. As solas das quatro botas estavam passando por esse processo naquele exato momento, enquanto os dois subiam freneticamente pela escada tubular. Teacake e Naomi não sabiam, mas tinham menos de um minuto para sair das vestimentas antes que o *benzeno-X* terminasse o serviço e o fungo conseguisse atravessar e fazer contato com a carne deles.

Esse não foi o único cronômetro que estava contra os dois. Assim que viram que o tempo na T-41 já estava ativado, a única coisa que eles precisavam fazer era voltar para cima e sair de lá. Teacake ficou lívido, xingando Roberto a cada degrau, mas Naomi entendeu a lógica por trás do que ele fizera. Os dois tinham um tempo limitado para fazer o serviço, e como Roberto não podia arriscar que eles falhassem ao ativar corretamente o dispositivo, tomou uma decisão. De qualquer maneira, Roberto só precisava mesmo deles para o transporte e a colocação do dispositivo, e apostou que os dois tinham uma chance de chegar lá embaixo mais rápido do que ele. E, mais importante, que poderiam fugir com velocidade. Taticamente falando, a decisão fazia sentido.

Teacake praticamente subiu voando a escada, 25 quilos mais leve do que quando desceu. Naomi, que ainda tinha que segurar a arma na mão, foi um pouco mais devagar, mas estava a apenas uns dez degraus atrás dele. Ela olhou para cima e enxergou o pequeno círculo de luz onde os dois tinham removido a tampa do bueiro. Eles subiram, ambos fazendo uma contagem regressiva que indicava que tinham, na melhor das hipóteses, três minutos para entrar em um carro e chegar a uma distância de sobrevivência longe da explosão subterrânea.

Seja lá como *aquilo* seria.

Teacake chegou ao topo e subiu o corpo pelo buraco do bueiro com toda a graça de um cachorro saindo de uma piscina. Ele apoiou a maior parte do corpo no chão, rolou de costas, abriu o zíper da área do pescoço da vestimenta de proteção e arrancou o capacete. A rajada de ar fresco foi ótima, mas recuperar a visão nítida foi ainda melhor. Depois abriu caminho para Naomi subir pelo bueiro, e começou a se contorcer para tirar a vestimenta, descendo o traje pelo torso até os quadris.

Naomi saiu do buraco alguns segundos depois, e a primeira coisa que viu foi a gosma verde que se movia na sola das botas do Teacake. Ela soltou um suspiro de susto e gritou, mas ele só conseguiu ouvir a voz abafada de Naomi por dentro do visor. Teacake entendeu a essência da mensagem, no entanto — havia alguma coisa nas botas — e nem perdeu tempo olhando, apenas foi ainda mais rápido, contornou-se desesperadamente para tirar a vestimenta e as botas contaminadas de cima dele. Naomi gritou mais alto do interior do visor, e desta vez Teacake conseguiu ouvi-la.

— O que você está fazendo?! Você não pode tirar a vestimenta!

— Nós nunca sairemos daqui com esses troços! Tire a sua!

Ela concordou — as vestimentas tornavam difícil andar, quanto mais correr. Naomi rolou para sair do buraco e tirou o capacete. Teacake, livre do traje, afastou-se da roupa e da contaminação e foi até Naomi. Evitando as botas da amiga, ele arrancou a vestimenta dela tão rápido os esforços combinados dos dois permitiram. Ela chutou o traje para longe, ficou de pé e eles dispararam pelo corredor só de meias.

Lá embaixo, menos de dois minutos no cronômetro.

Mas a voz de Roberto flutuou na mente de Naomi enquanto ela corria.

"A duração do cronômetro é instável", dissera ele.

TRINTA E OITO

N a frente do prédio, a chuva estava caindo mais forte agora, e o fungo rastejante avançava borbulhando no cascalho, a mais ou menos meio metro de Roberto. Pelos óculos de termovisão, ele enxergou o *Cordyceps novus* como uma espuma branca brilhante, vindo direto para cima dele. Virou a cabeça e olhou para a entrada do saguão de novo. O atirador ainda estava fora do alcance da visão, escondido em algum lugar atrás do balcão da recepção, mas Roberto tinha uma preocupação mais imediata. E uma ideia. Os olhos foram para a porta da frente, cuja dobradiça inferior tinha sido arrancada pelos tiros que ele errara contra Cuba. A porta de vidro estava pendurada, presa no batente apenas pela dobradiça superior. Ela tinha sido projetada para abrir para dentro, e Roberto estava caído diretamente em frente à porta. Ou pelo menos torcia que estivesse.

Ele olhou para o fungo que avançava e dançava com exuberância na chuva que caía. O *Cordyceps novus* estava a apenas uns trinta centímetros da sua mão esquerda, e Roberto respirou fundo e puxou o braço para perto do corpo. O movimento produziu uma dor lancinante que se irradiou por toda a perna esquerda e provocou espasmos no pé, que, por sua vez, produziu uma nova onda de sofrimento. Mas o gesto deu a ele mais alguns segundos.

Roberto olhou de volta para a dobradiça superior da porta, inclinou o cano da arma para cima, firmou a pontaria na dobradiça da melhor maneira possível, e rezou para que tivesse acertado na conta dos tiros.

Ele acertou.

As duas balas restantes rasgaram o metal da dobradiça superior e a arrancaram do batente. A porta de vidro caiu como um dominó, bem na direção de Roberto. Ele fechou os olhos quando a porta pesada veio abaixo e bateu no seu corpo com força. Roberto gritou embaixo do vidro pesado quando o corpo se torceu de maneira anormal, mas aproveitou o momento de agonia para se arrastar para a direita o mais longe possível, a fim de que a porta ficasse inclinada em cima dele.

A extremidade esquerda do vidro cravou no cascalho e se apoiou sobre o braço esquerdo, o quadril e a perna de Roberto, e a borda superior ficou apontada para cima, como um abrigo. Agora a porta virou um escudo entre ele e o fungo que avançava.

E bem na hora. O *Cordyceps novus* subiu escorrendo pelo batente da porta, rastejando e se espalhando pelo vidro bem acima de Roberto. O *benzeno-X* começou a funcionar de imediato, tentando decifrar essa nova barreira à base de silício e como poderia atravessá-la.

Roberto não tinha ganhado muito tempo, mas um pouco era melhor que nada.

Dentro do saguão, Griffin espiou por cima do balcão. Ele ouviu quem quer que estivesse atirando ficar sem balas quando a arma emitiu cliques secos. Griffin não estava nem aí se o sujeito sobrevivesse ou morresse, ele só queria sair de lá antes que acabasse morto que nem todo mundo. Como Griffin tinha visto a pilha de Harleys destruídas, ele sabia que as motos estavam fora de cogitação, mas, quem quer que fosse aquela pessoa caída lá fora, ela tinha que ter chegado ali de alguma forma. O que significava que ela tinha as chaves de um carro.

Griffin endireitou o corpo, segurou a arma diante de si e se dirigiu para o espaço onde a porta da frente tinha estado. Passou por cima dos corpos de Cabeção e Cuba, tentando não olhar para eles e, em vez disso, manteve a arma apontada para a figura embaixo da porta de vidro. De alguma forma, o merdinha tinha conseguido errá-lo com uma arma automática, e no último ato de desespero, o sujeito arrancou uma porta das dobradiças a tiros e ficou preso embaixo dela. *Se ferrou, filho da puta.*

Griffin passou pela porta e olhou para a esquerda e para a direita, a fim de garantir que não havia mais ninguém do lado de fora. Ele viu o cadáver do dr. Friedman, coberto pela mesma espuma bizarra que havia sido espalhada por todo o interior da unidade. Griffin estremeceu: Teacake estava certo, havia algum lance zumbi acontecendo, tudo bem, ele precisava sair rápido. Griffin verificou novamente as motocicletas, confirmou que estavam todas inoperantes e inutilizáveis, e então viu a minivan estacionada um pouco acima da colina. O veículo devia pertencer ao atirador preso embaixo da porta.

— Ei, seu filho da puta! — disse Griffin, e Roberto se contorceu, virando a cabeça ligeiramente para olhá-lo.

Griffin se aproximou com a arma tremendo diante de si. Ele mataria esse cara se precisasse; mataria qualquer um que estivesse no caminho agora. Griffin deu a volta para o lado, encarando cautelosamente o limo verde que estava se movendo sobre o vidro, a apenas alguns centímetros em cima do rosto do sujeito.

Roberto olhou para ele. Os olhos pediram ajuda, mas ele não diria isso. *Não importaria se ele pedisse,* pensou Griffin. *Vai se foder que eu vou te ajudar. Este é um tipo de situação salve-se-quem-puder, cacete.* Ele se agachou e enfiou a mão dentro do bolso direito das calças do sujeito, tateando à procura das chaves do carro.

Roberto gritou de dor ao sentir o movimento. Griffin nem se importou — os outros estavam todos mortos, e ele não planejava se juntar a eles. Griffin achou a correntinha das chaves do carro e a arrancou. Ainda de cócoras, ele se virou e apontou a arma para a cabeça de Roberto. A última coisa que Griffin precisava era que aquele cara sobrevivesse aos acontecimentos da noite por algum milagre e apontasse um dedo para ele em um tribunal, dizendo: "Foi ele, meritíssimo, esse foi o cara que me deixou para morrer." Griffin não tinha certeza de qual crime seria acusado, mas por que arriscar?

— Não olha para mim! — berrou ele, e endureceu o braço, apontando a arma para o centro da testa de Roberto.

— Griffin!

A voz veio de trás dele, a voz de uma mulher, e Griffin se virou. Era ela, a gostosa; de alguma forma, ela conseguiu voltar. Estava armada também, mas não estava se dando ao trabalho de apontar a pistola para ele; a arma estava balançando ao lado do corpo.

— Temos que sair daqui!

Griffin lançou um olhar frio para a mulher.

Bem, quer saber? Ela teria que morrer também, e aquela merdinha do Teacake junto, porque ele não se arriscaria mais com qualquer filho da puta meio infectado. Assim que começava uma situação de vida ou morte, era preciso levá-la até as últimas consequências. E será que ela viria ou não viria para cima dele com a arma? Aqueles dois precisavam morrer. Se isso fizesse dele um babaca, que assim fosse.

Griffin começou a ficar de pé, saindo da posição de cócoras. O cano da arma, que tinha estado bem embaixo da beirada do vidro, bateu ali, por apenas uns três centímetros e somente por um segundo, mas combinado com a força da subida rápida de Griffin, foi o suficiente para inclinar a mira para baixo, apontando diretamente para o chão. O súbito movimento imprevisível na mão fez Griffin apertá-la, e ele disparou um tiro quando se levantou.

Direto no próprio pé.

Griffin gritou quando um fogo raivoso irrompeu no seu pé, e ele deu um pulinho para tirar o peso. Perdeu o equilíbrio, girou os braços e tombou sobre o lado direito do corpo. A mão da arma ficou presa embaixo dele, o cano pressionado contra o peito, o grande peso carnudo do torso esmagou os dedos, e a arma disparou mais uma vez. Desta vez, a bala entrou no coração.

Desta forma, Darryl Griffin se tornou o mais recente de uma longa fila de *Homo sapiens* que morreram não por *ser* um idiota, mas por *agir* como um idiota.

Teacake virou o rosto e viu a espuma verde no vidro, bem em cima do rosto de Roberto. Ele correu até a borda da porta caída, enfiou os dedos por baixo e virou-a para libertá-lo.

— As chaves do carro estão na mão dele! — gritou Roberto.

Naomi arrancou as chaves da mão esquerda exposta de Griffin e olhou para Roberto.

— Levanta!

— Eu não consigo. Me arrastem.

Imaginando que ele tinha sido baleado, mas sabendo que não havia tempo para pensar naquilo, cada um agarrou Roberto por um braço e o arrastou, gritando, pelo caminho curto até a minivan. Os óculos de termovisão tinham caído da cabeça dele, mas Roberto não precisava mais deles para ver o crescimento dos fungos. Ao ser arrastado colina acima, viu o chão da floresta se iluminar com as gavinhas verdes reluzentes, que se espalhavam na chuva pesada.

Eles chegaram até a minivan e jogaram Roberto no banco de trás, produzindo mais gritos. Teacake pulou ao lado dele, Naomi entrou atrás do volante e ligou o motor.

— Você iniciou o cronômetro antes da gente! — gritou Teacake para Roberto.

— Eu sabia que vocês iam conseguir sair.

— Você *não* sabia!

— Mas vocês saíram.

— Mas você não *sabia*!

— Mas vocês saíram.

Naomi deu marcha a ré, jogou o braço por cima do banco e pisou fundo, recuando em velocidade máxima.

— Calem a boca.

Ela chegou ao topo da entrada do estacionamento, girou o volante, e a minivan derrapou, quase jogando Roberto e Teacake para fora pela porta lateral ainda aberta.

— Quanto tempo temos? — perguntou Naomi para Roberto.

Ele virou a cabeça dolorosamente e olhou para o cronômetro que tinha ligado no relógio assim que ativou o dispositivo. O mostrador estava em -1:07 e continuava contando.

— Devia ter explodido há um minuto.

Naomi entrou com a minivan na trilha e eles decolaram, desceram a estrada White Clay e seguiram para a rodovia estadual. Por um momento, ninguém falou nada.

Por fim, Naomi rompeu o silêncio.

— Bem. O cronômetro é instável. Você disse.

— Sim.

Eles continuaram dirigindo. Nada ainda. Nenhuma luz brilhante, nenhum tremor na terra, nada de fogo e enxofre. Nada.

— Como vamos saber se vai explodir? — perguntou Teacake.

— Você vai saber — falou Roberto, que olhou mais uma vez para o relógio: -1:49.

Naomi dirigiu rápido. Eles seguiram em silêncio, esperando.

Cada segundo pareceu durar para sempre, e a imaginação vívida de Teacake começou a funcionar. Ele teve tempo de imaginar três cenários possíveis, cada um mais intenso que o anterior. No primeiro cenário, a T-41 não detonou. Os canos no porão cederam sob o ataque do *Cordyceps novus* em poucos minutos, e o fungo explodiu em crescimento, ondulando através da água na tubulação, fluindo para o lençol freático e entrando no rio Missouri. Em questão de dias, a hidrovia seria convertida em um tapete de matéria fúngica verde e sólida, que se espalharia pelas terras ao redor, sem controle e sem ser detida, reescrevendo as regras da vida no planeta e provocando uma Sexta Extinção, uma matança em massa que, desta vez, incluiria toda a vida humana e animal na Terra.

Portanto, esse cenário era bem ruim.

No segundo, os detonadores dispararam e a bomba explodiu como planejado. Mas algumas dezenas de metros no subterrâneo não era profundo o suficiente para uma explosão nuclear, e nessa versão, ele imaginou a explosão irrompendo do chão, subindo para o céu em uma enorme nuvem de cogumelo como as que ele tinha visto em filmes e na TV. A nuvem venenosa de radiação sopraria para o leste nos ventos predominantes, espalhando morte e doenças sobre a metade oriental dos Estados Unidos.

Era bem verdade que esse cenário não era tão ruim quanto o primeiro, mas também não era muito divertido.

O terceiro cenário era o favorito de Teacake, e foi por esse cenário que ele rezou para um Deus em que não acreditava. Nessa versão, os detonadores dispararam, antes tarde do que nunca, explodindo no interior dos tubos de metal e começando o processo de compressão nuclear. A reação em cadeia começou, produzindo uma torrente de calor mais ou menos entre 10 e 100 milhões de graus de temperatura. O subsolo e as camadas de rocha mais próximas da mochila seriam vaporizadas instantaneamente, formando uma cratera na qual todo o conteúdo da instalação de armazenamento entraria em colapso.

Todos os móveis desnecessários, o conteúdo de casas que nunca seriam reocupadas, o acúmulo de porcarias de milhares de pessoas infelizes, os televisores Samsung roubados, as 27 caixas da sra. Rooney, cheias de boletins escolares dos filhos e cartões de Natal, 42 canecas de cerâmica e porta-lápis feitos na Pottery 4 Fun entre 1995 e 2008, suas sete bolsas de náilon cheias de jornais de grandes eventos da história mundial e, até mesmo, o estojo de vinil de *Baywatch — SOS Malibu* contendo 6.500 dólares em dinheiro vivo que ela guardava para o dia em que os bancos quebrassem para valer — tudo aquilo, toda a tralha em todas as caixas seladas em todas as unidades, com alguns conteúdos há muito esquecidos, toda a merda, merda, merda, merda — tudo aquilo derreteria, desmoronaria para o interior da cavidade, formando uma chaminé de entulho que incharia para cima.

No nível do solo, imaginou Teacake, poderia emergir uma cratera perfeitamente redonda, sugando toda a instalação e a encosta ao redor em questão de segundos, como se elas estivessem em algum elevador redondo gigante, como se Deus tivesse pressionado o botão de DESCER e convocado tudo de volta para dentro da Mãe Natureza a fim de ser reconfigurado, reaproveitado, usado outro dia para uma finalidade maior. O fungo em si seria incinerado, pensou Teacake, arrancado a fogo do planeta para sempre, e, quando a explosão terminasse, uma nuvem inofensiva de terra e poeira se levantaria, com tudo que sobrou da instalação de armazenamento Atchison e dessa noite maluca.

No fim das contas, com dois minutos e 26 segundos de atraso, foi exatamente o que aconteceu.

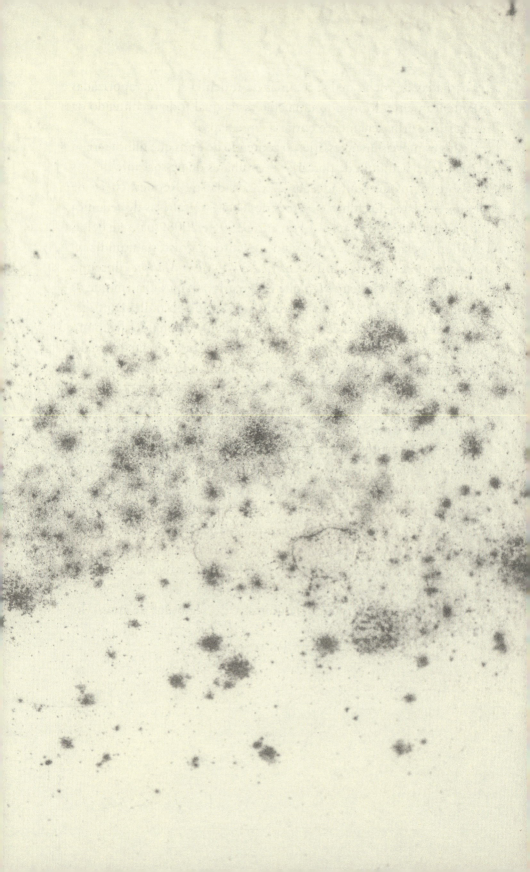

TRINTA E NOVE

O globo de neve estava de volta ao cofre. Roberto atualizou o modelo do celular de emergência e deixou o aparelho carregado, só por precaução. Ambos estavam de volta ao armário secreto da cozinha, e ele esperava que nunca saíssem dali. Nos outros dias, naqueles em que Roberto se sentia particularmente orgulhoso de si mesmo, ele pensava em como era bom para cacete no seu trabalho, afinal de contas, e que vergonha seria deixar aquelas habilidades guardadas em uma prateleira para sempre.

A atenção do governo havia sido lisonjeira logo após o Evento Atchison, como o fato era agora chamado pela mídia inteira. Nas primeiras horas após a explosão, Jerabek havia se esforçado para usar a desculpa do traidor/terrorista/agente desertor, mas Roberto era um jogador muito habilidoso para ser enganado. O relatório técnico inicial que ele havia escrito sobre o fungo tinha sido arquivado em três locais de backup separados, para garantir que nunca pudesse ser destruído sem ser amplamente lido e, claro, vazado para a imprensa. Abigail, cujo verdadeiro nome *era* Abigail — há, talvez ele não soubesse mesmo de tudo —, provou ser uma reveladora da verdade decidida e uma jogadora experiente dos joguinhos do governo. Em 24 horas, a história real foi revelada e eles eram heróis. Conversas sobre agentes renegados do *Deep State* logo deram lugar a conversas sérias sobre planejamento para invasões biológicas hostis que poderiam ocorrer no futuro e a um debate animado sobre preços de imóveis ao longo dos penhascos do rio Missouri. Veio, a seguir, a especulação.

Roberto estava sentado no alpendre dos fundos da casa na Carolina do Norte, na cadeira de balanço que fazia tão bem para as costas. Ele não estava nem perto da força total, mas, pelo menos, a cirurgia tinha passado, e, como Roberto estava sob o efeito agradável do segundo analgésico do dia, a dor não era problema no momento. Ele observava Annie, que trabalhava no jardim. Ele adorava o chapéu de abas largas que a esposa usava ao sol, o modelo que ela tinha comprado na viagem a Harbour Island. Roberto também gostava das galochas azuis que a esposa usava, o par que ela comprara na Clarks, na rua Kensington High, em 2005. Ele adorava a pose em pé que a esposa fazia depois de cortar ou capinar uma área específica, a maneira como ela avaliava o que havia feito e pensava se estava bom o suficiente ou precisava fazer mais. Invariavelmente, Annie decidia que precisava de um pouco mais de poda, um tiquinho a mais de modelagem. Roberto adorava ver a silhueta da esposa, que era a silhueta do lar para ele. O marido nunca se cansava de admirá-la.

Ao lado dele, o celular tocou. Roberto olhou para o aparelho e sorriu, reconhecendo o número. Ele atendeu.

— Você continua terrível na TV.

— Eu sei, né? — respondeu Teacake. — Nem sei por que faço essa merda.

— Eu sei. Quanto você ganha?

Teacake riu.

— Cinco mil.

— Você está se vendendo barato.

— Não foi por isso que liguei. Merda, que porra é essa?

— Você precisa ser mais específico.

— Notificação de Ficha Limpa. Recebi pelo correio. Que porra é essa, cara?

— É exatamente o que o nome diz, Travis.

Ninguém mais o chamava de Teacake, e ele não sentia falta disso.

— Sua condenação foi anulada — disse Roberto — e sua ficha criminal foi limpa para sempre. É como se nunca tivesse acontecido.

— Como você fez isso, caralho?

— Não é tão difícil.

— Bem, caralho, cara, obrigado! Caralho!

— Você *precisa* aprender outra palavra. Sabe, para quando quiser enfatizar alguma coisa.

— Eu tentei outras palavras, cara. Nada mais é tão bom. De qualquer forma, obrigado.

— De nada.

— E ei... pega leve com os analgésicos. Dá para ouvir na sua voz. Você está com a língua inchada.

Roberto sorriu.

— Vou fazer isso.

— Isso é um caminho sem volta, cara. Eu já vi acontecer.

— Eu também, meu amigo.

— Até mais, cara.

— Até mais, Travis.

Roberto desligou.

Ele observou a esposa enquanto ela trabalhava no jardim.

Estou aqui agora.

TRAVIS ENFIOU O CELULAR NO BOLSO E PEGOU A MÃO DE NAOMI de novo. Sarah correu à frente dos dois. Estavam indo para o parquinho. Travis olhou para Naomi, imaginando que agora era um momento tão bom quanto qualquer outro. Ele falou baixinho e hesitante no começo, depois engrenou.

— Então, tipo, eu pensei muito, e não é algo que tenha falado ou fale muito, e não quero soar como "ah, eu sou esse cara que sabe tudo sobre qualquer coisa ou sei lá o quê", mas, você sabe, dado o que está acontecendo e como a situação está, quero dizer, você sabe o que vou dizer, e eu não posso dizer, sinceramente, que já falei isso antes, ou talvez o que devo dizer é que *posso* dizer que nunca falei isso antes, sabe, de qualquer maneira, a verdade é que eu te amo.

Naomi não respondeu. Ela continuou andando, olhando para a frente, observando enquanto a filha percorria os últimos quinze metros de calçada e entrava na extensão arenosa do parquinho, em direção ao grande brinquedo no centro.

Travis olhou para Naomi e franziu a testa. Ele não esperava por um "eu te amo" de volta, mas também não esperava por aquilo. Ignorá-lo? Ficar olhando para a frente? Que tipo de palhaçada ridícula era aquela? Será que ele tinha assustado Naomi tanto assim? Então Travis lembrou.

Ele soltou a mão dela e deu a volta para o outro lado da namorada, o lado do ouvido bom, com o qual ela podia ouvir. Travis olhou para Naomi.

— Eu te amo — disse ele.

Naomi se virou e devolveu o olhar, ouvindo as palavras pela primeira vez.

— Eu também te amo — falou ela.

Naomi o beijou.

Ah, pensou Travis, *como há coisas para se dizer sobre um beijo sóbrio.* Com ela.

AGRADECIMENTOS

Muito obrigado a todos que ajudaram a tirar este livro da minha cabeça e colocá-lo nas suas mãos — Zachary Wagman, Dan Halpern, Laura Cherkas, Miriam Parker, Sonya Cheuse, Meghan Deans, Allison Saltzman e Will Staehl, da Ecco; Mollie Glick, Brian Kend, Richard Lovett e Danial Mondanipour, da CAA; David Fox; Mike Lupica; e o dr. Andrei Constantinescu, que foi de enorme ajuda com a ciência. Tudo que for fantasioso aqui não é culpa dele.

Pelo encorajamento e leituras iniciais, agradeço também a Melissa Thomas, John Kamps, Howard Franklin, Gavin Polone, Will Reichel e Brian DePalma. Um agradecimento especial ao meu filho Ben, cuja noção sonhadora de história e criatividade vibrante estiveram comigo a cada passo do caminho; ao meu filho Nick, cujo entusiasmo contagiante e primeira lida das páginas iniciais foram inestimáveis; ao meu filho Henry, por compartilhar o seu amor exuberante pela ciência em geral e pelo *Ophiocordyceps* em especial; e à minha filha, Grace, que me ensinou que há outros gêneros por aí e que eles costumam ser sensacionais. Obrigado a vocês quatro por entenderem que o papai pode escrever horror e, ainda assim, ser um cara legal.

Este livro foi composto com Adobe Garamond Pro,
e impresso na Lisgráfica sobre papel pólen soft 70g/m².